나는 나답게
나이 들기로 했다

나는
나답게
나이 들기로
했다

인생에 처음 찾아온 나이 듦에 관하여

이현수 지음

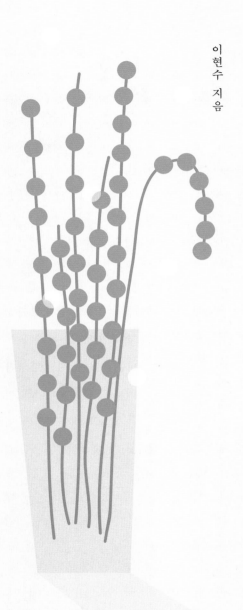

수카

노년기라는 숲

50대 초반에 친구들과 여섯 명이 모여 밥을 먹다가 느닷없이 분위기가 가라앉은 적이 있었다. 한 친구가 아버님이 당뇨로 발가락을 절단해야 한다는 얘기를 꺼낸 후였다. 말로, 눈빛으로 그 친구를 위로하던 우리들은 곧 각자의 노쇠한 부모님과 지인들의 얘기도 모자라 본인들의 노화까지 말하게 되었고 그러면서 누가 먼저랄 것도 없이 갑자기 속상해하는 분위기가 되어버렸다. 누군가

"늙는 게 왜 이렇게 힘들고 잔인해? 그냥 곱게, 우아하게 살다가 확 죽으면 안 되나?"라고 말했다. 하지만 누가 답을 할 수 있었겠는가. 한 친구가 "난 암 걸리면 히말라야에 들어가서 죽을라고"라고 말하면 다른 친구들이 "야, 히말라야가 뭔 죄야? 정 가고 싶으면 그냥 시골에 내려가"라는 식으로 말하는 게 고작이었다. 그날 나눈 대화들이 대체로 이런 식이었다.

"그래도 한 번은 병원 치료 받아 보는 거야. 약속!"

"야, 너 암 보험은 들어놨지? 다른 건 몰라도 그건 들어놔야 해."

"그럼, 그럼. 다른 건 안 들어도 그건 들어놨지."

"히말라야에 간다면서 암 보험은 들었네?"

"암 치료가 목적이 아니고 죽으면 천만 원인가 나온다 해서 장례비로 쓰라고."

"그래도 암 걸리면 한 번은 병원 치료 받는 거다?"

"일흔 살 넘으면 각자 죽고 싶을 때 안락사를 허용했으면 좋겠어."

"그거 허용하는 나라도 있다던데. 스위스인가 스웨덴이었던 것 같은데, 가격이 엄청 비쌀걸?"

"에구, 마음 편히 죽으려고 돈을 모아야 하나?"

"안락사는 개뿔, 그건 자살이지."

"자살이긴 하지. 그니까 젊은 사람들은 못 하게 막고, 일정 나이 넘고 정신적으로 말짱하다고 판정되고 본인이 원하면 허락했으면 좋겠어."

그날 우리가 술 한 잔 입에 대지 않았는데도 술 취한 듯이 밑도 끝도 없는 말들을 무성하게 해댔던 것은 그만큼 늙는다는 게 여간 심란한 일이 아니라는 것을 여실히 보여주었다. 소란스럽게 오가던 대화 중에서도 나는 누군가 했던 말에 꽂혀 있었다.

"젊었을 때 그대로 똑같이 누리다가 갑자기 죽으려면 더 힘들까 봐, 더 집착할까 봐, 정말 죽기 싫어질까 봐 그렇게 고생을 시키는가 보지."

　그런가. 고독, 외로움, 허전함, 공허감, 때로는 비굴함까지도 느끼면서 '이렇게 사는 게 무슨 의미가 있어? 차라리 죽는 게 낫겠다'는 생각들이 모여 어느 날 죽는 건가. 우리의 죽음은 우리의 입으로 이미 선포되었던 건가. 살면서 '죽고 싶다'는 생각을 단 한 번도 안 해본 사람이 없을 테니 죽음과 노화는 모두 우리 스스로 불러들인 것인가. 이런 생각들에 나는 자못 센티해져 있었다.
　하지만 그날 우리의 모임은 코미디로 끝났다. 한 친구가 손가락 열 개를 다른 손으로 하나씩 잡아당기며 "야야, 이거 해야 오십견 안 온대. 모두 해봐"라고 말하자 모두 따라하기 시작했고 곧 친구들은 서로를 바라보며 낄낄댔다. "안락사 허용"을 외쳤던 친구가 가장 열심히 했기에 손가락질까지 당하며 가장 많은 놀림을 받았다.

친구든 지인이든 누구와 대화를 하더라도 '노화'만큼 희비극이 순식간에 교차하는 주제가 없다. 비탄과 절망에서 초월과 담담함까지 그 넓은 스펙트럼을 식사 한 번 하는 시간에 종횡무진한다. 이는 역으로 늙어감에 대해 그만큼 사람들이 혼란스러워함을 방증하는 것이리라.

나 역시 그 혼란의 한가운데 있는 건 똑같지만 모르면 모르는 대로 한번쯤 정면 돌파를 해보고 싶은 마음이 들었다. 몇 권의 책을 써본 경험에 의하면 책을 쓸 때만큼 어떤 것이 미흡하게나마 통합될 때가 없기 때문이다. 학술적인 얘기들도 섞여 있겠지만 나이 들어가는 벗들과 따뜻한 아랫목에서 고구마를 까먹으며 수다 떨고 싶은 마음으로 썼다. 그러다 보니 명확한 답보다는 어떤 '선택'을 해볼 수 있는지 함께 고민하고픈 얘기들이 더 많다.

아울러, 나는 심리학자이기에 이 책에서도 마음 관리 부분을 가장 길게 쓰긴 했지만 운동, 음식 등 내 전문 분야가 아닌 내용들도 다루었다. 중년 이후 노년기는 그전에 비해 몸이 많이 아프고 치매 위험성이 높아지며 죽음에 좀 더 가까워지는 시기이므로 '마음' 하나만으로 모든 문제를 풀 수 없기 때문이다. 특히 몸 건강은 유아기 때만큼이나 압도적으로 중요해지며 영혼과도 더욱 가깝게 지내기 시작해야 한다. 그러다 보니 인문서도 심리 치유서도 아닌 어중간한 책이 된 듯하지만, 나이를 먹는다는 게 애당초 하나의 모습으로만 규정하기 힘든 과정이니 양해를 부탁드린다.

독자들과 삶의 지혜를 교감하고 서로 용기를 북돋우면서 노년기라는 숲을 산책하듯이 유유자적 건너가보고 싶다.

차례

1장

나에게도
첫 늙음이
찾아왔다

'첫'이라는 음절처럼 설렘을 불러일으키는 글자가 있을까. 첫 사랑, 첫눈, 첫 입학 등 '첫' 뒤에는 대부분 기쁘고 사랑스럽고 행복한 느낌을 주는 단어가 붙는다. 그런데 첫 늙음이라니, 조합이 안 맞는 단어 같긴 하다. 사람들은 늙는다는 것을 기쁘거나 사랑스럽다거나 행복하게 보지 않으니까. 주변 사람들에게 언제 첫 늙음을 느꼈냐고 물어보면 처음에는 모두 "첫 늙음? 하, 이 언밸런스한 느낌은 뭐지?"라고 말하며 웃는다. 이어서 진지하게 답들을 주는데 '흰 머리가 보일 때, 주름이 보일 때, 시력이 저하되었을 때, 술 먹고 다음 날 예전처럼 잘 일어나지 못할 때, 기미와 반점이 눈에 띌 때, 약을 먹어도 몸이 금방 좋아지지 않을 때'의 답이 가장 많았다. 여성의 경우에는 '화장이 아니라 변장을 해야 할 때'라고 말하기도 하고 남성의 경우에는 전립선 문제를 말하기도 한다. 첫 늙음을 자각하는 나이는 평균 45세 전후로 나타났고 간혹 40세라고 말하는 사람도 있었다.

내가 '노화'에 처음 관심을 갖게 된 것은 비교적 이른 나이인 30대 초반이었다. 임상심리 전문가 자격증을 취득하자마자 근무하기 시작한 대학병원 정신건강의학과의 업무 중에 노인 심리 평가가 있었고 학교와 노인 센터 등에서 '노년기 심리 장애' 강연을 했기 때문이다. 이런 경험들이 쌓여 노인 우울 검사를 표준화하고 치매 진단을 위한 기억 검사로 박사 논문도 썼지만 어디까지나 학문적, 업무적인 관심이었지 큰 애정이 있지는 않았다. 노년기 강연도 전문가 자격증을 취득할 당시에는 임상심리 전문가 수가 많지 않았고 세부 연구 주제를 노인 대상으로 하는 사람은 더욱 적었기에 얼떨결에 하게 된 것이었다(지금은 노인 전문가와 관련 기관이 굉장히 많다).

그러니 30대에 이 강연을 할 때는 노인학 교과서에 실린 내용 그대로, 노인이 되면 이 능력 저 능력 다 떨어진다고 강 건너 '꽃 구경'하듯이 읊조리기만 했다. 노인 관련 모든 책에는 이런 내용이 적혀 있었다.

노인이 되면 유해한 변화가 생겨 모든 기능이 전반적으로 저하되며 절대로 이전 수준으로 되돌아가지 않는다. 시야가 좁아지고 굴절력이 감소하며 시각적 판단력이 저하된다. 음향에 대한 감수성이 상실되고 노인성 난청이 생긴다. 미각 세포가 파괴되고 후각 능력이 저하된다. 체성 감각이 저하되어 모세혈관의 순환 장애가 생긴다. 평형 감각이 저하되어 어지러움을 느끼고 자주 쓰러진다. 대뇌반구의 부피가 50세 이후부터 매 10년마다 2%씩 감소하고 80대에는 뇌의 무게가 성인기의 5~10%까지 감소하며 신경세포도 감소한다.

한마디로, 나이가 들면 모든 게 나빠진다는 내용이었다. 좋아진다는 건 딱 하나, 어떤 책에서 보았던 "단, 지혜는 나이가 들어도 좋아질 수 있다"는 내용이었다. 대중 강연과 달리 대학교 수업이나 학회 교육을 할 때는 시험 문제를 출제해야 했는데, 노년기 기능 저하에 대해서는 문제 낼 것이 많았지만 유지되거나 향상되는 기능은 '한 개'밖에 없어서 문제를 낼 수도 없었다. 나는 이런 내용들을 아무 감정 없이 전달했고 마지막에는 또 한 번 노인 전문가들의 다음과 같은 제언을 영혼 없이 덧붙였다.

한국 사회는 고령 사회로의 진입이 몹시 가파르다. 2020년경이 되면 노인이 전체 인구의 15%를 넘어 완전한 고령 사회로 가게 될 전망이므로 하루라도 빨리 문제점을 인식하고 해결책을 준비해야 한다.

그런데 그 2020년이 막 지났다. 한국이 완전 고령 사회가 될 것이라는 예측은 맞았다. 하지만 사회는 고령인들이 안심하고 살 수 있도록 준비가 되었을까? 노인들은 지하철을 무료로 탈 수 있게 된 점, 노령 수당을 받게 된 점, 전국적으로 치매 지원 센터가 많이 생긴 점, 양로원 같은 노인 복지 시설이 많아지고 정부 지원이 늘어난 점, 노인이라는 용어 대신 어르신이라는 용어가 일상화된 점 등의 긍정적인 변화가 생기긴 했다. 하지만 정부의 정책이나 사회 시스템이 갈 길이 멀다는 건 굳이 말할 필요가 없을 것이다. 특히 한국은 최소 70년의 시간을 두고 서서히 고령 사회로 진입한 타 선진국들과 달리 불과 15~18년 만에 노인 인구가 급성장하여 초고속으로 진입했기 때문에 노인 복지 시스템이 더욱 빈약하다.

하지만 노년기 준비를 정부의 책임으로만 돌린 채 손을 놓고 있어서는 안 될 것이, 사회적 준비가 되기 전 개인의 노화 속도가 훨씬 빠르기 때문이다. 그럼에도 나부터 그간의 강연

등에서 개인적 준비보다는 사회적 준비 쪽을 훨씬 더 많이 강조해온 편이라 반성도 된다.

개인적 준비라는 화두는 꺼냈지만 솔직히 나도 작은 이론들을 넘은 통합적인 지식이나 시각은 갖고 있지 못하다. 학문적인 역량을 차치하고라도, 청·장년의 시기에는 꿈을 좇고 돈을 벌고 아이들을 키우느라 바빠 그 이후의 시간에 대해 생각해볼 여유가 전혀 없었고, 지금은 또, 엄격하게 말하면 아직 노인도 아니어서 노인으로서 겪는 현실적인 고충과 불편함을 제대로 안다고 말할 수도 없다. 지금까지 냈던 양육서와 심리 치유서들에서는 나 자신이 엄마와 치료자로서 이론들을 직접 체험하고 검증해본 것을 토대로 썼지만 이 책은 그런 부분이 태생적으로 부족하다.

그럼에도, 어느덧 '노년기의 강'에 닿기 직전의 나이가 되어 보니 좀 부족해도 한 번은 정리를 해봐야겠다는 생각이 들었다. 10년 후, 혹은 20년 후에 노년기 책을 쓸 때도 여전히 확신이 부족할 거라는 '확신'이 들었기 때문이다. 사람 마음이 참 간사한 게, 40대 중반을 넘어가면서부터는 30대에 생각 없이 떠들었던 내용을 고스란히 인정하기 싫어지더라는 것이다. 그래서 노년기의 긍정적인 변화에 대한 이론이 나오면 누구보다 열심히 읽어보고 상담이나 강연에 반영했다. 이를테면, 앞의 "대뇌반구의 부피가 50세 이후부터 매 10년마다 2%씩 감소한다"는 내용에 대해서는 명상이나 운동을 하는 것만으로도 뇌 부피가 커진다는 것이 하버드대학교 연구팀에서 밝혀졌으니 사실이 아니다. 그것도 2006년에 하버드대학교 학보에 실릴 정도로 이미 꽤 오래전 이야기다. 벌써부터 좋은 소식을 전하게 되어 기분이 좋다.

하지만 반대로, 고무적인 발견들이 몇 해 지나면 다시 폐기되는 것도 허다하게 봤는데 대표적으로 생물학 분야에서 그랬다. 항노화 기제나 물질에 대한 연구가 발표되면 상업적 기관은 이를 재빨리 상품으로 둔갑시키고 요란한 광고와 함께 판매하기 시작하는데, 부작용에 대한 정보는 거의 제공하지 않는다. 그리고 몇 년 정도 흐르면 부작용이 보고되거나 효과 없음이 판명되어 세상에서 사라지는 식이다. 업무와 강연 준비 때문에라도 이 흐름을 30년 가까이 봐오다 보니 나름의 시선이 생겼다. 즉, 어떤 것은 받아들일 만하고 희망을 가질 만한 반면, 어떤 것은 기약이 없거나 심지어 부질없다는 판단이 조금 가능해졌다. 이 시선을 조금 더 확대해서 노년기를 준비하는 데 도움이 될 만한 정보를 갈무리해볼 수 있겠다는 생각이 든다.

앞에서 내가 강 건너 '꽃 구경'하듯이 떠들었다고 말했던 것은 '불 구경'하듯이 하지 않았다는 뜻에서다. 30대에 강 건너에 있는 듯이 보였던 노인들에는 부모님을 비롯하여 은사님들이 계셨는데, 부모님은 나보다 힘도 더 세고 계산도 더 빨랐으며 은사님들은 그저 내가 우러러 배워야 할 분들이었다. 강연 시에는 노인이 되면 나쁜 변화를 겪는다고 떠들었지만 현실에서는 크게 실감하지 못했다. 그저 강 건너 있는 조금 다른 꽃, 조금씩 지는 것 같지만 여전히 고운 꽃으로 보였지 불 난 것처럼 큰일이 나 보이지는 않았다. 하지만 이는 시간 착오였음을 깨닫게 되었다. 내가 30~40대에 강 건너에 계셨던 분들은 진짜 노인이 아니었다. 학교에서 우러러보았던 원로 교수님이라 하셔봤자 정년 전이셨으니 요즘 기준으로는 노인 축에도 못 낀다. 그러니 노령기 문제점들이 두드러지게 보이지 않았던 것이다.

하지만 이제는 한가하게 꽃 구경이나 할 기분이 아니다. 생활의 많은 면에서 잔불이 난 듯한, 그래서 꺼야 하는 듯한, 누군가 이 불을 꺼주면 좋겠다는 생각이 들 때가 점점 많아진다. 아울러, 예전에 강 건너 꽃 구경하듯이 보았던 그분들도 겉으로만 태연하게 보였지 속으로는 작은 잔불들에 자주 당황했을 거라는 생각이 뒤늦게 든다. 아니, 당황 정도가 아니라 때로는 대책 없는 두려움과 지독한 외로움, 어깨를 찍어

누르는 압박감 때문에 밤잠을 설쳤을 거라는 생각이 든다.

무엇이든 그렇겠지만, 부족하더라도 준비를 해놓으면 부담과 혼란이 좀 줄지 않는가. 그리고 그 준비 시기는 '첫 늙음'을 느꼈을 때라고 생각한다. 그전에는 노화를 실감하지 못하기에 다른 할 일도 많은데 굳이 이쪽을 준비할 여유도 시간도 에너지도 없다. 그렇다고 첫 늙음을 느끼는 나이가 되었다고 해서 여유가 생기는 것도 아니고 에너지는 오히려 더 없다. 하지만 시간의 관점에서 보면 없던 에너지도 추슬러볼 필요가 있다. 이제 시간은 이전과 다른 개념으로 다가온다. 예전에는 시간이 무궁무진한데 어떤 이유로 못 쓰거나 안 쓴다는 개념이었다면, 이제는 시간 자체가 많이 남지 않은 시기에 곧 이르게 된다. 누군가에게는 그 시간의 초침이 마을 저쪽에 있는 산등성이에서도 한참 멀리 있어서 들리지도 않지만 누군가에게는 동구 밖으로 선뜻 가깝게 들릴 수도 있다. 내가 있는 공간이 시간으로 재단되기 시작하는 게 노년기다. 누구에게나 공평한 시간의 법칙 때문에라도 어차피 들여다봐야 할 늙음의 문제들, 이왕이면 유쾌하게 살펴보도록 하자.

첫 늙음을 자각할 때
직면하는 문제들

모든 사람은 백이면 백, 늙는 것을 좋아하지 않는데 그 좋아하지 않는 것을 본인이 원해서도 아니고 그저 살아왔다는 이유만으로 자동으로 해야 한다는 건 억울하기까지 하다. 김광석의 노래 「서른 즈음에」의 가사, "점점 더 멀어져 간다. 머물러 있는 청춘인 줄 알았는데 (······) 내가 떠나 보낸 것도 아닌데, 내가 떠나온 것도 아닌데"는 서른을 보내는 아쉬움을 녹여낸 것이다. 고작(?) 서른을 보내면서도 그토록 가슴 아리게 그리워하고 허전해하니 예순을 보내는 심정은 어떠하겠는가. 이 부분이 참 심리적으로 복잡하다. 마음의 병이 있는 사람들조차 힘든 상황에서 벗어나보는 선택이라도 해볼 수 있다. 하지만 나이 든 '상황'은 벗어날 수가 없으며 그저 그에 대한 '태도'만을 선택할 수 있다. 선택의 폭이 좁다는 것은 마음의 여유를 없게 한다. 무언가를 통제할 수 없다는 것은 굉장한 스트레스다.

물론, 노화를 되돌려보겠다는 목표로 항노화 물질이니 영생의 방법이니 하는 것들이 끊임없이 제안되어 오긴 했다. 이 과정에서 한때 성장 호르몬이 큰 화제가 된 적이 있었다. 나이가 들면 성장 호르몬이 감소한다는 가설에 기반하여 성장 호르몬 주사제가 큰 인기를 끌었던 것이다. 실제로 주사를 맞은 사람들이 피부에 생기가 돌고 피로감이 사라지며 나이에 비해 훨씬 젊어 보인다는 보고를 했고, 미국만 해도 제약 회사의 막대한 후원에 힘입어 해마다 특급 호텔을 빌려 학술 대회를 열 정도였다. 지인 중 가정의학과 의사는 미국에서 개최된 안티에이징 학회에 참석한 적이 있었는데, 자원봉사자들이 60대를 넘겼음에도 호르몬 주사를 맞아 40대 중후반으로 여겨질 정도로 탱탱해 보여 놀랐다는 말을 해준 적이 있었다.

하지만 수년 후 부작용에 대한 보고가 나오기 시작했는데 고혈압이나 관절통, 당뇨병, 말단비대증 등을 일으킬 수 있다는 얘기들 중에서도 가장 우려되는 점은 암을 유발할 수 있다는 것이었다. 건강할 때는 성장 호르몬 요법이 노화를 늦출 수 있지만, 만에 하나 몸 속에 악성 종양 세포가 잠재되어 있다면 이 호르몬 때문에 오히려 암 세포가 빨리 성장하여 병을 악화시킬 수 있다는 것이다. 부작용에 대해서도 찬반 양론이 무성했지만 어쨌든 한때 회춘 호르몬으로 불렸던 성장 호르몬의 위세는 크게 꺾였다. 물론 상업적 제약 회사에서는 성장 호르몬 다음으로 끊임없이 다른 후보들을 내세웠지만 지금은 어느 과학자가 표현했듯이 이들을 '불멸을 파는 장사꾼들'로

보는 시각이 대세다.

언젠가 획기적인 신물질이 개발될 것이라는 희망을 접을 필요는 없지만 노년기에 이미 들어선 사람들이 그 혜택을 받을 수 있을지는 장담할 수 없다. 그러니 노화를 돌이키는 것은 미래의 희망사항으로 가지고 있되, 현실적으로는 '나는 늙었다, 나는 늙고 있다'는 것을 받아들이고 그 과정을 최대한 건강하게 끌고 갈 수 있도록 자신이 먼저 해볼 수 있는 일들에 집중하는 것이 합리적이겠다. 꿈은 높이, 현실은 지금 여기.

역설적인 것은, 노화를 받아들임으로써 삶의 선택의 폭이 좁아지는 것 같지만 직면해야 할 문제들은 오히려 늘어난다. 이쪽저쪽 희망을 걸어볼 수 있을 때는 굳이 어떤 문제를 직면할 필요가 없다. 무궁무진한 기회들이 펼쳐 있을 때 우리는 계속 여기저기 흘깃거리며 요것조것 간도 보며 살 수 있었다. 하지만 이제 누구라도 걸어가야 하는 큰길 하나만 덩그러니 남아 있게 되면, 본인이 원하지 않더라도 직면할 수밖에 없는 문제들이 생긴다. 어떻게 하면 병에 걸리지 않고 나이 들 수 있을지, 어떻게 하면 치매에 걸리지 않고 맑은 정신을 유지할 수 있을지, 어떻게 하면 평화롭게 죽음을 맞이할 수 있을지 같은 문제들 말이다.

이런 문제들은 그전까지는 크게 걱정하거나 신경 쓰지 않았던 것들로 첫 늙음 후 비로소 생각해보게 되는 고민들이다. 그래서 더욱 낯설고 당황스럽다. 그전까지 우리 앞에 놓여 있었던 문제들도 여전히 미해결 상태로 있어 갈 길이 바쁜데 '새치'와 '주름살'을 놔둬야 하는지 가려야 하는지 하는, 가볍지만 성가신 고민까지 더해지니 마음이 쫓기기도 한다. 그런 가벼운 문제는 차치하고라도, 병이나 치매 같은 무거운 문제들을 우리보다 먼저 겪었던 선배들이 어떻게 극복했나 넌지시 지켜봐도 뾰족한 수는 없어 보여 기운이 빠지기도 한다. 그렇다고 직면을 미룰 수는 없다. 주사 맞는 게 두려워 자꾸만 다른 친구를 앞으로 내세우며 뒤로, 뒤로 빠져봤자 더 부담스럽고 두려워질 뿐이다. 이번에는 내 차례인가 보다 하며 담담하게 옷소매를 걷어 올려보자.

엔드게임의 시간

노화의 문제들에 직면해야 하는 이유는, 첫 늙음을 자각하면 엔드게임을 준비해야 하는 순간이 빨리 올 수도 있기 때문이다. 엔드게임은, 다들 알다시피 게임의 콘텐츠가 대부분 소비되어 얼마 남지 않은 종반전을 일컫는 게임 용어다. 엔드라는 단어가 좀 쫓기는 느낌을 불러일으킬 수 있지만, 각 사람들이 맞이하는 엔드 타임은 천차만별이니 그냥 무언가를 마무리할 준비를 해야 한다는 것, 그리고 가능한 한 빨리 준비하면 좋다는 정도로만 받아들이자.

장수 연구자들이 **빼놓지** 않고 언급하는 유명한 할머니가 있다. 1997년에 122세로 세상을 떠난 프랑스의 세계 최고령자 할머니였던 잔 칼망이다. 그녀에 대해 우리나라의 방송 프로그램 「신비한 TV 서프라이즈」에도 소개된 재미 있는 일화가 있다.

1960년대 중반에 90세였던 칼망 할머니는 자신이 살던 집을 47세의 젊은 변호사에게 팔기로 했는데, 계약 조건은 자신이 사망할 때까지 그 집에 거주하면서 매달 2500프랑(약 50만 원)을 받는 것이었다. 변호사는 할머니가 100살까지 산다고 해도 시세보다 싼 가격에 집을 살 수 있다고 판단해 얼른 계약을 맺었다. 그런데 할머니는 100세를 훌쩍 넘겨 122세까지 살았기 때문에 변호사는 할머니에게 집값의 두 배가 넘는 돈을 지급해야 했다. 심지어 이 변호사는 할머니보다 2년 먼저 사망했고 계약서에 명시된 조항 때문에 가족들이 남은 2년 동안 매달 2500프랑을 꼬박꼬박 내야 했다고 한다.

잔 칼망처럼 당신도 엔드게임을 시작할 때가 100세를 넘어서일 수 있다. 반면, 생각보다 훨씬 빨리 다가올지도 모른다. 예전에 노인들께서 해주셨던 말이 있다. "마흔이 사람들이 죽는 일차 고비였어. 그 나이에 죽는 사람들이 꽤 많았지. 이 고비를 잘 넘기면 환갑까지 가는 거였고 환갑까지 살았다는 건 대단한 거니까 잔치를 크게 해주었던 거지."

지금은 환갑 잔치를 하는 게 촌스러울 정도로 수명이 늘어났지만, 한때 '40대 조기 사망'을 주제로 한 기사와 책이 꽤 나왔을 정도로 첫 늙음을 자각하는 나이는 죽음에 이를 정도의 신체적 위험성을 결코 간과할 수 없는 나이다. 하지만 대부분의 경우 첫 늙음에서 마지막 늙음까지 도달하는 시간이 굉장히 기니 너무 불안해할 필요는 없다. 아니, 첫 늙음을 자각할 때까지의 시간도 상당히 길다.

2018년에 SBS 뉴스 사이트의 '스브스 스토리'에 올라온 「어느 날 갑자기 노인이 된다면」이라는 제목의 재미있는 기사를 본 적이 있다. 노인 인구가 점점 늘어나고 있지만 젊은 세대에게는 늙는다는 것이 잘 와닿지 않아 이해하기 어려우므로, 20대 청년이 직접 '노인 체험복'을 입고 노인의 삶을 경험해봤다는 내용이었다. 이 청년은 근력 저하를 위한 모래주머니, 손을 둔하게 하는 장갑, 허리를 펼 수 없게 하는 버클, 관절의 움직임을 제한하는 막대기 등을 온몸에 부착하여 거리를 돌아다

넜는데, 이루 말할 수 없는 불편을 느꼈고 칼국수 집의 계단 열 칸을 올라가는 것은 등산이나 다름없었다고 보고했다. 노인들의 불편감을 잘 짚어낸 기발한 실험이었지만, 사실과 다른 한 가지는 노화는 어느 날 갑자기 이런 식으로 닥치지 않는다는 것이다.

사람들은 갑자기 근력이 저하되고 움직임이 불편해지는 게 아니다. 조금씩 불편해지는 만큼 조금씩 적응해가기 때문에 자신이 늙어가고 있음을 모를 때도 많다. 그래서 자신의 능력을 여전히 믿고 초록불이 깜빡이는 횡단보도를 냅다 뛰어가다 길바닥에 대자로 뻗기도 하고 매일 열어왔던 찬장 문에 어느 날 갑자기 눈을 찧기도 한다. 모두 감각 운동 협응력이 저하되어 나타나는 일들이다.

중요한 것은 기억, 운동, 감각, 언어, 신체 등에서 예전에 한 번도 겪어보지 못했던 오류가 일어난다면 '이게 혹시 첫 늙음?'의 스위치를 한번 켜봐야 한다는 것이다. "어머 어떻게 해!" 하며 호들갑을 떨 필요는 없지만, "실수일 뿐이야" 하며 넘기기보다는 앞으로 좀 더 자주 일어날 전조일 수도 있음을 생각해봐야 한다. 앞에서도 말했듯이 각자의 엔드게임의 나이는 다 다르기 때문에 일괄적인 지침을 제시할 수는 없겠지만, 그래도 '전조'가 '기정사실화'될 수 있음을 고려해봐야 할 때라는 건 분명하다. 예전에는 '어떻게 되겠지, 내일은 또 내일의 해가 뜨겠지' 하며 막연한 희망을 가진 채 무대책으로 잠자리에 들었어도 다음 날 어김없이 해가 떴지만, 첫 늙음을 자각하기 시작하면서부터는 무대책을 서서히 대책으로 바꾸기 시작해야 한다. 그 대책이 효과가 없어 보이더라도 일단 세워는 봐야 한다.

젊어서도 늘 힘들었고 수도 없이 절망했지만 그럼에도 항상 미로는 여러 갈래로 펼쳐졌고 때로는 되돌아 나와 원점에 서보기도 했다. 하지만 첫 늙음을 자각하면 원점에 서볼 가능성이 줄어든다. 차를 타고 터널에 들어가면 터널 벽에 지금까지 온 길 몇 미터, 앞으로 남은 길 몇 미터의 표식이 적혀 있다. 만에 하나 터널 안에서 사고가 난다면 이 표식을 참고삼아 가까운 출구 쪽으로 뛰어가야 할 것이다. 첫 늙음을 자각했을 때 지금까지 온 길 몇 시간, 앞으로 남은 길 몇 시간의 표식을 적어본다면, 아마도 대부분은 되돌아가기에는 너무 멀리 왔다는 생각을 하게 될 것이다. 그러니 앞으로 갈 수밖에 없다. 계획이 훌륭하든 아니든, 실현 가능성이 높든 아니든 말이다. 하지만 아쉬워할 것만은 아니다. 아쉬움을 충분히 느끼고 나면 오히려 용감해지고 담담해진다. 선택의 폭이 좁아지면 훨씬 더 집중할 수 있고 그럼으로써 더 치열하게 밀도 있는 삶을 살 수 있다.

엔드게임의 히어로

엔드게임이라는 용어를 쓰니 영화 「어벤져스: 엔드게임」이 생각난다. 엔드라는 제목에서처럼 어벤져스 시리즈의 마지막이라고 들었는데 주연 배우들의 나이를 고려할 때 번복하기가 쉽지 않을 것이다. 영화 「어벤져스: 엔드게임」은 슈퍼 히어로들이 힘을 모아 지구를 지키는 내용이었지만 각자의 엔드게임에서는 당신이 슈퍼 히어로다. 하지만 이 히어로는 나이가 많아서 창 하나, 방패 하나 들 힘이 없다. 그러니 지구를 지키는 것까지 하면 정말 좋겠지만, 일단 자신의 몸을 잘 지켜내고, 가족과 후세대에게 짐이 되지 않게 하고, 희망과 평화를 기원해주면서 계속 삶을 이어가라고 격려해주는 임무가 우선이며 어쩌면 그것이 다이다.

첫 늙음을 자각하면 많은 가상 게임을 준비해야 한다. 언젠가 눈이 침침해서 책 하나 읽기도 힘들다면, 관절염으로 걷기가 힘들다면, 은퇴를 하거나 사업이 망해서 돈을 못 벌게 된다면, 사랑하는 사람들과 떨어지게 되어 혼자 밥을 먹어야 한다면 어떻게 살아갈지 가상 시뮬레이션을 해봐야 한다. 막상 닥치면 또 잘 대처하겠지만 미리 생각해두면 훨씬 평화롭게 지나갈 수 있을 뿐 아니라 인생 후반의 삶의 질이 달라진다. 가장 궁극적인 게임은 '언젠가 죽게 된다면'일 것이다.

가상 게임의 주제가 부정적인 것만 있다고 너무 의기소침해하지는 말자. 가상 게임 자체가 불굴의 주인공이 난제를 뚫고 나가는 내용 아닌가. 인생이 가상보다 더 치열하다는 게 다를 뿐이다. 첫 늙음을 자각하기 전까지도 지독한 현실에서 살아왔다. 먹고 자고 입는 현실은 기본이었고 성공, 성취, 사랑, 명예, 돈, 지위까지도 온통 숨 막히는 현실이었다. 그래서 그 현실에서 승리하려고 아등바등 살아왔고 이제 겨우 현실을 헤쳐 나온 듯한데, 이제는 아랫사람들도 제법 다루게 되었고 누가 상처를 주어도 꽤 잘 헤쳐 나갈 자신이 생겼는데, 흔히 하는 말로 이제 겨우 먹고살 만해졌는데, "됐고, 당신 몸이나 잘 챙기고 당신 기억력이나 잘 점검하라"라는 말을 들을 거란다. 그런데도 힘 없는 팔 다리로 가상 게임까지 해야 한다고? 하지만 섣불리 기운 빠질 필요는 없다. 가상 게임의 묘미는 끝날 때까지는 끝난 게 아니기 때문이다. 무엇보다도, 우리에겐 머리가 있다. 노인이 다른 세대보다 더 좋은 기능을 보인다고 했던 그 '지혜' 말이다.

지혜를 잘 발휘해서 어떤 선택을 하느냐에 따라 게임의 판도는 충분히 달라질 수 있다. 때로 게임의 끝이 파라다이스가 될 거라고 자신하는 노인도 있다. 한때 노년학 전문가들이 빠짐없이 언급했던 인물인 미래학자 레이 커즈와일이다. 미국 발명가 명예의 전당에 등재된 선구적인 발명가이자 현재 구글 엔지니어링 이사인 그는 직함만 봐서는 최고로 과학적이고 객관적인 이야기를 할 법한 사람으로, 『특이점이 온다』에서 기술이 인간을 넘어 새로운 문명을 낳는 시점이 곧 올 것이며 인간은 나노의학 기술의 발달로 영생을 얻게 된다는 주장을 했다. 여기까지는 낙관적인 미래 전망으로 볼 수 있겠는데, 그는 그 시기를 2045년으로 콕 짚으면서 자신이 그때까지만 살아 있으면 영생을 얻을 것이기에 건강을 유지하기 위해 비타민, 미네랄, 오메가3 등 각종 영양소를 하루에 수백 알 먹는다는 얘기를 했고, 이 지점에서부터 무수히 많은 학자들의 비난을 받기 시작했다. 황당한 몽상가라는 평에서부터, 그가 보충제를 너무 먹어서 몸이 오히려 좋지 않아 단명할 거라는 비아냥도 쏟아져 나왔다.

지지를 하든 혹평을 하든 그의 주장은 위 책이 발간된 2006년부터 10여 년 정도는 수많은 학자들의 책에서 언급되었지만, 이후 몇 년 동안 잠잠하더니 최근 다시 부각되는 듯하다. 학자들이 한 발 물러서 "여전히 믿을 수는 없다. 하지만 정말 그럴지 궁금하기도 하고 그런 일이 실제로 일어났으면 좋겠다"는 태도로 바뀐 인상이다. 황당하네, 웃기네, 하면서도 어느덧 커즈와일이 약속한 꿈의 시간이 24년 앞으로 선뜻 다가와서인지도 모른다.

커즈와일이 말하는 2045년 또한 가상현실이다. 하지만 그는 '가상'이 아닌 '현실'로 받아들여 그때까지 살아 있으려고 열심히 몸 관리를 하고 있다. 당신은 어떤 가상현실을 선택할 것인가? 그에 따라 남은 생을 무엇에 집중할지가 정해질 것이다. '선택'이 중요한 이유다.

커즈와일이 상당히 앞서 나가긴 했지만 지금 이 시간에도 상당수의 저명한 과학자들이 노화와 치매를 이겨내는 방법을 연구하고 있다. 『노화의 종말』(원제는 『수명; 우리는 왜 나이 들고 또 그럴 필요가 없는가Lifespan; Why We Age, and Why We Don't Have to』), 『죽을 때까지 치매 없이 사는 법』(원제는 『알츠하이머병 솔루션; 모든 연령대에서 인지 저하 증상을 예방하고 되돌리는 획기적인 프로그램The Alzheimer's Solution; A Breakthrough Program to Prevent and Reverse the Symptoms of Cognitive Decline at Every Ages』) 등도 그런 연구를 다룬 책이다. 책의 부제만 봐도 저자들의 확신이 얼마나 강한지 충분히 느껴진다. 우리가 가야 하는 길이 혼자만의 분투는 아닐 거라는 생각이 들며 조금 위안이 된다.

'노인을 위한 나라는 없다.' 하지만 노인을 위한 과학자는 있다. 젊었을 때 노벨상을 받았던 과학자들이 우리와 똑같이 늙어간다는 것을 생각하면 정말 다행이라는 이기적인(?) 생각이 든다. "중이 제 머리 못 깎는다"는 속담이 있긴 하지만 과학자들은 자신에게도 일어나는 늙음의 문제를 마냥 내버려두지만은 않을 것이다. 심지어 과학자들은 소명 의식이라 해야 할지, 직업병이라 해야 할지는 모르지만, 자신의 머리에는 관심이 없어도 남의 머리에 대한 지대한 관심을 결코 멈추지 않는다. DNA의 이중나선형 구조를 찾아내 노벨상을 받은 제임스 왓슨이 그로부터 한참 후인 2000년대 후반에 자신의 게놈을 분석하는 것에 찬성하면서도 그 결과를 자신에게 알려주지 말라고 했던 일화는 유명하다. 자신에게 치매 취약형 유전자가 있는지 알고 싶지 않다는 게 이유였다고 한다. 하지만 왓슨은 아직도 왕성하게 세상 사람들의 유전자를 연구 중이다. 감사할 따름이다.

그렇더라도 그들의 통찰과 제언을 당신에게 유익하게 적용해볼 사람은 당신밖에 없다. 노인 문제에 당사자들만큼 깊은 관심을 갖는 나라와 젊은 세대는 없기 때문이다. 과학자들의 순수한 열정이 상업적으로 호도되는 부분에 대해서 정신을 바짝 차리고 현명하게 판단해야 하는 것도 당신의 몫이다. 나는 그저, 당신이 올바른 판단을 내리고 '건강한' 방법으로 건강을 지켜내도록, 무엇보다도 낙담하지 않고 끝까지 이 길을 가보도록 도움이 될 만한 얘기들을 능력껏 전하면서 응원하려 한다.

2장

당당하게
나이
든다는 것

늙음을 바라보는 몇 가지 사회적 이론들이 있는데 그중 '연속성 이론'을 제외하고서는 모두 노인을 현세대에서 분리해서보는 입장이다. '연속성 이론'에서는 개인의 기본 특성은 늙어도 변화하지 않으며, 나이만 들었을 뿐이지 자존심 욕구, 사회적 상호 작용의 욕구, 지적 욕구는 여전하다고 본다. 반면'연령 계층화 이론'에서는 동일 연령 계층에 속하는 사람들은비슷한 역사적 경험을 공유하므로 비슷한 태도, 가치, 전망을갖게 된다고 보면서, 노인 집단은 다른 연령 집단과 '구분'되기 때문에 나름대로의 지위와 역할을 찾아야 한다고 설명한다. '노인 하위 문화론'에서는 이보다 더 확실하게, 실버타운 같은 노인들에게만 특유의 하위 문화가 있다고 주장한다. '현대화 이론'에서는 현대화가 노인의 지위를 하락시킨다고 설명하면서, 농경 사회에서는 노인이 우대되어 왔으나 산업 사회에서는 노인 역할의 중요성이 감소된다고 본다. 회사에서 젊은 사원들이 컴퓨터나 스마트폰을 잘 다루는 것에 비해 중진들은 익숙하지 않은 모습을 떠올리면 이해가 쉬울 것이다.

마지막으로 '사회 교환 이론'은 지금까지 말한 이론 중 가장 냉정한 설명을 한다. 이 이론에서는, '사회적 행동'이 두 대상 간에 보상을 반복적으로 교환하는 것이라고 정의한다. 대개는 투자에 비해 보상을 더 많이 받기를 바라는데, 노인은 이러한 보상 관계에서 상대적으로 열등한 위치에 있기 때문에 더 이상 노인을 대상으로 교환하려 하지 않는다는 것이다. 이런 시각은 연령차별주의(ageism) 같은, 노인 경시 현상을 잘 설명하는 것 같다.

각각의 이론들이 나름의 타당성을 갖고 있다 해도 이론과 가설은 늘 수정되고 업데이트되니 절대적인 가치를 둘 필요는 없다. '현대화 이론'만 보더라도, 컴퓨터와 인터넷이 보급되었던 초반에는 노인들이 젊은이들에 비해 이를 다루는 능력이 현격하게 뒤처졌지만 점점 노인들도 쉽게 다룰 수 있도록 소프트웨어나 하드웨어가 진화해왔다. 무인 자동차는 이런 진화의 대표적이고도 압도적인 결과물이다.

다만, 사회에서 노인 세대를 분리해 보고자 하는 시각이 있다는 것은 들여다볼 필요가 있다. 솔직히 말하면 우리들도 대부분 젊었을 때 노인들을 보며 '나는 당신처럼 늙지 않을 거예요'라는 생각을 해봤을 것이기에 이 시각이 낯설지는 않겠지만, 관찰자나 상대방의 입장에 있었을 때와 당사자의 입장에 있을 때는 기분이 크게 달라질 수밖에 없다. 하지만 기분이 별로라고 해서 엄연히 존재하는 시각 차이를 무시할 수만은 없다.

앞에서 언급했던, 122세까지 살았던 칼망 할머니 사례를 강연 때 소개하면 청중들의 반응이 연령층에 따라 미묘하게 나뉜다. 노인 세대는 칼망에 초점을 맞추어 마치 소영웅이라도 보듯이 '그토록 오래 살면서 지혜롭게 거주 문제를 해결한' 모습에 감탄하고 부러워하는 반응을 보인다면, 젊은 세대, 특히 20~30대는 칼망의 변호사에게 초점을 맞추어 '그렇게 돈을 거저 날렸으니 너무 억울했겠다'며 자신이 마치 그 변호사라도 된 양 안타까워하는 표정을 짓는다. 작은 사례 하나에서도 분리적인 시각이 느껴지니 전반적인 시각 차이는 훨씬 클 것이다.

나답게 나이 들어야 아름답다

앞서 언급한 '사회 교환 이론'을 인정하고 수용한다면 우리는 젊은 세대와 무엇으로 교환을 해야 할까. 젊은이들은 튼튼한 체력으로 이 나라를 지켜주어야 하고 경제 활동도 계속해주어야 한다. 우리도 그 나이 때는 그렇게 했으니 이제는 그동안 주었던 것을 '받을' 권리가 있다고 말하고 싶지만, 자신의 나이 든 미래와 부모의 과거보다는 현재 삶에만 몰두하는 젊은이들에게는 소통하기 힘든 말이다. '지금 여기서' 우리는 젊은 세대에게 무엇을 줄 수 있을까. 고령사회연구소 소장이자 서울대 생화학교실의 박상철 교수가 쓴 『노화 혁명』에서 그 한 가지 방향을 찾아볼 수 있을 것 같다.

그는 노인이 되면 '받는' 문화에서 '주는' 문화로 전환해야 한다고 주장하면서, 노인이라는 명분하에 갖는 사회적 봉양 체계에 대한 기대를 벗어버리고 사회적 생산 주체로서의 자긍심을 회복하여 '당당한 노화'를 보여주어야 한다고 말한다. 아울러, 이 '당당한 노화'로 장수해도 의료비가 폭발적으로 늘어나지 않는 저비용 장수 사회가 구축되어야 한다는 말도 한다. 장수가 축복이 아니라는 사회적 분위기가 존재하는 한 노인들이 설 자리는 없을 것이기에 그의 메시지는 매우 중요하다.

아울러 그는 주장에서만 그치는 것이 아니라 실제로 당당한 노화를 보여주는 우리나라 노인들의 멋진 삶을 소개한다. 이미 오래전부터 별도의 장수 지역 문화를 형성해 나이에 상관없이 자기 일은 스스로 처리하는 제주도 노인들, 상당수가 독거 노인이지만 개방 사회를 만들어 이웃과의 소통이 활발하며 공동체 내에서 가족같이 살아가는 두레 정신이 투철한 구곡순담(구례, 곡성, 순창, 담양) 노인들, 가마니, 광주리, 삼태기 등을 만들어 일본에 수출까지 하는 강원도 양구군 노인들, 장수는 생명의 절대선이고 축복이며 권리가 있으므로 최선의 노력을 경주해야 한다는 장수 공동체 순창 선언을 공표한 순창 노인들의 실례가 그의 책에 실려 있다.

그의 말대로, 능동적인 삶의 태도로 노인들 스스로 인간의 존엄성을 최후 순간까지 지켜낼 필요가 있다. 능동적인 삶에는 강원도 인제군 노인들처럼 일을 하고 경제적 자원도 벌어들이는 적극적인 활동도 포함되겠지만, 그런 가치를 중시 여기는 마음을 갖는 게 가장 필요하다고 생각한다. 박상철 교수가 세 단어로 압축한 '하자, 주자, 배우자'의 삶의 태도는 일상에서도 얼마든지 가져볼 수 있다. 밖에서 일을 할 수 있을 정도의 건강이 받쳐주지 않더라도 자신의 하루 일과에 충실하고, 이웃과 어울리며, 남 탓하지 않고 작은 것이라도 봉사하고, 새로운 것을 배우는 태도를 갖고 있다면 충분히 당당한 노화이다. 현명한 말과 사려 깊은 행동을 하는 것만으로도 가족을 비롯한 사회에 선한 영향을 '줄 수' 있다. '말 한 마디로 천 냥 빚을 갚는' 것이야말로 노인들이 아주 잘할 수 있는 영역이라고 생각한다.

EBS 다큐멘터리 「100세 쇼크」에서 채현국 효암학원 이사장의 얘기가 방영된 적이 있다. 1960년대 흥국그룹 회장으로 당시 전국 소득세 10위였던 채 이사장은 1973년에는 전 재산을 사회에 환원했고, 방송 당시에는 경상남도의 한 중학교 한편에 있는 소박한 건물에 거처하며 운동장 청소도 하고 학생들에게 좋은 말도 해주며 헌신하며 살고 계셨다. 방송 중 이분은 이런 말을 하셨다. "노인은 반드시 평화로워야 해요." 특별한 언행도 필요 없이 그저 평화롭게 지내는 것만으로도 충분히 사회에 '주는' 것이라는 생각이 들 정도로 깊은 울림을 주는 말씀이었다. 이분이 고래 등 같은 집에 살면서 '평화'를 말씀하셨다면 마음에 와닿지 않았을 것이다. 침대 하나 있는 작은 방에서 작은 전등 하나 켜서 책을 읽고 계셨는데, 게다가 암 투병 중이라고도 하셨는데, 그저 평화로워 보였다.

우리가 더 나이 들어 자식이나 손주에게 밥을 차려주지도, 돈을 주지도 못한다 해도 평화롭게 지낸다면 그들은 우리 곁에 자주 오고 싶어 할 것 같다. 평화로운 존재 옆에 잠시 누워 세상에 부대껴 너덜너덜해진 마음을 추스르려 할 것이다. 권위를 내려놓고 효(孝)를 내세워 겁주지 말고 신세타령하지 말고 세상에 평화를 '주자'. 젊은 세대들에게 가장 없는 것이 '평화'일 것이므로.

당당하게 늙으려면 노화에 대한 우리들 자신의 시각부터 당당해져야 한다. 사회적 시각이란 어떤 현상에 대한 '사회적' 시선, 즉 대다수 사회 구성원들의 시각이라고 할 수 있다. 그 시각에서는 노인을 다른 하위 문화, 혹은 하위 집단으로 분리해서 보고자 하는 성향이 있다는 것을 좀 전에 살펴보았다. 그런데 당사자인 우리들은 어떤가. 우리도 암암리에 우리를 저쪽으로부터 분리시키지 않는가? 물론 이때의 분리는, 이쪽은 고상하고 연륜이 많은 반면 상대 쪽은 자기중심적이고 철이 없다는 식의 내용이 많을 것이다. 그런데 한 가지 이상한 점은, 그러면서도 끊임없이 그들의 시선 범위에 있으려 하고 그들의 찬탄을 받기를 바란다는 것이다. 멋쟁이 노인, 센스 있는 노인, 동안이라는 칭찬이 최고의 칭찬이 되었으며 나이는 숫자일 뿐이라는 것을 온몸으로 보여주고 싶어 한다.

노인은 솔직하다. 자신의 늙은 모습이 보기 좋지 않다는 걸 알고 시인한다. 하지만 노인은, 특히 한국의 노인은 솔직해지는 대신 자긍심을 버렸다. 젊은이들과 다르지 않음을 보여주기 위해 보톡스, 주름 제거 수술, 노화 방지용 온갖 주사를 겁도 없이 시술받는다. 인터넷에 이 용어들만 쳐봐도 부작용으로 고생하는 사람들의 사례가 즉시 올라온다. 자신의 상태를 부작용을 감수하면서까지 감추고 지우려는 것은 "우리는 너희가 부럽다, 너희가 진리다"라고 하는 메시지에 다름 아니다. 그러니 그 '너희들'이 기고만장할 수도 있는데 말이다.

스스로 못났다고 생각하는데 누가 우리를 존중하겠는가. 물론 진짜 우리가 원하는 것은 '그들'처럼 되려는 게 아니라 젊었을 때의 '우리들'처럼 되겠다는 거라는 걸 안다. 그저 젊음을 조금만 더 늘여보겠다는 걸. 좀 나중에 늙어보겠다는 걸. 하지만, 애석하지만, 불가능하지 않은가. 차라리 늙음의 불 주사를 한 방 맞도록 하자. 세균을 일부러 몸 안에 넣어 항체를 만들 듯이 늙음을 받아들여 마음의 항체를 만들자.

배우들같이 보톡스를 맞고 주름 제거 수술을 해야 먹고살 수 있는 사람들이라면 얘기가 다르지만, 일반인인 우리들이 도대체 왜 무엇을 위해 자연의 흐름을 거스르면서까지 젊어지려는 걸까. 젊은 사람들은 우리보다 면역력이 튼튼해서 시술의 부작용이 나타난다 해도 잘 이겨내지만 노인이라면 백

번 천 번 조심해야 한다. 단순한 멍이나 출혈 정도에서 끝나는 것이 아니라, 심한 경우에는 신경이 손상되거나 수술 부위의 감각을 잃거나 근육과 운동 기능의 불편감이 생길 수 있으며 기저 질환이 있다면 부작용은 치명적인 수준에까지 이를 수 있다.

물론 직장의 고용주도 젊은 사람을 선호한다. 하지만 이는 노인이 체력적으로 달리고 혹시라도 몸이 아파서 업무에 지장을 주지 않을까 하는 부담과 염려가 근본적인 것이다. 그러니 주름 제거 수술로 잠시 얼굴을 팽팽하게 했어도 체력에 문제가 있거나 업무 능력이 떨어지면 수술비 할부금을 낼 수 없게 된다. 고용주가 바라는 것은 건강하고 생기 있게 보이는 것이며 이는 외모가 아닌 몸과 마음의 건강으로 충분히 커버할 수 있다.

미적 가치를 부정할 사람은 아무도 없다. 외모가 아름다운 사람들을 보면 인간의 이상(理想) 중 하나가 엿보여 저절로 좋은 감정이 생긴다. 활짝 핀 꽃이 시든 꽃보다 아름답다는 건 세 살짜리 아이도 안다. 꽃의 전성기가 사그라지는 비애를 우리는 안다. 우리는 솔직하다. 진솔한 우리는 그래서 아름답다. 하지만 솔직하게 인정은 하면서 해결은 자꾸 현실을 부인하고 가리는, 그리 조화롭지 않은 방법을 쓰려 한다.

롤 모델이 있었으면 좋겠다. 나이는 숫자에 불과하다면서 멋있고 활기차게 사는 능력 넘치는 사람에게 진심으로 부러움을 전하지만, 나이 그대로 익어가는, 익을수록 고개를 숙이는 벼 같은 사람을 많이 보고 싶다. 외모를 하나의 자원으로 갖고 태어나는 사람들이 분명히 있다. 그런 타고난 능력의 소유자들이 보톡스 맞지 말고 자연스럽게 나이 들어, 여전히 드러나는 범접할 수 없는 아름다움을 보여주었으면 좋겠다. 그러다 보면 나이 들어가는 것을 마음 편히 수용하는 분위기가 차츰 형성될 것 같다.

얘기가 잠시 다른 데로 흘렀지만, 노인들 스스로 자신의 모습을 부끄러워하지 않아야 사회도 우리를 존중할 거라고 생각한다. 동안에 집착하는 모습이 때로는 노년기 히스테리로 느껴질 때도 있다. 황무지에 사과나무를 심듯이 치열하게 살아온 우리의 생애가 식탁 위 유리병에 꽂힌 한 송이의 알량한 꽃 같은 '동안'이라는 단어 하나로 매겨지는 것 같아 어이없음을 넘어 서글퍼지기까지 한다.

이덕무의 『문장의 온도』에 「매화와 유자」라는 글이 있다.

매화가 있는 감실 가운데 유자를 놓아두는 것은 매화

를 모욕하는 짓이다.

예전부터 매화는 맑은 덕과 깨끗한 지조가 있다고 하는데, 어찌 다른 물건의 향기를 빌려 매화를 돕는단 말인가.

이덕무님이 매화를 노인이라고 말한 적은 없지만, 글은 독자가 받아들이기 나름이니 나는 노인을 매화로 부르련다. 덕이라는 건 아무래도 고생도 오래 해보고 어려움도 꽤 극복해본 후 가질 수 있는 것이기에 매화는 젊은이들에게 어울리는 꽃이 아닌 듯하다. 그들은 꽃의 여왕이라 불리는 장미, 상큼한 유자, 큐티한 튤립, 청초한 수선화로 불리는 것을 더 좋아할 것 같다. 그러니 슬쩍 매화를 노인의 꽃으로 가져오련다. 나이 든 사람에게 매화 같다는 말은 굉장히 좋은 칭찬 아닌가. 나이 들어가는 우리는 솔직하고 그래서 아름답다고 했다. 우리는 매화다. 다른 향기를 빌려 유자 같은 흉내를 내는 건 그만하고 매화의 맑은 덕을 회복하는 데 집중해보자.

내면의 평화가 더 중요한 시간

사회가 다분화되면서 각 세대의 특성과 문화를 존중하는 분위기도 조금은 형성되어 명절이 다가오면 학생들에게 절대로 하면 안 될 말, 청년들에게 절대로 하면 안 될 말 등이 어김없이 신문 기사로 등장한다. 이를테면 학생들에게는 "어디 대학에 원서 넣었니?" 같은 질문을 하면 안 되고 청년들에게는 "애인 있니? 취직했니? 연봉 얼마니? 언제 결혼할 거니?" 같은 질문을 하면 안 된다고 주의시킨다. 더 나아가, 학생이나 청년 자녀를 둔 부모들에게 "그 집 아들 대학 어디 갔어? 그 집 딸 취직은 했어?"라고 묻는 것도 삼가야 한다는 분위기다. 원하는 것을 이루지 못하게 된 사람들의 마음을 헤아려주자는 좋은 취지에서다. 자신과 가족들이 얼마나 잘나가고 있는지 자랑하는 것도 조심해야 할 일이다.

어르신들이나 그 자녀분들과 상담을 하다 보면 스트레스에도 천재(天災)가 있고 인재(人災)가 있다는 생각이 든다. 나이 들고 은퇴한 후의 건강 및 경제적 스트레스가 어쩔 수 없이 받아들여야 하는 천재라면, 상대적 열등감을 느끼게 하는 사람들과의 모임에서 겪는 스트레스는 인재 같다.

내담자에게서 들은 이야기가 있다. 계 모임에 자식이 사준

핸드백을 들고 나가 자랑했다고 말하는 어머니에게 이분이 "아니, 엄마, 그게 뭐 자랑이라고…… 그런 백 없는 사람은 얼마나 속상하겠어?"라고 지적하니 어머니가 이렇게 말하시더라는 것이다. "흥, 그동안 걔네들이 내 속 뒤집은 거에 비하면 아무것도 아니다. 어찌나 자랑질을 해대는지, 진짜 마음 같아서는 진즉에 절교해야 하는데." 누군가의 자랑질에 마음이 상해서 벼르고 있다가 그다음에는 본인이 또 누군가의 마음을 상하게 하다니 정말 사람들은 스트레스도 가지가지로 주고받는 것 같다. "에이, 웃자고 하는 소리지, 귀여우시네"라고 말하기엔 당사자들의 고충은 생각보다 심하다. 위 내담자는 어머니가 계 모임에 다녀올 때마다 집에 먹구름이 낀다고 했다. 기분 풀러 간다고 하고서는 다녀와서는 오히려 평소보다 더욱 신경질을 내고 신세한탄이 더 심해져서 가족들도 덩달아 우울해진다고 했다. 후렴으로 나오는 남의 집 아들 딸들 얘기까지 듣다 보면 화까지 치솟으며 모든 공경심이 와르르 무너진다고 했다.

모여서 밥만 먹어도 스스로 열등감을 느끼고 위축되는 사람이 있지만, 대놓고 그런 분위기를 만드는 것은 노인 세대일수록 더욱 조심해야 한다. 자연재해 버금가는 스트레스에 대처하는 것만도 벅찬데, 조금만 동병상련의 마음으로들 대해주면 겪지 않아도 될 감정적 소모까지 더해지는 건 참 부질없고 지치는 일이다.

노인들이 삼가야 할 말로 하나 더 제안하고 싶은 것이 있다. 모임에서 누군가의 외모를 평가하거나 칭찬하는 말을 안 하는 분위기를 만들면 좋겠다. 어느 모임이든 외모가 출중하거나 동안을 잘 유지하는 사람이 한두 명은 꼭 있기 마련이다. 하지만 이들이 칭찬받을 때 다른 구석에서는 찌든 자신의 외모에 속상해하는 사람 또한 분명히 있다. 아울러, 외모에 대한 칭찬을 받은 사람은 자신의 외모가 정말 훌륭하다고 착각(?)해서 자꾸자꾸 외모를 가꾸는 데 정신을 쏟게 되는데 이것이 과연 노년기의 심리 건강에 좋은 것인지 잘 모르겠다.

한번은 인물 사진 전문가와 얘기를 나눈 적이 있다. 이분은 스튜디오를 운영하면서 전문 대학원 과정을 마치고 겸임교수까지 지내셨지만 뒤늦게 임상심리사 자격증에 도전하셨고, 그 교육 과정에 내가 강연을 하게 된 인연으로 만난 분이다. 무슨 얘기를 하던 중에 한 청년이 이분에게 외모의 아름다움이 유지되는 나이가 몇 살 정도냐는 질문을 한 적이 있다. 나도 피사체로 들여다보는, 남들이 잘 알지 못하는 세밀한 시각이 있는지 궁금하여 귀를 기울였다. 그는 "어디까지나 개인적인 견해"임을 밝히면서 대략 45세 전후라고 했다. 이어서 다음과 같은 말을 했다.

"40대를 넘어가면서부터는 외적인 아름다움이 기우는 게 사실입니다. 보정 전 사진에서 보면 확실히 드러나죠. 외모가 정말 보기 좋았던 여배우 *** 씨나 남배우 *** 씨를 생각해 보세요. 45세가 넘어서도 드라마에서 보면 여전히 예쁘고 멋있죠. 하지만 마음을 잡아당기는 아름다움이라고 할 수는 없죠."

60세도 아니고 50세도 아니고 45세쯤이란다. 첫 늙음을 자각하는 평균 나이다. 아무리 동안이라고 자부심을 느끼고 사람들이 칭찬해도 전문가의 시선에서 보는 45세 이후는 외모의 아름다움으로 어필할 수는 없는 나이다. 이분은 교회에서 30년 넘게 사진을 찍어왔다고 한다. 단체로 찍는 공식적인 사진이 대부분이지만, 전 교인 체육회 같은 비교적 자유로운 행사에서는 교인들의 얼굴을 클로즈업해 찍은 후 조금(?) 예술적인 기술을 가미해서 회보에 올리기도 하는데 반응이 굉장히 좋다고 한다. 그런데 최근 창립 30주년을 맞이하여 그동안 찍었던 사진들을 정리하던 중에 뜻밖의 발견을 했다고 한다.

"젊었을 때는 전혀 눈에 띄지 않던 분이었는데, 오히려 마흔이 넘으면서 어떤 매력이 뿜어 나오더니 50세가 되어도 너무 아름답게 사진이 찍힌 분을 보게 된 거예요. 호기심이 들어 그분의 생활을 조금 여쭤봤더니, 아내를 사별하고 3살, 4살 남매를 둔 남자분과 마흔 넘어 결혼을 하게 되었는데, 이분은 초혼이었고요, 아이들의 새엄마가 된 거지요. 그런데 그아이들을 얼마나 사랑하고 지극하게 키우는지 아이들 얘기를 할 때 눈에서 꿀이 떨어지더군요. 제가 사진 치료를 해보겠다고 마음먹은 것은, 외국의 한 사진사가 외모에 자신 없어 하는 여성들에게 맨몸 사진을 찍어서 숨어 있는 아름다움을 느끼게 해주어 자신감을 갖게 해주었다는 기사를 보고 나서였어요. 다만 한국의 정서상 맨몸 사진은 안 될 것 같아서 얼굴 사진에 집중했는데, 처음에는 최대한 인물이 매력적으로 나오도록 보정 기술로 기교를 부리는 쪽이었어요. 그런데도 고객들은 만족했고 자신감도 얻더라고요. 하지만 이마저도 마흔다섯쯤 넘어가면 한계가 오더라고요. 지금은 마음의 평화, 내면의 평화가 있어야 나이 들었을 때 아름답게 찍힌다는 걸 알게 되었습니다. 이것이 제가 임상심리사 자격증을 준비하는 이유입니다."

나는 이분의 얘기를 듣고 많은 생각을 하게 되었고 다른 사람들과 공유해도 되겠냐고 물어보았다. 이분은 흔쾌히 허락했을 뿐 아니라 "나중에 사진 한번 찍으러 오세요"라는 말까지 하셨다. 나는 "말씀만으로 감사합니다. 절대로 못 갑니다"라고 대답했다. 내면의 아름다움이 중요하다는 그 진부한 말이 이렇게 사실적으로, 그리고 뇌리에 쏙 박힐 때는 없었던 것 같다. 매화의 맑은 덕이 어떤 것인지 생각해보게끔 하는 멋진 얘기였다.

이 책의 핵심 내용도 아닌 외모 얘기를 책 초반부에서부터 언급하는 것은, 일단 눈에 보이는 것부터 말하는 게 쉬울 것 같아서다. 각자의 몸과 뇌 속에서 벌어지는 일은 개인 편차가 심해서 이해나 공감을 하기 힘들지만, 눈에 보이는 것은 훨씬 공유하기가 쉽고 그에 대한 시각을 정리해보는 것도 좀 더 수월할 것 같다.

이렇게 말하면서도 당장 다음주에 강연이 있어서 머리를 염색할 예정이다. '나이 든 강사는 환영받지 못해. 이건 생존 염색이야' 하며 둘러대고 있지만, 아, 나도 모르겠다. 늙는다는 것이 싫은 것인지 두려운 것인지 그놈의 외모에서 완전 초월해지지가 않는다.

이런 감정을 같이 공유해주고 연민의 마음으로 다독여주는 벗들이 많았으면 좋겠다. 앞으로는 만나면 "야, 염색 좀 해라. 젊은 애들이 싫어해. 얼굴의 반점 좀 어떻게 해봐. 요즘은 피부도 능력이야" 이런 말은 이제 그만했으면 좋겠다. "어이, 평화로워 보여 좋네. 눈빛은 여전히 살아 있네. 이렇게 만나니 그저 좋고 감사하네" 이렇게 말해주면 좋겠다. 작은 것이 변하면 큰 것도 변한다. 늙어감에 대해 우리들 먼저 당당하고 초연한 태도를 가지는, '작은 변화'가 일어나면 좀 더 큰 문제들도 한결 가뿐하게 이겨낼 수 있지 않을까 생각해본다.

누가 우리를 가치 있게 볼 것인가. 아무도 그리 봐주지 않는다. 우리가 그렇게 봐야 한다.

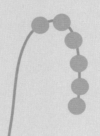

3장

**삶의
플러스 셈과
마이너스 셈을
점검하자**

EBS「100세 쇼크」제작팀의 『100세 수업』에 노후 준비 사항으로 신체, 경제, 사회, 심리의 네 가지 항목이 제시되어 있다. 이는 다시 일곱 개로 세분화되는데 다음과 같은 내용이다.

노후 준비는 이보다 훨씬 복잡하지만 기본적으로 점검할 사항이라는 것에는 이견이 없을 것이다. 위의 항목들을 더 간단하게 이해하기 위해 편의상 번호를 붙여보았다.

노후 준비 영역	노후 준비 사항	상세 내용
신체	① 건강	건강을 어떻게 유지할 것인가?
경제	② 재무	생활비(현금)를 어떻게 마련할 것인가?

사회	③ 주거	은퇴 후 어디서 살 것인가?
	④ 관계	은퇴 후 누구와 어울릴 것인가?
심리	⑤ 취미	은퇴 후 여가 시간을 어떻게 보낼 것인가?
	⑥ 일	은퇴 후 어떤 일을 할 것인가?
	⑦ 정서	은퇴 후 변화에 어떻게 적응하고 대응할 것인가?

②③⑥은 돈이라는 공통 분모로 묶어볼 수 있을 것 같다. 여유 자금이 있고 없고에 따라 은퇴 후의 일도 달라지고 주거지도 달라질 것이기 때문이다. ④⑤⑦은 노년기의 관계, 취미, 정서적 문제로, 그 자체로 중요하긴 하지만 앞의 ②③⑥보다는 이차적인 것으로 볼 수 있다. 먹고사는 문제에 걱정이 없다면 외로움, 친구 등의 문제가 좀 더 부각되겠지만 그래도 가장 절박한 문제는 먹고사는 문제라고 생각한다. 그리고 마지막으로 ①이 남는다. 신체 건강은 돈과 중요성이 맞먹는다. 노후에 돈이 없더라도 몸이 건강하다면 계속 일을 할 수 있다. 한창 잘나가던 시절의 일은 물론 못 하겠지만 말이다. 반면 돈이 아무리 많아도 몸이 건강하지 못하면 온전한 행복감을 누리기 힘들다. 따라서 첫 늙음을 자각할 때 최우선으로 대비해야 하는 것은 돈 문제와 건강 문제가 막상막하라고 생각한다.

이중 돈 문제는 다른 전문서를 읽는 게 나을 것이므로, 첫 늙음을 자각하면서부터는 삶의 '플러스 셈'과 '마이너스 셈'을 재점검해야 한다는 점만 추가로 언급하고 싶다.

이제부터는 서서히 예전에 비해 '플러스 셈의 삶'이 줄어든다. 운이 좋으면 탄탄한 직장에서 일을 해서 당분간 연봉은 더 오를 것이다. 하지만 인생의 절정기이기도 한 만큼 기본 생활비, 자녀 양육 및 교육비, 사회생활비의 지출도 최고점에 달해 있기 때문에 연봉 인상의 실제적 혜택은 그리 크지 않을 것이다. 대출도 많이 받았을 것이다. 첫 늙음을 자각하면, 은퇴 전까지 대출금을 다 갚고 노후 생활비 부분을 현실적으로 설계해놓아야 진짜 노년기에 접어들었을 때 경제적 스트레스를 최소화할 수 있다. 따라서 45~50세를 넘으면 무리를 해서 큰 집으로 이사를 가거나 고급 차를 사기에 앞서 지출 상한선을 조금씩 내려야 한다.

라이프 온 매트릭스

마이너스 셈을 해봐야 하는 것에는 돈만 있는 게 아니다. 내 외모에서 그나마 봐줄 만한 것들도 하나씩 사라지고 관계도 조금씩 소원해진다. 무엇보다도 건강이 새기 시작한다. 따라서 마이너스 셈의 라인에 있는 것들에서 가장 우선적으로 신경 써야 할 부분이 무엇인지 따져볼 필요가 있다. 스티븐 코비의 『성공하는 사람들의 7가지 습관』에 제시된 '아이젠하워 매트릭스'를 참고해보는 것도 좋겠다.

	긴급함	긴급하지 않음
중요함	a	b
중요하지 않음	c	d

가장 먼저 정리해야 할 일은 당연히 a이고 가장 나중에 해도 될 일은 d이다. 하지만 두 번째로 정리할 것이 b인지 c인지는 각자 처한 상황이나 성격, 태도, 가치관에 따라 다를 것이다. 우선은 이 매트릭스에 당신이 앞으로 해야 할 일을 놓아보라. 엔드 타임이 많이 남았다면 d까지도 충분히 할 수 있을 것이고 적게 남았다면 a에 초집중해야 할 것이다. a는 반드시 처리하고 나머지는 '할 수 있으면 좋고 못 하면 할 수 없고'의 마음으로 바라보면 한결 여유롭다.

막상 해보면 이 작업이 뺄셈 같은 건조한 산수처럼 진행되지 않는다는 것을 금방 알게 될 것이다. 또한 삶에서 새는 것들을 하나씩 자각하게 될 때마다 기분이 좋을 수는 없다. 단순히 안 좋은 게 아니라 환장할 정도로 안 좋다. 본인이 겪어봐야 아는 것이지 말로 표현하기에는 한계가 있다.

미국의 노인의학 전문의인 루이스 애런슨은 『나이 듦에 관하여』에서 불완전한 현대 의학에 의탁해 반평생을 노인으로 살 생각을 하자니 두렵기도, 궁금했다가도 화가 나지만, 그러다 마침내 희망을 걸어보기로 한다는 말을 했다. 나이 들기 시작하는 당사자의 마음을 정말 제대로 표현했다.

하지만 노년기에만 느낄 수 있는 산수의 매력도 분명히 있다. 마이너스 셈으로 우리 인생에서 가장 중요한 것을 추려서 정리해놓은 후에도 계속 현상 유지가 되고 심지어 플러스 셈이 되면 기쁨이 더욱 크게 다가온다. 허핑턴 포스트 미디어 그룹의 회장이자 편집장인 아리아나 허핑턴은 60대 후반에서야 마이너스 셈을 시작했던 것 같다. 2007년에 일을 하던 중 서재 책상에 머리를 부딪히고 쓰러졌다가 피 웅덩이 속에서 정신을 차린 후 자신의 삶을 되돌아보며 성공이 어떤 의미인지 다시 생각해보는 큰 전환점을 맞았다고 한다. 그전에는 일주일 내내 하루 18시간 이상씩 일을 했지만 사고 이후부터는 '웰빙'의 중요성을 깨달아 하루에 7~9시간씩 자고 2011년에는 허핑턴 포스트를 매각까지 했다. 이렇듯 그녀는 늙음을 자각한 후 업무 시간과 경제적 자산을 자신의 삶에서 '빼기' 시작했지만, 오히려 2011년 《타임》의 '세계에서 가장 영향력 있는 100인'으로 선정되고 이후 베스트셀러인 『제3의 성공』을 낼 정도로 영향력은 더 커졌다. 책의 제목만 들어도 제1, 제2의 성공에 해당하는 돈이나 명예가 아닌 자신만의 삶의 가치를 중시하는 내용이라는 걸 알 수 있으며, 실제로 그녀는 지금 아무리 바빠도 매일 명상과 요가 시간을 빠뜨리지 않는다고 한다. 허핑턴은 '마이너스 셈'을 한다고 해서 결코 전체 삶이 마이너스가 되는 것이 아님을 잘 보여준다.

또한 나이 들었다고 '마이너스' 삶만 있는 것도 아니다. 오히려 어떤 사람들은 그동안 이런저런 이유로 삶에 더하지 못해왔던 것을 과감히 시도하기도 한다. "죽을 때 갖고 가지 못할 돈 마음껏 쓰고 가겠다"며 버킷리스트 1위였던 세계 여행을 떠나는 사람도 보았다.

첫 늙음을 자각하면, 마이너스 셈을 많이 할지 미루어 놓았던 플러스 셈을 시도할지 결정해야 한다는 것만 기억하자. 그래도 마치 삼한사온의 기온 변화처럼 4일은 그러려니 하는 초연함과 온유함을 보이다가 3일은 속상할 것이며, 때로는 술한 잔 먹지 않고도 몇 시간이나 푸념을 늘어놓을 정도로 마음둘 데가 없을 것이다. 하지만 서서히, 서서히 차분해지고, 자신이 진정으로 소중해하고 원했던 것을 찾아내게 될 것이다.

심리적 적금 들기

마이너스 셈을 하면서 지금 가진 것이 없어질 때를 생각해보라. 그때 무엇을 할지 생각해보라. 그 '무엇'이 당신이 진정으로 소중해하는 것이니 지금부터 심리적 적금을 들라. 각자 찾은 사람, 책, 음악, 요리, 반려동물 등을 더욱 소중히 대하고 애정을 쏟으라는 뜻이다. 당신의 무엇이 '사람'이라면 그와의 관계를 감사하고 더욱 공을 들이면 되며 다른 것들에 대해서도 마찬가지다.

　내가 찾아놓은 것 중에는 책도 포함되어 있는데, 4~5년 전에 있었던 일을 계기로 책에 대한 '적금 들기'를 조금 다른 시각에서 보게 되었다. 당시 교수로 계셨던 지인이 퇴임 후 책을 많이 보겠다는 계획을 세웠는데, 뜻하지도 않게 시력이 급격하게 저하되고 안통이 심해서 도통 읽지 못하신다는 거였다. 한번도 생각해보지 못했던 곤란함이라 우물쭈물 위로의 말을 찾지 못하던 나는 "오디오 북이라도 들으시면 어떨까요?"라고 말씀드렸다. 지금처럼 오디오 북이 세련되고 다양하게 나오던 때가 아니라 말을 하면서도 썩 좋은 생각 같지는 않았다. 아닌 게 아니라 이분은 한숨을 쉬시더니 "그게 참, 직접 책을 읽는 것만큼 만족스럽거나 즐겁지가 않아요. 오디오 북도 한정되어 있고요. 책이라는 게 읽으면서 내 마음대로 완급 조절도 하고 상상의 날개도 펼치는 건데, 미안한 말이지만 점잖게 읽어 내려가는 성우나 유명 인사들의 목소리를 들으면 오히려 집중이 안 되고 무슨 라디오 소설 한 편 듣는 것같이 인위적이라는 느낌이 들더군요. 이상하게 답답해요"라고 말하셨다.

몇 달 후 이분은 안통이 많이 감소되어 고품질의 광학 돋보기로 책을 한 쪽씩 보고 있다는 반가운 소식을 전해주셨다. 그러면서 "어휴, 무슨 책을 갓난아기 다루듯이 경건하게 보네요. 우리 애들도 이렇게 안 키웠던 것 같은데. 애들은 눈에 안 좋다고 자꾸 책 보지 말라고 하는데, 한 시간 보고 한 시간 산책하거나 다른 일 하고 그러니까 괜찮아요"라며 웃으셨다.

이분 덕분에 나는 '책 읽기'의 적금 내용을 일찌감치 수정해 놓을 수 있었다. 예전에는 책 지출 비용이라든지 도서관에서 가까운 곳에서 살면 좋겠다는 식의 경제적, 사회적 대비를 하는 것만 신경 썼다면, 이제는 눈 건강을 지켜내는 신체적 대비까지 생각하게 되었다. 이후 나는 화장할 때 마스카라를 생략하는 작은 실천을 하기로 했다. 마스카라가 눈 건강에 안 좋은 건 다 알지만 미용상 어쩔 수 없이 하는 건데, 지금 눈 화장이 조금 예뻐 보이는 착각을 주는 것에 끌리는지 늙어서도 건강한 눈으로 책을 읽을 수 있는 것에 끌리는지 몇 번을 셈을 해봐도 절대적으로 후자로 마음이 기운다. 당신은 어떤 내역의 심리적 적금을 들지 궁금하다.

4장

내 몸은
내가 제일
잘 안다

나이가 들면 돈과 건강 문제가 막상막하라는 말을 앞에서 했듯이 건강 관리는 너무도 중요하다. 건강에 대한 사람들의 태도를 세 가지 유형으로 나눠볼 수 있을 것 같다. 몸에 조금만 이상이 있어도 건강염려증 같은 모습을 보이면서 병원을 들락거리는 유형, '내 몸은 내가 제일 잘 안다'면서 가족들이 병원에 가보라고 재촉해도 뚝심으로 버티는 유형, 마지막으로 무관심 유형이다. 노인이 되면 자신의 몸에 무관심해서도 안 되겠지만 지나치게 불안해하는 것보다는 차라리 뚝심형의 모습을 보이는 것이 바람직할 것 같다. 계속 몸이 여기저기 아플 수밖에 없기 때문에 마음만이라도 단단히 여미는 게 좋겠다는 차원에서다.

뚝심형의 모습을 보여야 한다 해서 고집불통의 모습을 보이자는 건 아니다. 50대 초반에 이명이 생겨 온갖 치료를 받아도 낫지 않던 지인은 60세를 넘긴 어느 날 이렇게 말했다. "안 나으려나 봐. 그냥 평생 안고 가려고." 그 말을 하던 이분의 얼굴에서 느껴지던 맑은 평화로움이 여기서 말하고자 하는 뚝심의 모습에 더 가깝다.

세상에 무병(無病)장수는 불가능하고 일병(一病)장수가 맞다는 말처럼, 병이 있는 것을 당연하게 받아들이면서 그 병을 잘 관리하면 오히려 더 건강하게 살 수 있다. 여유롭거나 초연하게 대처한다는 표현을 써도 될 텐데 군이 고집 세 보이는 뚝심이라는 표현을 사용한 것은, 병이 들거나 몸이 약해진 상태에서는 가끔은 모질게 보일 정도로 소신 있게 대처해야 할 때가 있기 때문이다. 몸이 아프면 스스로도 외부 정보에 흔들리지만 가족이나 지인들도 얼마나 많은 정보를 주는지 모른다. 걱정과 애정에서 그러겠지만 때로는 본인들도 제대로 모르는 '카더라' 정보가 더 많다. 그런 상황에서 그들의 마음은 받되 거절할 것은 거절하려면 뚝심이 필요하다.

사실 젊었을 때는 내 몸인데도 가족의 소유물처럼 여겨질 때가 많았다. 아이를 키웠던 부모, 특히 엄마라면 아이 때문에라도 아프면 안 된다는, 기상천외한 심정도 한 번씩 느껴보지 않았던가. 아무리 몸이 안 좋아도 가족을 위해 몸을 일으켜 밥을 하고 일을 하며 중장년까지 버텨냈지만 노인이 되었다면 이제 이 몸은 온전히 내 것이다. 이제는 몸이 안 좋아도 내 한술 안 뜨면 그만이다. 이런 홀가분함은 자주 느낄 수 없는, 아니, 나이 들기 전까지는 거의 느끼기 힘든 평화롭고 넉넉한 쪽의 감정인데 병에 대한 걱정에 사로잡혀 온전히 느껴보지 못할 때가 많은 것 같다.

건강 공식이 비껴가는 나이

병과 함께 살아가는 뚝심을 가져야 하는 이유는, 나이가 들면 그전까지 고수해왔던 건강 공식이 차츰 들어맞지 않게 되기 때문이다. 우리는 보통 '병에 걸림 – 병원 진료 후 약을 먹거나 수술함 – 생활 복귀'의 공식에 따라서 살아왔다. 의심 없이 십수 년 따라왔던 건강 공식이다. 이 공식이 얼마나 견고한지, 어느 학자가 "현대 세상의 의사는 신과 같은 지위에 있다"고 말했을 정도다. 아무리 죄를 지어도 교회에 나가기만 하면 용서를 받고 영생을 얻듯이, 아무리 담배와 술을 많이 하고 심지어 마약을 해도 병원 문턱만 넘어서면 간 이식을 하는 한이 있더라도 소생시켜주는 의료 상황을 빗대어 말했던 것으로 기억한다. 하지만 나이가 들면 이 '기적의' 건강 공식에 브레이크가 걸릴 때가 많아져, 소화가 잘 안 되어 진찰 받으러 갔다가 위암 진단을 받고 6개월 만에 명을 달리하는 일이 벌어지기도 한다. 젊었을 때는 흔히 볼 수 없는 현상들이며 건강 전문가들은 면역력 약화를 공통 원인으로 지적한다.

원인이 지목되었다고 해서 크게 달라지는 건 없다. 면역력의 실체가 상당히 애매하기 때문이다. 소화 기능은 위, 해독 기능은 간, 이런 식으로 국재화되는 기능들에 비해 면역 기능에 대해서는 백혈구가 가득히 차 있다는 비장이 언급되기는 하지만, 신체 전체에서 담당한다고 봐야 하기 때문에 특정 약을 먹는다고 해서 전체 면역력이 상승되는 것은 아니다. 면역력을 증강해준다는 약 광고가 많지만, 유해한 생체 지표를 비활성화시켜 감기에서 빨리 회복하게 한다든지 혈액의 흐름을 원활하게 해서 세포의 활성화를 높인다든지 하는 간접적인 영향력이 입증된 것이지 면역력 자체를 올려주는 것은 없다고 봐야 한다. 면역력을 증진시키는 약이 있다면 암은 진작 정복되었을 것이다.

게다가 면역력 약화는 개인 내에서도 아주 복잡하게 나타난다. 젊었을 때 사람들이 내 외모에서 유일하게 점수를 주었던 부분은 피부였다. 굳이 아니라고 말할 수도 없었던 게, 무슨 화장품을 발라도, 심지어 전날 세수를 하지 않고 자도 피부에 트러블이 생긴 적이 없었다. 하지만 첫 늙음 이후 내 얼굴은 여기는 개마고원, 저기는 백록담이다. 코 아랫부분은 괜찮은데 윗부분에는 트러블이 나는 식으로 작은 얼굴 내에서도 편차가 발생한다. 물론 티존 부위니, 유존 부위니 하며 기름기가 많은 부분이 트러블에 더 민감하다는 얘기도 듣긴 했지만 젊어서는 문제되지 않았던 부위가 왜 두드러지는 걸까. 처음에는 피부에 맞지 않는 화장품을 발랐나 보다 생각했는데 이게 바로 피부의 방어력, 즉 면역력이 저하되는 것이었고 노화가 시작되는 것이었다.

다시 본론으로 돌아가, 첫 늙음을 자각하면 건강 공식의 오류가 잦아질 것을 예상해야 한다. 내 몸의 건강을 책임져줄 것으로 철석같이 믿어왔던 시스템에 오류가 예상된다면 계속 그 시스템에 내 건강을 온전히 맡길지 고민해보는 것이 당연하다. 물론 현재의 의료 시스템은 인류 역사상 어느 때보다도 과학적인 토대가 탄탄한 지점에 있긴 하다. 그러니 건강검진을 정기적으로 받으면서 병원의 지침을 잘 따르는 것은 가장 간단하고 쉬운 방법일 것이다.

반면 쉬운 길에 안주할 수만은 없는 이유들도 분명 있는데 첫째, 앞에서도 말했듯이 나이가 들면 면역력이 저하될 뿐 아니라 개인 내에서도 건강 상태의 편차가 커지기 때문에 통상적이고 평균적인 의료적 처치의 효과가 나타나지 않을 수 있기 때문이다. 노인 환자에게 표준적 치료를 했음에도 결과가 좋지 않으면 의사가 "나이가 많아서 어쩔 수 없었습니다"라고 말해도 그러려니 받아들이지 않는가.

두 번째, 현대 의학은 진단 속도에 비해 치료 속도가 늦기 때문이다. 진단 기술의 발달은 놀랄 정도로 빨라서 이제는 웬만한 병은 피나 소변 한 방울, 면봉 하나 분량의 검체만으로도 진단 내릴 수 있다. 2020년 초에 발생하여 전 세계를 힘들게 했던 코로나 19 사태 때도 한국은 2월에 첫 발병이 보고된 후 2주 만에 진단 도구를 만들어냈지만 치료제는 이 책이 발간되는 2021년 3월까지도 나오지 못했다. 당신이 나이 들어 병원에 갈수록 몸에 이상이 있다는 진단은 눈 깜빡할 사이에, 그리고 아마도 100% 내려질 것이다. 나이 들어 병원에 갈 때는 내가 병이 '있는 가, 없는 가'가 아니라 '어떤' 병이 있는가를 확인하러 가는 것일 뿐이다. 하지만 치료는 더딜 것이며 심지어 치료의 혜택을 끝내 보지 못하게 될 수도 있다. 내 건강을 의사 손에만 맡기지 않고 스스로 관리해보는 것이야말로 명품 보험에 드는 셈이다. 운이 좋으면 치료가 진단의 속도를 따라잡을 때까지, 정말 운이 좋으면 굳이 치료를 받을 필요 없이 건강을 유지할 수 있다.

세 번째, 진단은 그저 진단일 뿐이다. 현대 사회에서는 큰 병원에 가서 정확하게 신체 상태에 대한 진단을 받아보는 것을 '소원'이니 '혜택'이라고 말하고 부모에 대한 큰 효도로 치기도 하지만 알고 보면 빛 좋은 개살구일 수도 있다. 미국의 유명한 스포츠의학 전문의인 제임스 앤드루스는 전문 투수 31명에게 실험 삼아 MRI를 실시했던 경험을 말한 적이 있다. 검사 결과 회전근개 손상 27명, 어깨 연골 상태 비정상 28명으로 나왔음에도 모든 선수가 완벽하게 건강했고 공을 잘 던지고 있었다고 한다. 이와 유사한 허다한 사례들에서 알 수 있듯이, 진단과 실제 삶은 일치하지 않는다. 만약 진단만 믿고 위 선수들에게 수술을 했다면 그들이 여전히 완벽하게 공을 던지며 행복한 삶을 유지했을지 장담할 수 없다.

건강 수명과 질병 수명

노인의 신체 건강에 대한 치료와 예방적 접근은 버나드 스트

렐러 박사의 유명한 노화 가설에 기초해왔다 해도 과언이 아니다. 노화가 보편성, 비가역성, 불가피성, 퇴행성의 특성을 갖고 있다는 가설로, 나이가 들면 신체 모든 부위에서 퇴행적 변화가 불가피하게 발생하고 예전으로 돌아갈 수 없다는 '마모 학설'이 그 바탕이다. 이 학설의 핵심은 노화가 태어날 때부터 프로그래밍된 선천적인 과정이라 인위적으로 돌릴 수 없다는 것으로, 대다수의 노화 이론들은 이 관점을 따라왔다. 체내 필수 물질이 감소하고 부품들이 낡아지며 해로운 물질이 계속 축적되어 수리가 불가능한 상태에 이른다는 마모 학설에 따르면, 노화는 시간상의 문제일 뿐이지 임의로 해볼 수 있는 것은 없으며 과학이 이런 문제들을 최대한 커버할 수 있는 만큼만 건강을 유지할 수 있다는 결론에 이르게 된다.

그간의 노력들을 보면 감소하는 필수 물질을 보완하기 위한 각종 항노화, 혹은 항산화 약물이나 면역력 증강 약들, 이를테면 코엔자임, 비타민 E, 비타민 D 등을 복용한다든지 장청소, 대장 용종 제거 등을 통한 체내 해독 방법 등이 있다.

유전자 수준에서 접근하는 최신 신기술로는 병의 원인이 되는 유전자를 절단하는 유전자 가위 기술이 있다. 실제로 가위를 사용한다는 뜻이 아니라 문제가 되는 DNA를 인공 효소로 제거한다는 의미로, 국내에서도 서울대학교 김정훈 교수

팀이 2017년 이후 세계적 학술지인 《네이처》, 《사이언스 어드밴시스》에 관련 동물 실험 논문을 게재했을 정도로 이론적, 기술적으로는 희망적인 전망을 주고 있다. 최대한 장밋빛 전망에서 보면 2030년쯤이면 인체에 적용이 가능하게 될 것이고, 차츰 장기 교체도 쉽게 이루어지며 아예 나노봇이 우리 몸에서 스스로 문제를 발견해서 치료함으로써 종래에는 영생의 시대를 맞이하게 될 수도 있다는 얘기들을 한다. 하지만 관련 연구자들이 지적하고 있듯이 사람을 대상으로 한 체내 유전체 교정은 기술적인 난관과 잠재적인 안전성에 대한 우려가 아직은 더 크다고 간주되고 있다. 유전자 편집 아기의 탄생과 같은 고도의 윤리적 문제들은 또 다른 문제다.

신기술이 발표될 때마다 노인의 입장에서는 그저 기쁘기만 할까. 50대 이상의 사람들, 특히 70대 이상의 사람들은 솔직히 미묘한 감정을 느낄 거라고 생각한다. 영생의 영자도 꺼내기 어려운 시절에는, 너도 죽고 나도 죽고 적어도 죽음 앞에서는 모두가 공평하다는 생각이 들어 삶을 정리하는 것이 어떻게 보면 단출한 면이 없지 않았다. 하지만 과학자들마저 영생이라는 단어를 적어도 '기술적'으로는 가능하다고 말하는 시대에서는, 이 혜택을 누구는 받고 누구는 못 받을지 또 다른 번뇌가 생길 수 있다. 신기술이 적용되기 전에 이승에서의 시간이 다 되어 못 받을 수도 있고 시간은 아직 있는데 돈이 없어서 못 받을 수도 있다. 신기술이 개발된다 해도 초기에는 부자들에게만 혜택이 돌아갈 가능성이 커서라는 것 같다.

어쨌거나 귀를 번쩍 열리게 하는 현란한 신기술은 현재로서는 가능성의 영역이니 잠시 내려놓도록 하자. 우선은 약간의 돈으로도 쉽게 구할 수 있는 그 많은 항산화 약품과 물질에 대해서 먼저 생각해보자. 결론부터 말하면, 이 또한 절대적으로 유해성이 없거나 효과를 확신할 수 있는 영역이 아니다. 이 내용은 《사이언티픽 아메리칸》 편집부의 『노화의 비밀』에서 건강 전문 기자인 멜린다 웨너 모이어가 「항산화라는 신화」라는 주제로 쓴 글에 잘 압축되어 있다.

모이어는 이미 2007년에 《미국의학협회지》가 항산화 보조제가 사망 위험을 줄여주지 않는다는 결론을 제시한 68건의 체계적 임상 연구 결과를 발표했고 심지어 오히려 사망 위험을 증가시킨다는 연구들을 보고했다면서, 이렇듯 항산화제가 절대적으로 좋은 것만은 아닐 수 있는데도 전체 미국인의 52%가 비타민 E와 베타카로틴 같은 멀티 비타민 보조제를 복용한다면서 우려를 표한다. 또한, 미국심장협회와 미국당뇨병협회를 비롯한 일부 단체들은 이제 비타민 결핍 진단을 받은 경우가 아니라면 항산화 보조제를 섭취하지 말라고 했다는 점도 밝힌다. 아울러, 최대한 양보하여 항산화제가 손상을 완화해준다 해도 실제로 수명을 연장한다는 근거는 매우 빈약하며 몸이 흡수할 수 있는 이런 비타민들의 양에는 한계가 있기 때문에 여분은 그저 쓰레기일 뿐이라고 경고한다.

우리 몸이 흡수할 수 없는 여분은 쓰레기일 뿐이라는 말은 비타민 중에 가장 유해성이 적다고 알려진 비타민 C와 관련해서만 보더라도 일리가 있다. 비타민 C가 유해성이 가장 적은 것은 수용성이어서 100% 소변으로 배출되기 때문이라는 것을 다들 알고 있을 것이다. 그럼에도 어떤 사람에게서는 신장 결석을 유발한다는 얘기 또한 들어보았을 것이다. 결석이라는 것은 소화도 안 되고 배출도 안 된 결정, 즉 여분의 쓰레기다. 사정이 이렇다 보니 비타민 C 복용 유무 및 복용량에 대해 오늘도 유튜브에서는 대립적인 내용의 영상들이 차고 넘친다. 비타민 C 한 알 먹는 것도 이렇게 만만치 않으니 산다는 게 참 버겁다. 누구를, 무엇을 믿어야 하는지 갈피를 잡기 힘들다.

물론, 자신에게 잘 맞는 약을 찾은 독자들은 이런 내용에 별로 신경 쓰지 않아도 된다. 그런 사람들은 천군만마를 곁에 두는 셈이다. 솔직히, 이 부분은 영양 보조제를 먹을지 말지

고민하는 독자들에게 드리는 말씀이다. 일단은 특정 약의 효과를 맹신하지 말자고 말씀드린다. 어떤 약을 안 먹는다고 절대 큰일이 생기지 않으며 약보다 일상에서의 건강 습관을 지키는 것이 더 중요하다. 이는 뒤에서도 계속 얘기될 것이다.

사실 몸에 좋은 것을 먹는 것은 대단히 중요하다. 다만 자연 식품 중에 항산화 효과가 있다고 알려진 것들, 이를테면 과일과 채소 중에서 자신에게 맞는 것을 검증해가며 섭취하는 것이 가장 안전한 방법이다. 이런 식생활을 추구하는 사람들은 설탕 대신 양파청을 사용하고, 빵 대신 현미 떡을 먹고, 밀가루 대신 녹두 가루로 부침개를 만든다. 심지어 아침에 깻잎 몇 장만 우걱우걱 씹으면서 출근하는 사람도 있다. 물론 나이 들어 체력이 별로 없는데 어느 날 갑자기 깻잎 몇 장만 먹어서는 안 된다. 하지만 당신이 첫 늙음을 느꼈을 때 이런 식생활을 시작해본다면 나이 들어 몸이 심하게 아프지 않을 것이다. 너무도 많은 전문가들이 증명한 사실이다.

인공의 영양 보조제를 최대한 먹지 않겠다고 생각하기 시작하면 다 방법을 찾을 수 있다. 밀가루와 고기, 설탕, 술 등을 잔뜩 먹고 비타민이나 오메가3 등을 섭취하면서 '몸이 정화되었고 알아서 건강해지겠지'라고 생각하는 것은 정크 푸드를 배불리 먹으면서 마지막에 '다이어트' 콜라 한 잔 마시는 것과 다를 바 없다.

항산화제의 신화를 경고하는 과학자들은, 노화란 느리고 미묘한 과정이어서 혈액 검사나 세포 연구로 규정하기 어렵다고 말한다. 또한 어디에서나 쉽게 구할 수 있는 산화제들의 분자들이 어떤 세포의 단백질, 혹은 지방을 공격할 수 있고 심지어 DNA를 공격할 수도 있다고 주장한다. 2004년에 전 세계 노화학자 50명이 노화 방지를 빙자하여 약품이나 상품을 선전하는 기업체와 의사, 심지어 노화 방지를 목표로 연구하는 의학자 및 과학자 협회나 단체를 규탄하는 공동 성명을 냈던 것도 같은 맥락에서 볼 수 있다. 누구보다도 노화의 진실에 가까이 있는 노화학자들이 항노화 물질을 비판한다면 우리들의 선택이 조금은 만만해진다.

아마존 건강 분야 최장기 베스트셀러인 『어느 채식 의사의 고백』 저자인 존 맥두걸은 아주 중요한 말을 한다. 항산화제의 하나로 유명한 '베타카로틴'은 과일과 야채를 통해 베타카로틴을 먹는 경우에만 체내에 형성된다는 것이다. 또한 과일과 야채에 있는 '카로티노이드' 성분은 50개 이상으로, 이 50여 가지의 카로티노이드가 골고루 섭취될 때 베타카로틴도 유익한 영향을 주는 것이지 이 성분만 달랑 추출해서, 그것도 자연 추출이 아닌 합성제로 먹을 때는 효과가 없을 뿐 아니라 오히려 사망률을 높일 수도 있다고 경고한다.

그러니 비타민이나 영양제를 사 먹고 싶어도 돈이 없어서 큰일이라고 생각할 필요가 전혀 없다. 돈이 있어서 먹을 수 있었던 합성 영양제가 정말 몸에 좋을지 안 좋을지의 답은 상당한 시간이 지난 후에나 밝혀질 것이며, 어쩌면 당신이 돈이 없었던 것이 축복이었다고 여길 수도 있다. 최종 결론이 언제 밝혀질지 모르니 일단 먹는다 쳐도, 기껏(?) 몇 년 정도의 수명만 늘어날 뿐이며 그 기간조차도 온전한 건강이 보장되는 것이 아니라 동면에 다름없다는 전문가들의 견해에도 귀 기울여볼 필요가 있다.

예전에는 일찍 죽었다면, 지금은 오래 살지만 더 아프고 죽을 때까지 아프다. 현재의 노화의 현실이다. 질병 수명이라는 용어가 언제 처음 등장했는지는 모르겠지만 요즘은 수명을 건강 수명과 질병 수명으로 나누어 본다. 길어진 수명이 질병 수명이라면 오래 사는 것이 반드시 축복으로만 다가오지는 않을 것이다. 우리의 목표는 건강 수명을 늘리는 것임은 말할 필요가 없다. 자세한 내용은 뒤에서 다루도록 하겠지만, 특정 약품이나 물질에 의존하지 않고, 또 병원이나 약을 너무 믿지 말고 내 몸의 주인 노릇을 확실하게 해보겠다는 선택을 해보자.

건강 보조제를
먹어야겠다면

약의 도움을 받는 것이 유익하다 쳐도 과연 한 알, 혹은 두세 알로 충분할지도 생각해봐야 한다. 정말 약의 효과를 보려면 공학자이자 미래학자인 레이 커즈와일이 먹는 만큼은 먹어야 할지도 모른다. 커즈와일이 '영생의 시기'가 오기까지 신체 상태를 잘 유지하기 위해 수백 가지 약을 먹는다는 것을 앞에서 얘기한 바 있다. 그가 영양제를 구입하는 비용이 연간 11억 원을 넘으며, 매일 먹어야 할 복용량을 확인하고 전해주는 영양제 전문가까지 고용한다는 사실이 우리나라 《한겨레신문》을 비롯하여 다수의 매체에 보도되기도 했다. 그가 특히 강조한 영양제로는 코엔자임 큐텐(Q10), 루테인·빌베리(월귤나무 열매) 추출물, 글루타치온, 빈포세틴, 피리독살 5-인산(P5P), 포스파티딜콜린, 종합 비타민, 미네랄, 오메가3 지방산, 비타민 D 등이 있는데 위의 약들 중에서 독자들도 들어봤을 품목이 꽤 있을 것이다. 커즈와일 덕분에 좋은(?) 약제들이 세상에 알려졌다는 것은 큰 공로로 인정해야 한다.

커즈와일이 이렇게 많은 약을 먹을 수 있는 것은 첫째, 부자이기 때문이고 둘째, 약리학자는 아니더라도 MIT 출신의 공학자로서 약리적 정보를 충분히 이해할 수 있기 때문이며 셋째, 그러면서도 전문가의 관리를 받고 있기 때문이다. 그는 매일 수십 가지 혈액 검사를 한다고 말했다. 마지막으로, 이 건 동의하지 않는 사람들도 있을지 모르겠지만, 그는 자신의 몸을 담보 삼아 미래의 노화를 실현하려는 진정한 미래학자이기 때문이다.

일반인들이 '약으로 건강한 생활'을 보증받으려면 최소한 전문가의 지도는 받으면서 시도해야 할 것이다. 하지만 영양제 2알을 먹든, 200알을 먹든, 우리는 생명의 법칙을 아직도 충분히 알지 못한다는 것을 명심해야 한다. 《사이언티픽 아메리칸》 편집부의 『노화의 비밀』에서 미국의 저명한 암 연구학자이자 캘리포니아주립대 교수인 브루스 N. 에임스는 항산화제들에 대해 "그냥, 아직은 모른다는 게 사실입니다"라고 말했다. 전문가도 모른다는 게 항산화제들의 실상이다.

그럼에도 비타민제를 비롯한 각종 영양제를 어떻게 섭취하면 좋을지에 대한 팁을 제시해볼 필요는 있을 것 같다. 어디까지나 팁이다. 아래 내용에 대한 반박 글이나 영상 또한 많을 것이므로 그런 논쟁들로 인해 당신이 오히려 심란해지는 것은 절대로 바라지 않는다. 아래 내용에 수긍하지 못한다면 다른 방식으로 건강을 지켜내면 된다. 핵심은, 그저 조심하자는 것이다. 당신은 정말 소중하니까.

(1) 섭취하고 싶은 제품이 있다면

(2) 최대한 검색해서 믿을 만한 회사의 제품을 찾는다.

(3) 부작용을 검색해본다.

(4) 자신의 신체 중 약한 부분을 알아둔다. 건강검진 시 정보를 얻을 수도 있고 평소 자신의 몸 상태를 떠올리면 알 수 있을 것이다.

(5) 예를 들어 '신장이 약한 사람은 주의해서 먹어야 한다'는 내용이 검색되었고 당신이 신장이 약한 쪽이라면 과용해서는 안 된다. 특히 메가도스 용법은 절대 금지다.

(6) 시간이 더 난다면 관련 정보나 동영상을 열 개 이상 읽어보거나 시청하면서 다양한 시각을 접해본다.

(7) 6단계까지 거쳐서 섭취하기로 결정했다면 첫 날은 반 정도의 용량만 시험해본다. 변비, 설사, 가슴 답답함, 얼굴의 뾰루지, 얼굴이나 눈의 부기 등 불편감이 있는지 잘 살펴본다. 확신이 부족하면 저용량으로 3일 정도 더 복용하면서 살펴본다.

⑻ 저용량 섭취 시 문제가 없었다면 권장량으로 섭취하되 1주일 정도는 이틀 간격으로 복용한다.

⑼ 부작용이 관찰되지 않았다면 제조사에서 권장하는 용량과 섭취 시기를 따르되 1~2개월 정도는 어떤 변화가 있는지 계속 주의해서 살펴본다.

건강 보조제를 먹는 방법을 간결하게 적어보긴 했지만 약 없이도 건강을 유지할 수 있는 방법을 먼저 실천해보는 것이 근본적이라는 것을 다시 한번 강조한다. 예를 들어 고혈압의 경우 채식이나 명상의 효과가 수도 없이 보고되었는데, 식생활을 조금 바꾸거나 하루에 20~30분 명상할 시간도 없어서 약을 먹기 시작한다면 투약 사이클에 들어간 신체는 죽을 때까지 그 약에 의존할 수밖에 없게 된다. 이는 모든 약이 갖고 있는 문제이기도 하다.

물론 위험할 정도의 혈압 수준이라면 약을 먹어야 한다. 하지만 정말 많은 고혈압 환자들이 건강검진을 받다가 "혈압이 '좀' 높으니 주의해야겠습니다"라는 말을 들으면서 자신의 혈압 수준을 알기 시작한다. 어느 날 길에서 쓰러져 119에 실려 병원에 가서 처음으로 알게 되는 경우는 굉장히 드물다. 그럼에도 너무도 많은 사람들이 2~3주는 싱겁게 먹는 식으로 조심하다가 다시 예전 식생활로 돌아간다. 초기에 명상 등의 마음 관리를 시작하고 식생활을 조절하기 시작한다면 혈압은 얼마든지 안정시킬 수 있다. '고혈압은 병이 아니다' 류의 책을 절대적으로 신봉하자는 게 아니라 그렇게 주장하는 이유에 대해서도 한번쯤 귀 기울여볼 필요가 있다.

효과가 있다고 광고하는 식품이나 물질이라도 반드시 내 몸에 맞는지 주의 깊게 살펴봐야 한다. 염색을 할 때조차도 염색제를 팔꿈치 등에 바르고 이틀 정도 관찰하라는 문구가 포장지에 적혀 있을 정도다. 비록 작은 글씨로 적혀 있지만. 염색제야 그렇다 쳐도, 심지어 밀가루 팩, 감자 팩 등 천연 재료로 만든 팩에서도 부작용이 나타난다는 사람들이 많다. 자신의 몸에 맞는 것을 찾는 게 이 정도로 힘들다는 얘기다. 사람들이 어떤 것을 먹고 좋아졌다고 말할 때 그들도 몇 개월, 혹은 몇 년 동안 크고 작은 부작용이 있었을 수 있다. 다만 최종 보고를 할 때는 결과만 얘기할 수밖에 없을 거라는 점도 염두에 두자.

오늘 하루를 사는 것 자체가 기적이며, 어떤 약을 먹거나 안 먹는 것이 그 기적의 강도를 높여주지는 않는다. 나는 이렇게 생각하기로 선택했다. 당신에게 이 선택을 강요할 수는 없겠지만 이런 선택이 많은 자유를 준다는 것만큼은 확실히 말할 수 있다. 경제적 자유, 시간의 자유, 관념의 자유. 마음의 여유는 보너스다.

때로 이런 생각이 지나치게 '비현실적'이거나 혼자만 동떨어진 것같이 느껴질 때가 없는 것은 아니다. 하지만 그럴 때마다 항상 생명 현상을 최전선에서 연구하는 세계적인 전문가들의 말을 듣게 되는 기회가 생긴다. 앞에서 언급했던 『노화의 종말』을 쓴 데이비드 A. 싱클레어는 하버드의과대학 블라바트닉연구소의 유전학 교수로 170편이 넘는 논문과 50가지가 넘는 특허를 갖고 있으며 2014년 《타임》의 '세계에서 가장 영향력 있는 인물 100인'에 선정된 분자생물학자다. 그는 자신의 책에서 인체의 분자 규모에서 일어나는 혼란을 생각하면 "우리가 80세 이상 산다는 것은커녕, 아니 번식 연령기까지 산다는 것은커녕, 30초를 산다는 것조차 경이롭다"고 말한다. 그렇다는 것이다.

후성유전학의 생활화

이제 한결 자유롭고 여유로운 마음으로 건강의 방법을 찾아보도록 하자. 이 방법은 노화에 대한 최근의 시각인 후성유전학적 관점에 토대를 두고 있다. 후성유전학이란, 유전적 요소는 30% 정도에 불과하고 나머지 70%는 후천적 소인과 생활환경 조건에 좌우된다는 개념이다. 이 비율은 학자들마다 조금씩 다르긴 하겠지만 지금까지 보았던, 노화를 선천적으로 프로그래밍된 것으로 보는 종래의 마모 학설들과 대척점에 있다 할 수 있다.

후성유전학은 아이러니하게도 유전학, 즉 유전자 연구에서 출발했다. 1990년경 인간 유전체 정보를 얻기 위한 게놈 프로젝트가 시작되었을 때 과학자들은 크게 흥분했다. 모든 유전체 정보가 밝혀지면 질병과 노화를 일으키는 유전자를 식별하여 앞서 언급했던 유전자 가위 기술 등으로 싹을 잘라낼 수 있을 거라는 희망이 프로젝트가 완성된 2003년에 최고조에 달했다. 하지만 결과는 예상과 너무 달랐다. 우선 인간의 유전자는 약 2만 1천 개로 밝혀져 예상보다 너무 적었다. 애초에 기대했던 유전자 수는 대략 10만~15만 개 사이였으며 쌀의 유전자만 해도 5만 개 이상이었기 때문에 과학자들이 곤혹

스러워한 것은 당연했다. 인간의 복잡한 특성들에 대해 유전자만으로는 설명할 수 없는 거대한 α가 존재한다는 의미로, 과학자들은 게놈 프로젝트 완성 후 오히려 알아낸 것보다 모르는 것이 더 많게 되었다고 탄식했다.

한 가지 다행인 점은, 이 숨겨진 α를 파헤치는 과정에서 유전자들이 켜짐과 꺼짐을 반복한다는 것, 그리고 유전자의 발현 과정에 환경의 영향이 무척 크다는 사실이 더욱 공고화되었다는 것이다. 즉, 유전자보다 중요한 것은 그 유전자의 '발현'이었으며 이는 환경과 유전자 발현의 관계를 연구하는 후성유전학의 발전을 더욱 가속화했다.

후성유전학 학설이 노화학 영역에서 시작된 것은 아니지만 지금은 노화와 관련하여 가장 많이 연구가 되고 있고 퇴행적 경과가 불가피한 노화의 특성상 이쪽에 큰 희망을 거는 것도 당연하다. 이 학설이 그간의 주류 노화 학설이었던 마모 학설과 완전히 대립되는 것은 아니지만 마모 학설에 깔려 있는 노화의 근본적인 한계성을 보완, 혹은 상쇄할 수 있는 방향성만큼은 확실하게 제시하고 있다. 노화에 대한 후성유전학 관점은, 후천적으로 유전자의 활성과 억제를 조절함으로써 노화의 경과를 늦추거나 회복할 수 있다는 것이기 때문이다.

유전자 발현과 관련하여 가장 놀라운 점은, 어떤 유전적 기질은 인생 내내 발현되지 않을 수도 있다는 점이 아닐까 싶다. 집안에 암 환자나 치매 환자가 있었다면 의사로부터 유전력의 위험성을 경고하는 말을 들으면서 심란할 때가 한번씩 있었을 것이다. 하지만 후성유전학에 의하면 질병을 운명으로 받아들이지 않아도 된다! 단, 그러려면 나쁜(?) 유전자가 발현되지 않도록 후성적 조건을 만들어줘야 한다. 지금부터가 중요한 말인데, 결론부터 말하자면, 이 조건을 만들어주는 것은 현재로서는 어떤 약이 아니라 일상적 건강 습관이다. 이는 철학적 사유나 상식적 권유가 아니라 탄탄한 과학적 토대를 갖고 있는 결론이다.

명멸해왔던 수많은 노화 가설 중에 최근까지도 부동의 자리를 지키고 있는 텔로미어 단축설이 있다. 텔로미어란 염색체 끝 부분에 존재하는 디엔에이(DNA) 염기 서열을 말하는 것으로, 분자생물학자 엘리자베스 블랙번이 세포가 분열할 때마다 텔로미어가 조금씩 짧아진다는 것을 발견하여 노화학의 판도를 바꾸었다. 그녀는 세포의 노화 메커니즘을 규명하고 노화와 암 등의 질병에 대한 새로운 치료법 개발을 촉진한 공로로 2009년에 노벨생리의학상을 받았다. 이후 텔로미어는 우리가 건강을 유지하는지 못 하는지를 보여주는 생체 시계로 자리매김했다. 블랙번과 동료 연구자들은 당연히 텔로미어 단축을 저지하는 텔로머라아제를 찾는데 주력했으며 다른 과학자들도 곧 합세했다. 2019년에 텔로머라아제에서 유래한 아미노산으로 구성된 펩타이드인 '지브이텐오원(GV1001)' 이 알츠하이머형 치매 치료제로 활용할 수 있음을 증명한 이스라엘 연구진의 논문이 국제 학술지에 게재되고, 비슷한 시기에 국내 바이오벤처인 젬백스에서도 이 물질을 기반으로한 알츠하이머 치료제의 임상 실험이 성공했다는 신문 기사가 나올 정도로 상용화 연구가 활발하게 진행 중이다.

괄목할 만한 신약 개발이 고조되고 있던 시기에, 이런 연구의 부흥을 가능케 했던 당사자였던 블랙번은 2017년에 『더 텔레모어 이펙트(The telemore effect, 한국판 제목은 '늙지 않는 비밀)』를 발간했다. 이 책을 읽었을 때 처음에는 복잡한 수식이 나열된 분자생물학적 설명이 대부분일 것으로 예상했지만 놀랍게도 이런 내용이 적혀 있었다. "놀라운 사실은 텔로미어 길이가 얼마나 짧을지 길지에 우리가 어느 정도 개입할 수 있다는 것이다." 그러면서 올바른 식생활, 긍정적인 태도, 명상과 기공, 운동 등의 방법을 거론한다. 당연히 블랙번은 이런 내용을 단순히 이론적으로 주장하는 것이 아니라 권위적인 학술지에 실린 검증된 연구들과 함께 제시하는데, 만성질환에 걸린 아이를 간병하는 어머니들의 백혈구의 텔로미어 길이를 측정함으로써 스트레스가 텔로미어를 줄이고 조기 세포 노화를 일으킨다는 것을 보여준 연구를 직접 진행하기도 했다.

블랙번보다 훨씬 일찍 노벨생리의학상을 받은 세계적인 기억 연구자인 에릭 캔델은 위 책의 추천사에서 최근 10년간 나온 생물학 책 중에 가장 놀라운 책이라는 찬사와 함께 "텔로미어는 당신의 말에 귀를 기울인다. 당신이 스트레스를 받을 때, 슬프거나 행복할 때 반응을 보인다. 다시 말해, 우리는 가장 기본적인 세포 수준에서 나이 드는 방식을 바꿀 수 있다"라며 한층 일상적인 표현으로 텔로미어를 소개한다.

블랙번의 주장에 유독 관심이 갔던 이유는 그녀가 텔로미어를 회복하는 방법으로 지목한 것들이 내가 상담실에서 내담자들의 스트레스 관리를 위해 늘 권유하는 것들이기 때문이다. 올바른 식생활, 운동, 명상 그리고 긍정적인 마음으로 지내기 등이 '좋다'는 것은 다들 알고 있지만, 이런 생활 방식이 인간의 노화와 수명을 결정짓는 텔로미어를 회복시킨다니 이쯤 되면 거의 '횡재'가 아닌가 싶다. 그러면 이런 활동들을 '하면 좋겠죠'가 아니라 '꼭 해야겠네요'라고 바뀔 수밖에 없다. 내가 노화에 대한 책을 써보겠다는 마음을 먹게 된 첫 번째 자신감은 블랙번을 통해 노화를 늦추고 수명을 연장시키는 방법이 정신 건강을 높이는 방법과 맞닿아 있다는 것을 확신했기 때문이다. 두 번째 자신감은 8장 '치매는 패스!' 부분에서 밝히겠다.

블랙번이 "텔로미어의 회복 가능성은 뇌의 가소성에 근거한다"라고 말했듯이 그녀 역시 후성유전학의 관점을 취한다는 것을 알 수 있다. '뇌의 가소성'이란 뇌(신경)의 구조와 기능이 환경 변화나 사용하는 방식에 따라 계속 변한다는 개념이다. 저명한 과학자들이 현재 노화와 건강 분야에서 후성유전학을 주류 시각으로 갖는 데에는 그만한 이유가 있는 것이다. 우리들은 그들의 메시지를 최대한 이해해서 할 수 있는 것들을 하기만 하면 된다. 게다가 이들의 메시지는 간결하고 명확하고 강력하면서도 실행하는 데 부담이 없어, 실력이 뛰어나면서도 친절한 친구가 옆에서 끌어주는 느낌이다. 어떤 약을 먹으라는 것이 아니라 오늘 하루를 잘 살라는 것이기 때문이다. 다시 말하면, 당신이 오늘 먹는 음식, 긍정적인 마음, 운동 등이 내일의 당신의 모습을 결정 짓는다는 것이다. 후성유전학은 상식적으로 거론되어왔던 건강 습관에 과학적 토대를 제공한다는 면에서 노년기의 복음과도 같다. 물론 약 한 알로 불로장생을 꿈꾸는 사람들에게는 짜증나고 번거롭겠지만.

후성유전학을 생활화한다면 건강 공식이 비껴가는 나이가

되어도 건강을 최적의 수준으로 유지할 수 있다는 것을 최근 10년 동안 과학자들이 앞다투어 증명해왔다. 물론 실제 과학계에서는 훨씬 이전부터 텔로미어를 얘기했겠지만 과학자들이 다른 과학자들의 눈치를 보지 않고 일반인들에게까지 소신껏 의견을 밝히는 것, 그것도 한 목소리로 얘기하는 광경은 과학의 역사상 상당히 보기 드문 모습이다. 좀 진부한 말이지만, 그들과 동시대에 살고 있다는 것이 가히 축복이라고까지 할 수 있는 지금, 당신이 살고 있는 것이다.

이 축복을 당신의 것으로 가져와 후성유전학을 생활화하도록 하자. 다음 장인 5장에서부터 8장까지 그 방법을 자세히 살펴볼 것이다.

5장

운동하거나
움직이거나

후성유전학의 생활화와 관련하여 가장 먼저 살펴볼 것은 운동이다. 후성유전학을 신경이나 세포의 관점에서 다시 정의한다면 '신경 가소성', '세포 재생' 등으로 표현할 수 있는데, 신경 가소성이나 신경 생성, 세포 재생을 가장 활발하게 일으키는 것은 약이 아니라 운동이다.

운동의 효과를 모르는 사람은 없겠지만 신경 가소성 차원에서 다시 살펴본다면, 신경 가소성은 원래 결정적 시기가 있다고 여겨졌다. 대략 3세 무렵으로 알려졌으며 이 시기를 좀 넘더라도 10세를 넘기지 않는 것으로 생각했다. 하지만 최근에는 결정적 시기 대신 민감한 시기라는 표현을 쓰고, 이후에도 가소성이 나타날 수 있다는 관점으로 바뀌었다.

신경과학자 마이클 머제니치는 가소성의 '자동' 메커니즘은 어렸을 때 작동이 멈추지만 운동을 하면 성인이 되어서도 가소성을 '수동'으로 켤 수 있다고 구체적으로 설명한 바 있다. 운동은 뇌의 새로운 뉴런 생성에 도움이 되고 세로토닌 등의 신경 전달 물질을 포함하는 대사 반응을 활발하게 한다.

사실, 운동이 좋다는 것을 모르는 사람은 없을 테니 과학적 설명을 더 들을 필요도 없이 그냥 바로 하는 게 맞다. 늙어서는 자식 얼굴은 자주 못 보더라도 운동화는 매일 보고 신어주어야 한다. 늙으면 자식보다 근육이 믿을 만하다는 말을 누가 했는지는 몰라도 참으로 진리다. 그래도 운동은 참 하기가 싫다. 인간이 이렇게 하기 싫다면 안 하는 게 진화의 과정에 들어맞는 게 아닐까 하는 궤변을 펼치고 싶을 정도다. 생물학을 전공한 내 친구는 나의 '진화의 궤변'을 듣더니 이렇게 말했다. "네 말이 맞을걸. 모든 인간이 다 운동하면 더디 늙거나 더디 죽을 텐데 그러면 진화에 안 맞아. 인간은 죽어야지. 그래야 지구가 순환해서 진화하지. 운동하기 싫게 해서 빨리 죽여야지. 구만 리를 살아야 할 어린 애들을 봐. 잠시도 가만 안 있잖아." 눈 한 번 깜빡 안 하고 냉정하게 말하는, 매일 1시간씩 운동해서 여전히 날씬한 친구의 말에 정신이 잠시 번쩍 들

면서 내가 지구의 '이런 진화'의 선봉장이 되고 싶은 마음이
몇 개월은 싹 달아났다. 당신도 그렇지 않은가.

세포 운동시키기

유난히 운동하기 싫을 때는 블랙번의 말을 떠올려보자. "세포
를 운동시켜라." 운동하기 싫더라도 몸을 움직일 때 세포들이
건강하게 활성화되고 심지어 '웃는' 모습을 떠올리면 기어코
운동화를 신게 된다. 세포를 운동시킨다는 것은 말 그대로 운
동을 해서 세포를 튼튼하게 한다는 뜻으로, 운동을 하면 염증
유발 물질인 사이토카인의 농도가 저하되어 면역계를 튼튼하
게 해줌으로써 세포의 기능을 높인다.

또한 운동은 산화 스트레스를 줄이고 텔로머라제의 길이를
늘린다. 앞에서 언급했던 데이비드 A. 싱클레어는 운동과 텔
로머라제의 관련성을 좀 더 알기 쉽게 설명한 바 있다. 노화
에 관심 있는 사람들이라면 '서투인' 등의 장수 유전자에 대해
한번쯤 들어봤을 텐데, 싱클레어는 장수 유전자들이 우리가
'운동할 때' 활성화되며 이 유전자들 중 상당수가 텔로미어를
연장시키고 세포에 산소를 전달하는 새 모세혈관을 형성하며

미토콘드리아의 활성을 강화한다고 말했다.

그런데 운동이 또 묘한 게, 막상 하면 나름의 사이클로 들어가면서 재미있다. 하면 하게 되는데 그전의 거부감이 실행을 막는 가장 큰 장애물이다. 뱃살 빼기니 체중 감소니 하며 외모에 운동의 가치를 두면 목표 달성이 요원하고, 요요 현상이 생기면 자기 환멸이 일어나기도 한다. 하지만 '세포 운동 시키기'로 목표를 설정하면 그리 거부감이 없다. 심지어 하루 15분만 운동해도 사망률이 45% 줄어들고 하루에 적절한 강도로 10분만 뛰어도 수명이 몇 년 더 늘어난다는 반가운 연구들도 속속 보고되고 있다. 15분만 하자고 마음먹고 일단 나가보자. 그다음은 15분만 하고 돌아오는 게 더 어렵지 않던가.

흥미로운 것은, 운동하기 싫다는 게 사실은 '맞다'는 것이다. 싱클레어는 장수 유전자들을 자극하는 것이 약간의 역경이나 스트레스 상황에 놓였을 때인데 운동이 그런 상황을 만든다고 말한다. 우리가 스트레스로 여기는 운동을 세포 또한 스트레스로 여기는데, 오히려 그런 상태에서 세포가 더 활성화되고 건강해지는 아이러니한 일이 몸 안에서 일어난다는 것이다. 알고 보니 '이불 밖은 위험해'가 맞았다! 하지만 그런 위험한 상황, 더 정확하게 말하면 아주 '심하지는 않은 약간의 위험한 상황'에 있어야 생존 회로가 가동되어 신체가 더욱 건강해지고 수명도 늘어난다.

앞에서 언급했던 에릭 캔델은 『마음의 오류들』에서 "한 가지 놀라운 일이 일어났다"면서 컬럼비아대학교 유전학자 제러드 카센티의 연구를 소개하는데 나도 그 연구를 읽고 정말 놀랐다. 카센티는 뼈가 '내분비기관'이며 오스테로칼신이라는 호르몬을 분비한다는 발견들에 착안해서 더 깊이 탐구한 결과, 이 호르몬이 몸의 많은 기관에 작용하며 뇌로도 들어가서 세로토닌, 도파민, 가바 같은 신경 전달 물질의 생산에 영향을 미쳐 기억과 학습을 촉진한다는 것을 알아냈다고 한다. 캔델은 더 나아가 카센티와 공동 연구를 통해 늙은 생쥐에게 오스테로칼신을 투여하자 기억 과제에서 수행력이 향상되었음을 보고했다.

캔델의 진짜 통찰력은 여기서부터인데, 그는 '운동'이 뼈의 질량을 증가시키고 그 결과 노화 관련 기억 감퇴를 완화할 수 있을 거라고 말했다. 즉 기억 감퇴를 막는 것은 특정 물질이 아니라 운동이라고 못박은 것이다. 아마도 그는 과학계의 거장답게 이 물질이 상업적 제약 회사의 주목을 받게 될 것을 알았을 것이다.

아닌 게 아니라 이 호르몬을 검색해보니 '기억력 개선'이라는 설명과 함께 국내에서도 판매되고 있었다. 약의 문제에 대해서는 앞에서 '항산화제의 신화'를 다루었던 부분에서 살펴보았으니 다시 말하지 않겠다. 굉장히 중요한 내용이니 혹시라도 기억이 안 난다면 꼭 다시 읽어보기 바란다.

쉬워 보이는 길을 가지 말고 운동을 하자. 운동만 해도 뼈에서 좋은 물질이 분비되어 당신의 기억력이 올라간다. 그 올라간 기억력으로, 독일의 게르하르트 울렌부르크 교수의 "나이 들어 운동을 시작하는 사람은 더는 노인이 아니다"라는 말을 늘 기억하도록 하자.

도저히 운동하기 싫거나 할 수 없는 상황이라면 부지런히 움직이기라도 하라. 이 장의 제목이 '운동하거나 움직이거나'인 이유다. 운동하기 싫으면 그냥 걸으라. 산책하라. 그냥 돌아다니라. 집안일을 하라. 운동이 가장 좋다는 것만 알도록 하자. 하지만 동네 공원이든 시장이든 하다못해 깨끗하고 넓은 쇼핑몰을 돌아다니기만 해도 '세포'는 활발하게 움직인다. 노인들이 그토록 무서워하는 골다공증이 걸리지 않도록 뼈의 질량도 높아진다.

심리학자들은 늘 다른 연구자들의 연구에 빚을 지고 있지만 그중에서도 정말 많은 감사를 불러일으킨 연구가 있다. 하버드대학교의 심리학자 엘렌 랭어의 연구다. 랭어 교수는 과체중이고 배가 나와 있으며 혈압도 높은 호텔 청소부 84명을 면담했는데, 그들은 모두 너무 바빠서 운동할 시간이 없다고 하소연했다. 그녀는 이들 중 절반을 따로 불러 15분 동안 시트를 갈면 40칼로리가 빠지고 또 15분 동안 진공청소기를 돌리면 50칼로리가 빠진다는 식의 설명을 하면서, 하루에 15개의 방을 청소하면 2시간 30분 동안 운동하는 것과 똑같다고 일러주었다. 그리고 나서 한 달 후 다시 그들을 만났다. 설명을 들은 42명은 따로 운동을 하지 않았는데도 건강검진 결과 배가 쏙 들어가고 혈압도 떨어졌다.

랭어의 연구는 긍정적인 마음가짐의 효과를 입증한 것으로 많이 거론되지만, 일상적인 움직임이 실제로 운동 효과가 있다는 것도 잘 보여준 것이라고 생각한다. 직장에 다닌다면 하루에 2시간 30분 정도의 집안일을 못 하겠지만 주말에는 평균 그 정도로 하게 된다. 너무 게으르거나 무기력한 상태가 아니라면 말이다. 하물며 주부라면 하루 가사 시간은 2시간 30분이 훌쩍 넘어간다. 일상 활동만으로도 배 둘레를 줄이고 혈압을 떨어뜨릴 수 있다. 이조차도 안 하거나, 얼추 하고 있음에도 '난 운동할 시간이 없어서 살을 못 빼'라는 부정적인 자기 암시에 빠져 있기 때문에 효과를 못 보는 것이다.

종합 선물 세트 받기

집안일만 규칙적으로 해도 노화는 충분히 늦춰진다. 그래도 밖으로 나가는 게 좋다. 앞에서 운동을 하면 몸만 움직이는 게 아니라 세포도 움직이게 하는 거라고 했는데, 세포는 자신을 담고 있는 신체의 활동 외에 햇빛과 산소를 좋아한다. 집안에는 해가 없고 산소 또한 이것저것과 많이 섞여 있다. 개인적으로, 노인들이 헬스클럽의 러닝머신에서 운동하는 것을 추천하지 않는다. 빠르거나 리드미컬한 속도를 이기지 못하고 미끄러져 큰 찰과상을 입거나 심지어 골절되는 사람도 많이 보았다. 실내 공기의 탁함은 말할 것도 없다. 밖에 나가서 유유자적 산책하는 것만으로도 혜택이 크다는 연구를 나는 매일 접하기 때문에 굳이 언급할 필요성조차 못 느끼겠다. 매일 20분의 산책만으로도 뇌졸중 위험이 57% 줄어든다고 한다.

'밖에서' 운동하거나 돌아다니는 것이 건강에 더 좋은 이유는 '밖'이기 때문에, 즉 자연을 접하게 되기 때문이다. 수술 받은 환자들이 병실 창문 밖에 나무가 있을 때 더 빨리 낫는다든지, 밖을 내다볼 수 있는 큰 창문이 있는 교실에서 공부한 아이들이 창문 없는 교실에 있는 아이들보다 성적도 좋고 정서도 안정적이라는 많은 연구에서 알 수 있듯이, 자연은 자체

치유 효과가 엄청나다.

그중에서도 밖으로 나갈 때 얻을 수 있는 최고의 혜택은 햇빛이다. 햇빛은 인체에 너무도 중요한 세로토닌과 비타민 D 생성에 관여한다. 세로토닌은 우울증 예방에, 비타민 D는 골다공증 예방과 각종 염증의 감소에 핵심적인 물질이다. 그런데 비타민 D는 세로토닌 합성에도 관여하여 우울증도 예방한다. 질병을 예방하고 치료하는 데 중요한 세로토닌과 도파민의 대사에 햇빛이 기저하고 있다니 이런 종합 선물 세트가 또 있나 싶다. 그것도 공짜다.

예전에 손목을 삐어 정형외과에 갔을 때 대기실에서 "비타민 D가 부족하면 치매, 우울증, 파킨슨 병…… 암에 걸립니다. 주사를 맞으세요"라고 적힌 배너가 설치된 것을 보고 무슨 과장 광고를 저렇게 심하게 하나 생각했는데, 속속들이 밝혀지는 연구들을 통해 과장만은 아니라는 것을 알게 되었지만 '주사를 맞으세요'가 유일한 답은 절대로 아니다. 지구에서 해가 사라지지 않는 한.

내가 아는 한 젊은이는 체력이 달리고 건강검진에서도 생체 지표가 나쁘게 나오자 큰맘을 먹고 헬스클럽에 등록해서 아주 성실히 다녔다. 정기권을 끊어서 본전을 찾은 게 이때가 처음이었단다. 저녁에는 헬스클럽을 가야 하니 낮에 점심을 빨리 먹고 바로 근무를 시작해서 운동 시간을 확보하기도 했다. 6개월 정도 후, 근육도 생기고 건강해진 것 같아서 검진을 다시 받았는데 대부분의 지표가 좋아지긴 했지만 비타민 D 수준이 심각하게 낮아서 주사를 맞고 가라는 처방을 받았단다. 이게 실내 운동의 허점이다. 도대체 건강하다는 것은 무엇이고, 또 바람직한 방법은 무엇인지, 세상에 참 쉬운 일이 없다.

그나저나 이 젊은이가 다음 단계에 한 일이 무엇이었을까? 독자들이 짐작한 대로, 해외 직구로 비타민 D를 구매한 것이었다. 하지만 밖에 나가 햇빛을 쬐면 해결될 일을 이렇게 마무리한다면 "젊음, 그렇게 쓸 거면 나 주라"는 말을 하고 싶다. 이 말은 청년들에게만 하는 말이 아니다. 이제 고작(?) 첫 늙음의 시기에 들어선 당신도 그런 행동을 한다면 첫 늙음 후 수십 번의 늙음을 재경험한 사람들로부터 "첫 늙음, 그렇게 어이없게 보낼 거면 나 주지"라는 말을 들을 것이다. 수용성인 비타민 C조차도 부작용이 있다고 앞에서 말했는데 지용성인 비타민 D의 부작용은 더욱 혼미하다. 인터넷에 검색만 해보면 나오는 부작용들이 '햇빛'과 '운동'이라는 약에는 전혀 없다.

앞에서 언급했던 맥두걸은 비타민 D는 햇빛 한 줌으로 충분하다고 확고하게 말한다. 인간의 몸은 초과로 생성된 비타민 D를 지방 속에 저장하기 때문에, 한 해 중 태양이 강렬할 때 생산해두었다가 겨울처럼 햇빛이 많지 않을 때 천천히 꺼내서 사용하므로, 여름 햇빛에 20~30분 정도 한 번만 노출시켜도 비타민 1만 IU(International Unit)가 형성되어 충분하다고 설명한다. 아울러 백인들의 경우에는 낮 시간에 손이나 얼굴을 일주일에 두세 번씩 5분 정도만, 아시아인은 15분 정도 노출하면 된다고 했다. 그러면서 일반적인 검진에서 51%나 되는 미국 학생들이 최소한의 비타민 D 요구 수준에도 미달되는 결과들이 보고되는 것은, 현재 의학계에서 기준으로 잡는 수치가 매우 과장되어 있기 때문이라고 주장한다. 그 근거로, 자신의 아내가 일주일에 무려 평균 29시간이나 햇빛에 노출된 후 검사를 받았는데도 비타민 D가 권장치에 못 미치므로 평생 약을 먹으라는 말을 들었고, 하와이에서 495명의 여성을 대상으로 한 연구에서는 44%가 미달이라는 진단을 받았다는 연구를 제시한다. 그 햇빛 찬란한 하와이에서 말이다. 문득 어느 해에 한국의 대학교 신입생 대상의 건강검진에서 99%가 비타민 D 부족으로 나왔다는 결과를 보고 놀랐던 기억이 난다. 하지만 이제는 왜 그런 결과가 나왔는지 알겠다. 하와이 연구에서도 무려 절반 가까이 비타민 D 부족으로 나타날 정도면 하루 대부분의 시간을 학교와 학원에서 보낸 한국의 청소년은 더 볼 것도 없다. 맥두걸은 설사 비타민 D를 섭취한다 해도 그것 단독으로는 효과가 없으며 칼슘이 조합된 형태로 섭취해야 한다고 했다. 하지만 이런 식으로 병의 진단을 붙이고 병원에 오게 하고 약을 계속 구입하도록 하는 '병을 판매하는 행위'를 그만했으면 좋겠다고 간곡히 호소한다.

햇빛은 양질의 수면에도 필수적이다. 나이 들면 많은 사람들이 수면 장애를 호소하고 수면제를 먹기도 한다. 수면 장애의 원인 중 하나로 알려진 멜라토닌 결핍을 해결하는 방법이 바로 햇빛이다. 멜라토닌은 낮에 활성화된 세로토닌이 생성하는데, 이 세로토닌은 아침에 눈을 떠서 망막으로 햇빛이 들어오는 즉시 분비되기 때문이다. 나이 들면 아무래도 젊었을 때보다는 사람도 덜 만나고 덜 나가게 되는데 이런 변화가 수면 장애의 원인일 수 있다. 일부러라도 밖에서 운동해야 하는 이유다.

즐겁게 움직이기

그럼에도 산책이나 집안일도 하기 싫다면, 내 자식이라면 등짝을 먼저 맞긴 하겠지만, 스트레칭이나 호흡이라도 제대로 하자. 이 두 가지는 가장 수동적인 형태의 움직임이라 할 수 있지만, 교감신경계를 안정시키는 데, 더 정확하게 말하면 부교감신경계를 활성화시키는 데 탁월한 효과를 발휘한다. 대자로 누워서 기지개 펴듯이 팔다리를 쭉 뻗기만 해도 이완 되지만 각자에게 맞는 스트레칭 방법을 찾아서 적용하기 바란다. 호흡도 정식으로 하려면 간단하기만 한 건 아니지만 '네 박자 들이쉬고 네 박자 내쉬기', 혹은 '세 박자 들이쉬고 네 박자 유지한 후 여덟 박자로 내쉬기' 같이 아주 기초적인 호흡이라도 10분 이상 하면 심신이 크게 안정된다.

우리는 흔히 호흡을 하찮게 않게 여기지만 이쪽 전문가들은 호흡 횟수나 심박수를 수명과 연결지어 생각한다. 이들은 호흡이 느릴수록 오래 사는 경향이 있다고 주장하는데, 모든 경우에 들어맞는 것은 아니겠지만 1분에 20회의 심박수를 보이는 거북이가 평균 130년을 사는 반면 240회의 심박수를 보이는 고양이의 최고 수명이 30년이라는 지표를 보면 무시할 수 없는 주장이다. 인간도 평화로울 때는 호흡이 느리고, 화가 나면 호흡이 가팔라지며, 화를 자주 내면 여러 가지 건강 지표에 빨간 불이 들어온다는 것을 고려하면 가능한 한 호흡을 느리게 하는 게 건강과 수명에 좋다는 말이 일리가 있다.

스트레칭과 호흡도 이렇게 좋은데 누워서 하거나 앉아서

하는 운동의 효과는 말할 것도 없다. 초로의 한 운동 전문가는 일어나서 하는 운동이 제일 좋지만 누워서 하는 운동도 노인에게 아주 좋다고 말한다. 누워서도 자전거 타기, 발 차기, 손 두드리기, 허리 비틀기 등 생각보다 많은 운동을 할 수 있다. 그럼에도 직장인은 말할 것도 없고 주부조차 하루에 스트레칭 한 번 안 하고 긴 호흡 한 번 하지 않은 채 꼬부리고 앉아서 일을 하거나 텔레비전을 시청하다가 그냥 잠드는 경우가 얼마나 많은가. 그렇게 몸이 점점 굳어가면 우리의 가장 중요한 목표인 '세포 재생'은 물 건너간다.

나이 들어 스트레칭이나 요가, 필라테스 등을 할 때 한 가지 주의할 점이 있다면 젊었을 때와 달리 '멋진 폼'에 목숨 걸지 말라는 것이다. 바른 자세를 하는 건 중요하지만 지나치게 팔 다리를 벌리거나 올려서는 안 된다. 근육의 탄력성이나 민첩성이 떨어져 있기 때문이다. 나는 운동이나 요가 강사들이 바른, 혹은 폼 나는 자세를 지나치게 중시하는 나머지 배우는 사람의 신체적 약점을 충분히 고려하지 않을 수 있다는 것을 팔팔했던 20대 후반에 알게 되었다. 에어로빅을 시작한 지 3일 만에 발목을 삐어서 한동안 고생했다. 그날 갑자기 난이도를 높였었다. 물론 내가 주의했어야 했다. 코치를 잘못 만나서였을 수도 있겠고. 하지만 누구의 잘못이든 그런 일은 늘 일어나기 마련이고 노년기에는 더욱 조심해야 한다. 코치들은 그런 멋진 자세를 충분히 보일 수 있는 사람들이고, 그래서 다른 사람에게도 요구하지만, 자신의 몸의 굴절력과 회복력은 자신이 제일 잘 안다. 나이 들어 운동을 할 때는 너무 착한 학생이 되려 하지 말고 적당한 대응 지점을 찾을 줄 알아야 한다. 참고로, 인터넷이나 유튜브 등의 운동 관련 영상은 30대 이전의 사람들의 몸에 맞는 것들이 대부분이다. '실버 요가', '실버 스트레칭'처럼 노인 특화적인 영상이 있다면 비교적 안전하게 따라할 수 있을 것이다.

또한 나이 들어 운동할 때는 운동하다가 몸을 살짝 다치거나 몸살에 걸릴 수가 있는데 조언을 구할 전문가가 옆에 없다면 무조건 쉬는 게 낫다. 운동하기 전에 팔 다리를 올리거나 뻗는 곳에 딱딱한 물체가 없는지도 충분히 살펴보라. 젊었을 때는 벽에 부딪혀도 발에 눈이라도 달렸는지 금방 피할 수 있었고 땅바닥에 넘어져도 손에 흡착판이라도 있는 건지 우아하게 몸을 지탱했는데 나이 들면 이것들이 다 도망가버린다. 그러다 보니 아주 작은 충돌을 했을 뿐인데 충격 흡수 기능이 떨어져 통증이나 멍이 오래갈 때가 많다.

흔히 인생을 마라톤으로 비유하는데 각자의 첫 출발선이 언제였든 첫 늙음 후 우리는 다시 출발선에 놓이게 된다. 그런데 두 번째 마라톤의 성공 여부는 건강에 달려 있다. 당신이 그때까지 성공해왔어도 이 출발선에서 건강이 좋지 않으면 더 이상의 승승장구는 없을 것이며, 반대로 그때까지 불만족스러웠다 해도 건강하기만 하면 얼마든지 승기를 잡을 수 있다. 젊은 사람들은 이해 못 하겠지만 예전에 아무리 잘나갔어도 첫 늙음 이후에는 건강한 사람에게서 보이는 아름다움만큼 빛나지 않는다. 그래서 사람들이 "동안" "동안" 하는 것이리라. 다만, 앞에서 동안 신드롬에 대해 지적했듯이 초점이 어긋났다는 생각이다. 핵심은 건강이다.

인생 후반기에 자신의 존재감이 한번 크게 역전되는 느낌이 들 때가 있는데 그 역전의 주체는 아파트나 고급 차나 직업이 아니다. 자식의 성공은 더욱 아니다. 본인의 건강이다. 성공한 자식이 하와이의 최고급 호텔로 모시고 가도 관절염때문에 객실에만 죽치고 앉아 있어야 할 때 자신의 존재감을 느끼기란 대단히 어려운 일이다. 성공이나 업적, 물질 등으로 느끼던 존재감이 아닌, '몸 자체의 존재감'이 있다는 것은 늙어보지 않고서는 실감하지 못할 것이다. 지구에 내 발로 딴딴하게 버티고 서 있는, 가히 실존적인 존재감이다.

'건강' 하면 누구라도 가장 먼저 떠올리는 것이 운동일 정도로 운동은 생명체의 본능이다. 이 본능을 거부하는 것은 인간이 그토록 자부심을 갖고 있는 이성이다. 쉴 새 없이 핑계거리를 생각해내니 말이다. 아는 게 병이다. 나이 들면 아는 것도 엄청 많아서 병이 더 깊어진다. 아이처럼 순수한 본능을 따라가보자. 꼭 운동이 아니어도 된다. 그저 움직이자.

6장

내가
먹을 것인가,
음식이
나를
먹게 할 것인가

'음식이 나를 먹는다'는 제목이 좀 기괴스러울지는 몰라도 실제로 밥상에서 매일 벌어지는 일이다. 맛도 좋고 몸에도 좋다고 생각하는 것을 '내가' 분명히 먹었지만 그것이 되려 내 몸을 '갉아 먹는' 때가 있기 때문이다.

앞 장에서 썼던 운동 얘기는 너무 케케묵은 것이라 쓰기가 부담스러웠다면 여기서 쓰려는 먹는 것의 얘기는 변화 속도가 너무 빨라서 쓰기가 어렵다. 저술에서 책 발간까지의 시간이 길어지면 의도와 달리 잘못된 정보를 주게 될 수도 있다. 지방 하나만 예를 들더라도, "지방이 범인"이라며 공공의 적으로 치부하던 전문가들이 "지방이 누명을 쓰고 있다"면서 증거를 들이대는 다른 전문가들의 공격에 수세에 몰렸다가 반격, 후퇴, 재반격을 하는 일이 이쪽에서는 심심찮게 벌어진다. 그러니 독자들은 여기에 적힌 얘기들이 이후에 또 다른 방향으로 변하는지 계속 주시하여 1~2년 간격으로 자신의 결정이 현명한지 판단해보기 바란다.

영양 전문가도 아니면서 음식에 대한 얘기를 하려는 것은 건강한 노화에 음식이 미치는 영향이 너무도 크기 때문이다. 여기서는 '무엇을 먹어야 좋을까'의 측면보다는 '무엇을 조심해야 할까'의 측면에서, 그리고 식품의 좋은 점만 부각시키고 싶은 판매자의 입장이 아니라 나쁜 점도 알고 있어야 하는 구매자의 입장에 초점을 맞추려 한다. 음식의 안전성에 대한 논박을 계속 봐오면서 나름대로 중요하다고 생각하는 점들이 분명히 있다.

내가 정리한 것을 신호등에 비유해 요약해본다면, 채식 위주의 식단과 소식(小食)이 파란불이며 지방은 좋은 지방만 파란불이다. 탄수화물은 빨간불이고 단백질은 노란불이다. 영양에 대한 논박이 계속되겠지만 일단은 어떤 식품을 먹을 때마다 신호등 불빛을 떠올려보면 좋겠다. 후생유전학의 생활화와 관련하여 앞 장에서 다루었던 운동은 개인의 선호가 있지만 먹는 것은 선호가 아닌 필수적인 일이므로 한층 관심을

기울일 필요가 있다. 내가 매긴 식품 안전의 신호등에서 빨간
불부터 먼저 살펴보자.

탄수화물; 독이 든 성배

탄수화물이 들어간 음식들은 모양에서부터 냄새까지 선망을
불러일으키는 것이 마치 성배와 같다. 천상의 향기를 풍기는
갓 만들어진 빵과 도넛, 고향의 맛과 엄마 냄새가 스며 있는
밥과 떡, 음식계의 절대 미인인 아이스크림과 초콜릿, 재기발
랄한 친구 같은 피자와 국수류 등은 보기만 해도 흡족하다. 한
입 먹는 순간 순식간에 퍼지는 포만감과 행복감은 또 어떤가.
　그럼에도 풍미와 비주얼에서 톱클래스인 탄수화물이 영양
학적으로는 최하위 단계에 있다는 것을 모르는 사람은 없을
것이다. 영양에 대한 논박이 끊이지 않는다고 했지만 탄수화
물만큼은 그런 논박 없이 '문제아'로 일찌감치 자리매김했다.
그래서인지 밀가루와 설탕을 한 달 끊은 후 몸이 몰라보게 건
강해졌다는 체험담도 많이 듣는다. 반면 이와 관련된 우스개
소리도 한번쯤 들어봤을 것이다. 한 젊은이가 밀가루를 한 달
끊은 후 뱃살이 빠지고 여드름이 없어지고 소화도 잘 되고 잠

도 잘 자게 되었다고 말하자 상대방이 "오 대단해"라며 축하
해준다. 그다음 젊은이는 이렇게 말한다. "그런데 우울해 죽
겠어."

수명이니 건강이니 다 제쳐놓고 즐겁게만 살겠다면 탄수화
물만큼 좋은 물질이 없다. 가격도 엄청 착하다. 하지만 탄수화
물 섭취 후 좋아지는 기분은 성배에 담긴 술을 마시는 순간까
지의 기분이다. 잠시 후 축포가 터질 것 같은 그 기분 말이다.
하지만 이는 착각일 뿐이다. 만약 탄수화물을 못 먹어서 우울
해진다면, 우울증 환자들이 설탕을 많이 먹으면 나아야 할 것
이다. 성배에 든 것이 목을 넘어가는 순간 이후에는 독이 몸
에 퍼지기 시작한다. 당연히 기분을 오히려 저하시킨다. 기분
을 좋게 하고 의욕을 돋워주는 좋은 체내 물질들을 탄수화물
이 오히려 엉망으로 만들기 때문이다. 과도한 탄수화물을 먹
은 후 식곤증이 몰려와 공부나 일에 집중을 못 해본 경험들이
있을 텐데 탄수화물이 정신을 흐리멍덩하게 만들기 때문이다.

위의 장한 젊은이를 응원하기 위해서라도 좀 더 살펴보도
록 하자. 탄수화물이 이런 짓을 벌이는 기제는 당화(糖化)라
는 과정이다. 쉽게 말하면 포도당이 어떤 것에 결합되어 마치
당처럼 만들어버린다는 의미다. 당뇨병 환자들이 민감해하는
당화혈색소 수치에 나오는 바로 그 당화다. '최종당화산물'이

라는, 마치 전투 용어같이 들리는 이름으로도 불리는 당화는 당뇨병만 일으키는 게 아니다. 오죽하면 '당 독소'라는 별명을 갖고 있을 정도로 다량의 단순 탄수화물, 특히 설탕을 섭취하여 포도당이 과잉 생성되면, 체내의 세포막이 오염되고 세포의 에너지 공장에 해당하는 미토콘드리아가 구조적으로 손상되며 그 결과 신진대사 과정 전반에 문제가 생기게 된다. 단백질 흡수를 차단하고 심각한 감염을 일으키며 뇌 신경세포 간의 시냅스 전달을 방해하기도 한다. 이런 현상 때문에 치매를 제3의 당뇨병이라 부르는 학자가 있을 정도다. 과도한 당이 뇌까지 파괴한다는 의미다. 앞에서 보았던 텔로미어의 수명에도 당질 섭취가 영향을 미친다고 밝혀졌다. 당연히 당화는 신경 가소성을 떨어뜨린다.

당의 유해성 때문에 당질 제한식을 해야 한다는 말을 들어봤을 것이다. 『50세부터는 탄수화물 끊어라』, 『우리 몸 연대기』 등 수많은 건강서에서는 현대인의 몸은 원시시대에 비해 골격이나 체격은 달라졌지만 세포나 면역 체계 같은 체내 메커니즘은 전혀 달라지지 않았기 때문에 선조들의 음식 패턴을 무시하면 안 된다는 것을 공통적으로 주장한다. 이쪽 저자들은 인류가 탄수화물을 먹기 시작한 것은 전체 역사에서 아주 최근이라는 점을 강조한다. 선조들은 무려 700만 년 동안이나 수렵, 채집 생활을 하면서 당을 아주 조금 섭취했고, 곡물을 주식으로 삼은 기간도 고작 1만 년밖에 안 된다는 것이다. 일본 최고의 당뇨병 전문의인 에베코지는 그 자신이 당뇨병에 걸린 이후 당질 제한식으로 병에서 회복한 뒤, 탄수화물은 주식이 아니며 술이나 담배 같은 기호품으로 봐야 한다고 말했다. 심지어 기호품이기 때문에 안 먹어도 산다는 파격적인 발언을 하기도 했다.

당이 나쁘다는 것이 상식이 되면서 사람들은 일단 설탕을 많이 안 먹으려고 노력하기 시작했고 식품 회사에서도 '무가당 주스'니 '저가당 과자' 등을 내놓으면서 부응하는 듯했다. 하지만 그 식품들에 액상 과당을 비롯한, 설탕 이외의 당류가 들어갔다는 것을 소비자들은 몰랐다. 무가당은 무가당이 아니었던 것이다. 어떤 식품이 완전 무가당이면 맛이 없어서 팔리지가 않기 때문에 이런 편법을 사용한다고 한다. 결과적으로 우리는 여전히 당을 소비하고 있었다! 이런 사실을 알게 되면서 나는 한동안 식품의 성분표를 자세히 들여다보았는데, 얼마나 많은 식품에 액상 과당이 들어 있는지 모른다. 심지어 몸에 좋으라고 먹는 홍삼이나 비타민 음료수, 과일즙, 채소즙에도 들어 있다. 이는 조금만 생각해보면 충분히 알 수 있었던 것인데, 이를테면 생 블루베리는 쓴맛이 나서 많이 못 먹지만 블루베리 주스는 달콤하다. 원래 쓴맛이 나는데 착즙한다고 단맛이 날 리는 없지 않은가. 이렇듯 내가 조심을 해도 알게 모르게 당을 섭취하게 되니 스스로 음용하는 것만이라도 각별히 주의를 기울여야 한다.

당과 관련된 문제 중 반드시 알아야 할 것에는 놀랍게도 지방간을 만든다는 점이다. 탄수화물 섭취 시 에너지로 사용하고 남은 포도당은 지방으로 저장되는데, 초과 섭취된 당으로 인해 간에 더 저장할 여유가 없어지면 지방으로 전환된다고 한다. 술도 안 먹고 지방도 많이 먹지 않았는데도 지방간 소견이 나오는 사람들이 있는데 바로 과당을 과도하게 섭취했기 때문이다.

그런데 액체 시럽인 액상 과당은 더 심각한 문제가 있다. 설탕 시럽보다 점성도가 더 크다는 문제도 있지만 원료가 옥수수라는 점이다. 옥수수는 유전자 변형이 가장 많이 된 식품 중의 하나다. 미국에는 웬만한 작은 나라 크기의 옥수수 밭이 있는데, 비싼 인건비를 충당하지 못해 공중에서 농약을 대규모로 살포하는 식으로 관리하며 이런 광폭한 관리에 잘 버티라고 개종한 것이 유전자 변형이라고 한다. 액상 과당 한 스푼을 먹을 때 응축된 산업화의 폐단까지 먹는 셈이다. 오죽하면 액상 과당에 비하면 차라리 설탕은 천연약으로 볼 수 있다는 주장이 나올 정도다.

성배같이 아름다운 탄수화물을 마치 꿀꿀이죽처럼 취급한 듯하여 좀 찜찜하긴 하다. 과일이나 꿀을 우연히 먹게 된 우리 선조가 그 맛을 잊지 못하여 오래 살고 싶다는 생각을 하게 되어 지금의 우리가 있게 된 것인데 말이다. 또한 대한민국 청소년들을 어른으로 만들어준 일등 공신이 라면과 떡볶이 아니던가. 사실 탄수화물은 맛을 떠나 대단한 식품이다. 이것이 없었다면 인류는 엄청난 기아 상태에 있었을 것이므로 정말 '성배'가 맞다. 무엇보다도 탄수화물은 오랜 기간 한국인의 주식이었기 때문에 무작정 안 먹을 수도 없고 배불리 먹을 수 있는 대체 식품을 찾는 것도 쉽지는 않다.

정말로 조심해야 할 설탕 같은 단당류는 최대한 자제하고, 밥을 먹더라도 현미, 보리, 콩, 채소 같은 복합 탄수화물을 섞어서 먹는 노력만으로도 유해성을 줄일 수 있다. 액상 과당은 반드시 멀리하고 말이다.

사실 당도 억울한 부분이 있다. 잘 들러붙는 성질이 있어서 문제를 악화시키는 것이지 그 자체의 유해성, 특히 단순당이 아닌 일반 곡물의 유해성에 대해서는 더 정밀한 연구가 이루어져야 한다. 수천 년 동안 곡물을 주식으로 했던 아시아인들에게는 성인병이 거의 없지 않았는가. 앞에서 인류가 곡물을 주식으로 삼은 기간이 고작(?) 1만 년밖에 안 된다고 했지만, 그래도 9800년까지는 그나마 곡물만 예전에 비해 많이 먹었을 뿐이다. 하지만 남은 그 200년의 전반 100년 동안에는 사탕무에서 대량 생산이 가능해진 설탕을 쉽게 섭취하기 시작했고, 후반 100년 사이에는 마치 미친 것처럼 지방과 단백질을 위에 쏟아부었다. 그 결과 지난 100년 사이에 가파르게 질병 전성 시대에 도래했다. 육류, 특히 자연 그대로가 아닌 가공 처리 형태의 육류를 섭취한 것이 질병 도래의 우두머리 범인으로 지목되고 있다.

왜 육류가 우두머리 범인으로 몰렸는지는 단백질 부분에서 다시 말하도록 하겠지만, 이 우두머리의 포악성을 증가시킨 것은 그 옆에 찰싹 달라붙은 '당'들이다. 우두머리가 자연적으로 배설될 수 있음에도 당이 끈질기게 붙어버리는 바람에 '최종당화산물'로 둔갑해서 우리 몸에 오래 남아 있게 되었고, 그 결과 건강한 세포들이 자유롭게 활동을 하지 못하게 된 것이다. 그다음은, 다들 알다시피, 병에 걸린다. 예전에는 못 먹어서 병에 걸렸다면 지금은 너무 잘 먹어서 병에 걸린다는 말이 괜히 나오는 게 아니다.

단맛이야말로 가장 세상 살맛에 가깝다. 최대한 안 먹도록 하되 융통성 있게 섭취하도록 하자. 하물며, 밀가루와 설탕을 끊었다던 앞의 젊은이가 결국 당의 유혹에 굴복했다 해도 절대로 포기하지 말고 다시 시작하면 된다. 젊었을 때는 기저 질환이 없다면 생체 항상성 기제가 온전히 가동되기 때문이다.

젊은이들이 이렇게 운이 좋은 이유에 대해, 유전자가 다음 세대로 넘어가기 위해 가임기 인간들을 격하게 아껴서라는 재미난 해석을 읽은 적이 있다. 가임기, 즉 유전자가 자신의 생존이 충분히 확보될 만큼 유전자를 복제하는 시기가 지나면 '에이 쓸데없다'며 신경 쓰지 않는다는 둥, 할머니가 할아버지보다 오래 사는 이유가 자신(유전자)을 담고 있는 손주를 돌봐서라는 둥 2탄도 있다. 해석이야 얼마든지 재미있게 해볼 수 있겠지만, 첫 늙음 이후에 당의 유혹에 넘어간 몸을 되돌리려면 너무 많은 시간이 걸린다는 '사실'은 재미로 들을 부분이 하나도 없다. 우리에겐 항상 시간이 문제이지 않은가.

한 지붕 두 지방

'지방 대란'이라 불릴 정도로 지구촌을 떠들썩하게 했던 지방의 유해성이 알려진 것은 심장병 환자들의 심장 동맥 벽에 콜레스테롤이 잔뜩 몰려 있는 것이 밝혀지고 나서였다. 이때부터 지방은 절대로 먹으면 안 될 물질로 지정되었고 모든 식품에 저지방, 무지방 라벨이 붙기 시작했다. 하지만 모든 일이 그렇듯이 철석같던 견해에도 이견이 나오기 시작했다. 사실, 조금만 생각해보면 충분히 고려할 수 있는 부분이었는데, 콜레스테롤 수치가 높은데도 심장병에 걸리지 않은 사람들, 반대로 콜레스테롤 수치가 정상인데도 심장마비로 희생된 사람들, 저지방식을 하는데도 심장병에 걸린 사람들같이 모순되는 자료들을 다 설명할 수 없기 때문이다.

그러면서 알려진 것이 지중해식 식단이었다. 지중해 연안의 사람들이 올리브유가 들어간 고지방식을 먹는데도 심장병에 걸리지 않는다는 사실이 밝혀지면서, 지방에도 좋은 지방과 나쁜 지방이 있으며 성인병은 나쁜 지방 섭취가 원인이라는 결론에까지 이르렀다. 또한 동맥 벽에 콜레스테롤이 쌓이는 것은 염증 때문이며 콜레스테롤 자체가 심장병의 원인이 아니라는 주장도 제기됐다. 어느 책에서 이 주장을 아주 이해하기 쉽게 설명했던 기억이 있는데, 불이 난 건물에 소방차가 잔뜩 몰려 있다 해서 소방차를 화재의 원인이라 볼 수 없지 않느냐는 내용이었다. 소방차는 불을 끄러 온 것일 뿐 불난 원인이 따로 있듯이, 심장에 콜레스테롤이 몰려 있는 것은 다른 이유로 심장 내벽이 손상되어서 그런 것인데 다른 이유

를 찾을 생각은 하지 않고 지방에게만 '누명'을 씌워왔다는 것
이다.

사실 콜레스테롤은 우리 인체 세포들의 세포막을 구성하는
기본 물질이다. 또한 뇌의 신경세포, 즉 뉴런을 감싸는 기본
물질이며 호르몬과 비타민 D, 담즙산을 만드는 데 필요하고
인체 내 손상된 조직을 수리하고 재생하는 필수 물질이다. 무
엇보다도 지방은 우리의 주요 열량 공급원이다. 탄수화물을
많이 먹어도 허기질 때가 있지만 지방을 먹으면 배 속이 든든
하다. 물론 좋은 지방을 먹어야겠지만 말이다.

좋은 지방과 나쁜 지방에 대해서도 이제는 상식 수준으로
알고들 있다. 동물성 지방, 튀긴 기름, 버터, 마가린 등의 트
랜스 지방과 포화 지방은 나쁜 지방이며, 식물성 기름, 견과
류, 생선에 들어 있는 지방 등 불포화 지방은 좋은 지방으로
분류되고 있다. 하지만 이런 단순 분류로 안심할 수 없는 게,
식물성 기름 또한 유해성이 밝혀졌기 때문이다. 콩, 옥수수,
카놀라 등은 분명 식물이지만 원래 지방이 거의 없는 데서 기
름을 뽑아내려니 수많은 가공 과정과 헥산 용매 사용, 표백
탈취, 정제 과정을 거친다고 한다. 아무리 '100% 콩'을 사용한
다 해도 제조 과정에서 엄청난 유해 물질이 첨가된다는 말이
다. 하물며 카놀라는 자연 식물이 아니라 캐나다에서 '전통적

인 육종 방법'으로 개발한, 즉 유전자 변형 작물이다.

식물성 기름 중 올리브유는 제조 과정에서 열을 가하지 않고 천연 압착 방법을 쓴다는 면에서 상대적으로 안전하다고 간주되고 있으며 실제로 많은 건강 전문가들이 올리브유를 건강 식품으로 추천한다. '올리브'에 잔뜩 들어 있는 폴리페놀 성분이 항염증 작용과 세포 자정 작용을 한다는 점도 밝혀진 바 있다.

하지만 『지방이 범인』의 저자인 콜드웰 에셀스틴은 올리브유의 14~17%가 '포화 지방'으로 소고기나 닭고기의 지방과 똑같이 심장에 나쁘다고 말하면서 지중해 식단의 핵심은 올리브유가 아니라 통곡물과 채소라고 주장한다. 반면 『오래도록 젊음을 유지하고 건강하게 죽는 법』의 저자인 스티븐 R. 건드리는 올리브유의 대부분인 올레산이 '불포화 지방'으로 되어 있어 건강에 유익하며 자신은 올리브유를 먹기 위해 채소를 먹을 정도라면서 1주일에 1리터의 올리브유를 먹으려고 노력한다고 말한다. 모두 유명한 베스트셀러인 두 책에서 언급하는 내용만 간추려도 이렇게 대립적이다. 두 책의 내용이 모두 맞다면 '대부분'은 불포화 지방이지만 '일부분'은 포화 지방이라니, 우리는 일부분의 유해성에 초점을 맞춰야 할까, 대부분의 유익성에 초점을 맞춰야 할까.

'대략 15%만 포화 지방이라는 거잖아. 좋은 성분의 비율이 더 높잖아. 까짓 거 먹지 뭐'라고 생각하면 저지방, 혹은 무지방 주창자들이 "담배를 하루에 3갑 피우는 사람이 1갑만 피면서 문제없다고 하는 것과 뭐가 다르냐"고 하는 말이 걸린다. 에셀스틴은 강연 시 연단에 서자마자 청중들에게 손나팔을 대고 "노 오일! 노 오일!"을 크게 외친 것으로 유명하다.

반면 15%의 유해함도 찝찝해서 아예 안 먹으려 하면, 지방 필수 섭취 주창자들이 '좋은 지방(올리브유 등)'을 먹지 않으면 탄수화물을 너무 많이 먹게 될 뿐 아니라 건강에 유익한 필수적인 대사 과정이 일어나지 않게 되어 염증성 질환이나 치매에 걸리기 쉽다고 겁을 주는 말들이 떠오른다.

내가 읽어본 책들에서는, 심장병 전문가들은 올리브유도 위험하다고 보는 반면 치매 전문가들은 올리브유를 반드시 먹어야 한다고 주장한다. 앞의 전문가들은 콜레스테롤 수치와 지방의 관련성에 대한 근거를 제시하고, 뒤의 전문가들은 나이가 들면 포도당 대사에 문제가 생겨 뇌가 충분한 연료를 사용하려면 지방이 필수적이라는 근거를 제시한다. 영양 전문가를 포함한 관련 전문가들이 끝장 토론을 한번 해주었으면 하는 바람이 있다. 하지만 이 토론은 웬만해서는 '끝장'나지 못할 수 있다. 싱클레어는 최고의 식단이 무엇인지는 세계 최고의 영양학자들 사이에서조차 의견이 갈리는데, 그 이유는 사람들이 각양각색이라 최고의 식단이라는 것이 아예 없기 때문일 가능성이 높다고 했다.

따지고 보면, 과학 자체가 완벽하지 않은데 굳이 식품계에만 요구하는 것도 합당하지는 않다. 대립적 견해들은 올리브유의 경우에만 나타나는 게 아니라 모든 식품에서 나타난다. 예를 들어 장수 유전자로 한때 엄청난 관심을 불러일으켰던 '레스베라트롤'이 레드 와인에 들어있다는 것이 알려지면서 와인 판매량이 급속도로 늘어났다. 와인 애호가들이 특히 두 팔 벌려 환영한 것은 물론이다. 하지만 동물 실험에서 나타난 수명 연장 효과를 인간에게서도 보려면 하루에 마셔야 하는 양이 엄청나다는, 심지어 하루에 1000병을 먹어야 한다는 후속 연구들이 발표되면서 난감한 입장에 처하게 되었다. 그럼에도 기어이 레드 와인을 먹으면서 수명을 연장시킬 것인지, 수명은 연장되었지만 술에 절어 뇌 세포가 파괴되고 손을 떨며 하루에 1000병씩 와인을 먹는 바람에 가산을 탕진할 것인지, 선택을 해야 했기 때문이다.

물론 사람들은 제3의 선택을 가장 많이 했다. 레스베라트롤 알약을 먹는 방법 말이다. 가산을 탕진할 필요도 없으면서 수명 연장의 꿈은 계속 꿀 수 있었다. 하지만 당신의 돈은 조금 지킬지 몰라도 상업적 제약 회사를 재벌로 만들어주는 이 선택의 가장 큰 문제점은, 합성 알약은 기대하는 효과를 거의 낼 수 없을 뿐 아니라 오히려 위험할 수도 있다는 것이다. 이에 대해서는 지금까지 몇 차례 언급했으므로 기억이 나지 않는다면 돌아가서 읽어보시기 바란다.

어쨌든 올리브유 얘기를 정리는 해야겠다. 싱거운 결론이라 미리 죄송하다는 말씀을 드리며, 섭취 유무나 섭취량에 대한 명확한 답이 나오기까지는 '각양각생'의 대처를 할 수밖에 없다. 이를테면 콜레스테롤이 높은 사람은 이미 의사로부터 저지방, 무지방 식단을 권유받았을 테니 '치매 예방'의 이유로 지방식을 먹는 위험 부담을 감수할 수는 없으리라 생각한다. 하지만 건강상의 심각한 문제가 없는 사람이라면 소량의 지방을 섭취하여 치매 예방도 신경 써보면 좋을 것 같다. 물론, 가능하면 식물성 지방을 먹고, 이조차에도 절대적인 가치를 두지 말고 자신의 몸 상태를 봐가며 실행해야 할 것이다. 적어도 돼지 비계로 지글지글 구운 녹두전보다는 올리브유에 담백하게 구운 녹두전이 더 안전하지 않겠는가. 녹두전은 기름을 많이 잡아먹으므로 담백하게 굽는다는 게 어렵지만 말이다.

어느 식도락가가 유명한 녹두전 가게에 오랜만에 갔더니 외국인들도 줄 서서 먹을 정도로 더 유명해져서 흐뭇했지만, 녹두전을 아예 후라이드 치킨처럼 튀기는 것을 보고 질색을 하고 나와버렸다는 말을 한 적이 있다. 기름이 귀했던 예전에는 돼지비계로 전을 부칠 수밖에 없었지만 평소에 섭취하는 지방이 워낙 적었기 때문에 큰 문제가 없었다. 하지만 지금은 그 '비싼' 기름을 한 스푼도 아니고 한 깡통을 들이부어 튀기는 음식이 태반인데, 그렇게 기름을 후하게 쓸 수 있는 것은 유전자 변형 식물에 온갖 화학 작용을 거쳐 만든 '싼' 기름일 가능성이 높다. 그런 기름에 들어갔다 나온 음식이라면 명절에 한 번은 먹을 수 있겠지만 매일 같이 먹을 수는 없지 않겠는가. 그 정도의 기준만이라도 아예 모르는 것보다는 절대적으로 유익하다.

'각양각생'의 의미를 허무하게만 받아들이지 말자. 우리 건강을 한 알의 알약만으로 해결할 수 없다는 사실에 대한 명징한 징표로 받아들이자. 그렇게만 해도 음식과 약에 대한 사소한 고민들과 잡 지출, 에너지 낭비, 시간 낭비가 훌쩍 줄어든다. 그래도 허무함이 남아 있다면 데이브 아스프리의 인생 경로를 살짝 따라가보면 어떨까 싶다.

아마존 선정 최고의 건강서로 뽑히며 전 세계에 '방탄 커피'

를 알린 『최강의 식사』의 저자인 아스프리는 140kg의 뚱보였던 데다가 몸이 완전히 망가졌지만, 어느 날 새롭게 마음을 먹고 세상의 좋다는 모든 다이어트 방법을 직접 실험하며 계속 모니터링하면서 마침내 자신의 몸에 가장 잘 맞는 방법을 찾아냈다. 자신의 몸에 '바이오 해킹'을 했다고 말했을 정도다. 그 결과 그는 개인적으로 건강과 행복을 얻게 되었을 뿐 아니라 4년 연속 북미 NO.1의 건강 팟캐스트로 선정될 만큼 부와 명예를 누리고 있다.

아스프리가 했듯이 지금부터 지방을 조금씩 먹든지, 혹은 안 먹든지 하면서 10년 넘게 당신의 생체 지표를 추적해보면 어떻겠냐는 말이다. 당신이 오랜 기간 살펴본 생체 지표는 특히 당신의 자녀들에게 큰 도움을 줄 것이다. 당신의 유전자를 압도적으로 공유하고 있으니 말이다.

마지막으로, 앞에서 콜레스테롤이 심장병의 원인이 아닐 수도 있다는 주장이 있다고는 했지만, '산화된' 콜레스테롤은 100% 혈관에 상처를 입히고 혈소판을 혈관 벽에 달라붙게 하므로 정말 조심해야 한다. 오메가3가 갑자기 급부상한 것도 이 지방산이 몸에서 염증 반응을 조절한다는 이유 때문이었다. 하지만 누차 얘기했듯이, 안 좋은 것 많이 먹고 좋은 것으로 순화하려는 습관은 이제 그만하도록 하자. 좋다는 오메가 3도 부작용이 적지 않은데 굳이 여기 옮기면서 기분이 다운되고 싶지 않다. 궁금하신 분들은 검색해보면 바로 알 수 있으니 자신이 조심해야 할 부분이 있는지 점검해보기 바란다.

기분이 다운되는 것에는 '혹시나' 했다가 '역시나'로 되어버리는 상황들에 질려서도 있지만, 사람들에게 잘못된 정보를 주었을지 모른다는 염려가 상기되기 때문이다. 나 또한 좋은 제품에 대한 설명글이나 써본 사람들의 입소문에 혹했던 적이 있었다. 그래서 노년기 강연 때 알게 모르게 오메가3, 비타민 D 등에 대해 좋은 점 위주로 얘기했을 가능성이 있다. 오메가3 같은 제품은 한때 스승의 날마다 선물로 주고받았고 지금도 '착한 지방'의 별명을 갖고 있을 정도니 초창기의 붐은 굉장했다. 하지만 무식했고 신중하지 못했다. 아직도 그 무식함에 일자(一子)도 더 유식해진 것이 없다. 오히려 정보는 더 많아져 혼란만 증가된 상태다.

지금 나는 시중에서 판매하는 어떤 제품에도 희망을 갖지 않는다. 앞에서 소개했던 커즈와일이 먹는다는 약들 중 나는 단 한 개도 검색하거나 구입한 적이 없다. 커즈와일이 그 많은 약을 먹어서 2045년에 영생을 얻게 되고 나는 안 먹어서 그런 결과에 이르지 못한다 해도 그건 그의 운명이고 용감함이고 복이라고 생각한다. 70세가 넘고 아이들이 다 독립한 후 커즈와일이 "당신이 한국인 샘플로 선택되었습니다. 모든 영양소는 무상으로 제공되며 당신의 생체 지표는 일주일에 한 번씩 당신 집 상공에 떠 있는 드론에 손목 혈관만 스캔해주면 완벽하게 분석됩니다"라는 메일을 보낸다면 한번 고려해볼 용의는 있다. 하지만 커즈와일은 그런 돈을 내게 쓸 일이 없을 것이다. 아마도 자기 돈 내면서 커즈와일의 방법을 따라하고 있을 미국의 백만장자들이 꽤 많을 것이기에. 어쩌면 한국의 재벌들 중에서도.

나는 자연의 물질만으로 건강하게 살면 다행이고 만약 안 된다면 할 수 없다고 생각하기로 했다. 자연에서 오메가3를 얻을 수 있는 것에는 생선, 견과류, 들깨, 들기름, 퀴노아, 아마씨 등이 있다. 자연에는 이미 답이 있다. 오메가3를 필수적으로 섭취할 필요가 없을 정도로 포화 지방을 가능한 한 먹지 않고, 불포화 지방, 특히 식물성 지방을 적정선으로 먹으면서 자연에 있는 답을 꾸준히 찾아보도록 하자.

당신은 한 지붕 두 지방을 알고 있는가. 그중 어떤 것을 많이 먹고 있는가. 그리고 선택한 지방을 어떤 형태로 취하고 있는가. 간단해 보이지만 당신의 건강 상식 수준, 건강에 대한 태도를 알 수 있는 질문이다. 답을 해본 후 당신의 몸과 마음이 모두 받아들일 수 있는 최상의 방식을 선택해보기 바란다.

단백질의 변심

식품 신호등에서 단백질을 노란색에 놓은 것은 필요 이상 과다 섭취를 하면 오히려 독이 되기 때문이다. 물론 독이 된다는 것은 동물성 단백질, 특히 그중에서도 육류에 해당하는 얘기다. 지방만큼은 아니었지만 단백질 또한 그 위해성에 대한 갑론을박이 상당했다. 게다가 지방은 심장병을 일으키는 범인이라는 낙인이 확실히 찍혔던 과거가 있었기에 '덜 먹어야 한다'는 인식이 쉽게 형성된 반면, 단백질은 그런 인식에 저항이 더 심했다. 다른 나라도 그렇겠지만 특히 우리나라에서는 고기가 최상의 식품으로 대접받는다. 손님상이든 연회석이든 하이라이트는 언제나 고기다. 육류 섭취의 문제가 거론되어도 노인들은 고기를 먹어야 힘이 생긴다며 그 애정이 상당하다.

이런 경우 어떤 기준에서 판단을 해야 할까. 나 같으면 오랜 기간에 걸쳐 대규모 대상으로 실시한 연구 결과를 토대로 판단할 것이다. 콜린 캠벨의 『무엇을 먹을 것인가』가 그런 책이다.

콜린 캠벨은 미국 코넬대학교 명예교수이자 미국 암 연구협회 회장으로, 40년 이상 영양학과 건강 분야, 식이요법과 암에 대한 연구를 해오면서 세계 최초로 발암 물질인 다이옥신과 아플라톡신의 독성을 발견한 사람이다. 그의 업적 중에서도 가장 유명한 '중국 프로젝트(China study)'는 중국의 '암 지도'를 규명한 것으로, 《뉴욕타임스》로부터 역학 및 영양학 분야의 가장 포괄적이고 광범위한 연구라는 평가를 받으면서 질병 역학의 그랑프리라는 찬사를 받았고 관련 논문만 300개가 넘는다.

캠벨의 책이 미국에서 2006년에 발간되었음에도 내가 읽은 것은 한참이 지난 2018년으로 늦은 감이 있지만, 앞으로는 또 어떨지 모르겠지만, 단백질 섭취에 대한 혼란과 미련을 완전히 정리할 수 있었다. 나는 채식주의자가 아닌 채식 선호자로, 그의 책을 늦게 읽게 된 이유도 평소 육식을 많이 하지 않기에 '단백질'에 관한 책에는 관심이 별로 없었기 때문이다. 그저 일반적으로 알고 있는, 고기를 많이 먹으면 암에 걸리기 쉽지만 너무 안 먹어도 영양 균형에 문제가 있으므로 어느 정도는 먹어야 한다는 점만 고수하고 있었다. 하지만 그의 책을 읽은 후에는 영양 균형을 위해 먹어야 할 단백질의 양은 우리가 생각하는 것보다 훨씬 적다는 것을 확신하게 되어 마음이 가벼워졌다. 아울러 이 책을 좀 더 일찍 읽었다면 좀 더 많은 사람들에게 도움이 될 만한 정보를 전해줄 수 있었을 것이라는 아쉬움이 크다.

캠벨은 중국 과학자들과 '중국 프로젝트'를 실시하던 중 정작 자국의 현황과 비교하게 되었고, 왜 미국은 중국보다 암 발생률이 압도적으로 높은지 의문을 갖게 된다. 뿐만 아니라 관상동맥 심장 질환 사망률도 미국인 남자가 중국의 농촌 남자보다 열일곱 배나 높았다. 심지어 중국의 일부 지역에서는 64세 이전에 이 질병으로 목숨을 잃은 사람은 한 명도 없었다. 그는 "멍청한 사람이 아니고서야 이런 결과의 의미를 모를 수 없다"고 말하면서 그 원인을 육식을 통한 고단백질 섭취로 결론 내린다. 그가 경고하는 '고단백질'에는 고기뿐 아니라 우유도 포함된다.

캠벨이 이런 결론에 빨리 이르게 된 것은 이전에 다년간에 걸쳐 실시했던 필리핀 연구 프로젝트의 영향이 컸는데, 필리핀 어린이들의 간암 유병률을 조사하던 중 간암의 원인으로 밝혀진 아플라톡신이 실제 암으로 발현되는 비율이 '놀랍게도' 단백질을 많이 섭취한 집단에서 네 배나 더 높았다. 그는 자신의 연구 결과들을 통합하여 필요 이상의 단백질은 암 발생을 껐다 켰다 하는 '암 발생의 스위치' 역할을 한다고 강력하게 주장한다. 여기서 '필요 이상'의 기준은 하루 섭취 칼로리의 10% 이상으로 단백질을 섭취한다는 뜻이다. 일반인들이 통상적으로 생각하는 것보다 상당히 적은 분량이다. 단백질의 위해성을 다룬 논문이나 책은 많지만 원인을 서술적 차원에서 다룬 것이 대부분인 반면, 과학적이고 객관적인 정보를 제공했다는 면에서 캠밸의 연구는 가치가 있다. 그는 여기서 그치지 않고 그 자신이 주류 영양학자이자 교수임에도 불구하고 우유나 육식이 번성하게 된 것에 국립과학원의 '식품 및 영양위원회'가 육류 및 유제품 산업의 영향 아래 있다는 사실도 까발린다.

흥미로운 사실은 캠벨이 낙농업자의 아들이라는 것이다. 고기를 예찬하는 집안에서 하루 세 끼 고기를 먹고 자랐다고 말하는 그는 자신이 태어나고 자란 뿌리를 부정(?)하면서까지 용기 있게 고단백질 식이법의 폐해를 차근차근 밝힌다. 그래서 그의 주장에 더욱 신뢰가 간다.

그의 책에 나오는 또 하나의 인상적인 내용은 소크라테스와 플라톤이 그 옛날에 육식으로 인해 질병이 만연하고 폭력과 분쟁, 전쟁이 촉발될 거라는 경종을 울렸다는 부분이다. 심지어 육식의 증가로 인해 먼 훗날(지금) 어떤 직업이 인기 있을지를 예상한 부분도 한 치의 오차 없이 들어맞는다. 그들이 예상했던 그런 사회에 우리가 살고 있음을 알게 되어 놀랍다는 생각과 함께 '우리 계속 이렇게 살아도 될까?' 하는 두려움의 감정도 생긴다.

다시 단백질 얘기로 돌아가자. 초등학교 고학년만 되어도 배우는 단백질의 역할, 즉 '우리 몸을 구성하는 기본 요소이고 특히 근육의 재료로써 신체의 성장과 발달에 중요한 역할을 한다'는 것을 새삼 말할 필요는 없을 것이다. 그토록 훌륭한 단백질이 무슨 문제를 일으킨다는 것일까.

그 비밀은 우선, 단백질이 유전자 정보를 전사하는 매개체이며 호르몬, 효소, 항체의 구성 성분으로서 극도로 미세한 수준에서 기능하기에 손상에 매우 취약하기 때문이다. 두 번째로는 단백질이 배출이 어렵고 잘 쌓이며 곧잘 변형되기 때문인데 특히 '과잉' 섭취했을 경우 이런 문제가 발생하는 것으로 밝혀졌다. 알츠하이머 치매 환자의 뇌 신경세포 바깥에 빽빽이 쌓여 있는 물질이 바로 '아밀로이드판'이라 불리는 '단백질'이며 또 다른 치매 지표인 '신경 섬유 매듭' 역시 '단백질' 섬유들이 뒤엉킨 덩어리다. 해마와 전전두피질에서 이런 단백질의 쌓임과 변형이 특히 두드러지는데, 이는 치매환자들의 주 증상인 기억력과 사고력 저하를 설명해준다. 해마와 전전두피질이 이 능력을 담당하는 영역이기 때문이다.

최근 치매 관련 연구나 서적들에서는 '단백질 접힘'이라는 용어를 자주 보게 된다. 단백질이 제 기능을 하려면 한 줄로 늘어선 아미노산 사슬이 '접힘' 과정을 통해 마치 종이접기 같은 독특한 배치를 이루어야 한다고 한다. 그런데 분자 결합으로 단백질이 '잘못' 접히면 좀 전에 말했던 신경 섬유 매듭 같은 유해한 덩어리가 형성된다는 것이 밝혀졌다. 캔델은 알츠하이머 치매, 파킨슨병, 헌팅턴병, 이마관자엽 치매, 크로이펠츠야콥병, 만성외상뇌병증 모두 동일한 분자 메커니즘, 즉 '잘못 접힌' 단백질이 관여하고 이런 덩어리들이 신경 세포의 죽음을 가져온다고 말했다. 아울러 단백질 접힘의 오류 과정을 예방하거나 되돌릴 수 있는 지점들을 찾아내는 것을 치매 치료의 한 방향으로 제시했다.

광우병으로 인해 일반 사람들도 꽤 알게 된 '프라이온' 또한 단백질이 잘못 접힌 상태다. 그런데 프라이온은 한 가지 더 심각한 문제를 갖고 있다. 이 용어 자체가 단백질을 뜻하는 프로틴(protein)과 감염성을 뜻하는 인펙셔스(infectious)에서 합성되었듯이, 잘못 접힌 단백질이 전염처럼 퍼져나갈 수도 있음을 내포하고 있다. 질병이 박테리아나 바이러스를 통한 감염뿐만 아니라 전염성 단백질을 통해서도 옮길 수 있음을 처음 증명한 스탠리 프루시너는 그 공로로 노벨상을 받았다. 알고 보면 무서운 단백질의 세계다. 물론 모든 단백질이 아니라 과잉 단백질과 변성 단백질이 그렇다는 말이다.

정상적으로 기능하던 단백질도 '잘못 접힘' 상태가 되어 변성됨으로써 많은 질병을 일으킨다면, 처음부터 변성 단백질을 섭취한다면 어떤 일이 벌어질지 생각만 해도 버겁다. 많은 식품, 심지어 시판 간장과 아이들이 먹는 과자에도 첨가물로 들어 있는 가수분해 단백질, 가수분해 식물성 단백질, 대두 단백질, 대두 단백 농축액, 분리대두, 카세인염, 자기 분해 이스트 효소 등 우리가 알게 모르게 먹는 변성 단백질이 엄청나다.

단백질 섭취의 측면에서만 본다면 진성, 변성 합쳐서 하루치의 섭취량은 차고 넘칠 수도 있다. 이름만 들어도 기분이 나빠지는 '변성' 쪽을 빼고라도 밀가루와 쌀에도 단백질이 들어 있으니 말이다. 물론 동물성 단백질도 반드시 먹어야 한다는 주장도 많으며 그 논거도 타당하다. 다만 변성 단백질은 식물보다 동물에 더 많을 수밖에 없다. 좁은 곳에서 성장 촉진제와 항생제까지 투여받으며 사육된 소, 돼지, 닭 등이라면 더할 것이다. 식물이라도 농약을 많이 치거나 유전자 변형된 것이라면 변성의 위험은 마찬가지로 높아질 것이다.

이런 글을 읽다 보면 '그래서, 어쩌라고' 하는 생각이 들며 기분이 나빠질 것이다. 현대 사회에서는 누구나 안 좋은 것을 먹을 수밖에 없지 않은가. 오지에서 스스로 콩을 키워서 천연 간수로 간장까지 만들어 먹고 산다면 모르지만. 이런 점에서 보면 인간은 영생이 불가능하다. 입 속으로 들어간 그 수많은 물질이 혈류를 막고 세포를 잠식하는 것을 막는 게 불가능할 테니 말이다. 그래도 최대한 자연에서 난 그대로의 식품을 많이 먹고 그렇지 않은 것은 최소한으로 먹어야 한다. 그 이유는 영생하기 위해서도, 아주 오래 살기 위해서도 아니며, 그저 사는 한 건강하게 살기 위해서다. 그러다 보면 9988234, '99세까지 팔팔하게 살다가 이삼 일 아프다가 죽는다'는, 노인들의 '로망'에 좀 더 다가갈 수도 있다. 하지만 우리의 일차 목표는 앞의 숫자 99가 88이나 77로 바뀌더라도 88234는 가능한 한 지켜내는 것이다.

그동안에는 99에만 가치를 두었다면 이제부터는 88234에 더욱 신경 써야 한다. 그러다가 가끔씩은 또 '희망적인' 얘기에도 귀 기울여보고 말이다. 매일 먹는 '그 나물에 그 밥'에 지쳐 한 번씩 별식을 먹으면 기분 전환이 되듯이.

앞에서 언급했던 싱클레어는 이런 '별식'을 기분 좋게 전해주는 학자다. 그는 『노화의 종말』에서 사피엔스는 다른 종들과 달리 긴 수명이 진화되는 것을 막았던 식량, 영양소, 물에 관한 문제를 해결해왔기 때문에 조만간 수명을 세 배 늘릴 수 있을 것이고 그날을 "그렇게 오래 기다릴 필요는 없을 것이다"라고 자신 있게 말한다. 게다가 그는 이런 얘기를 추상적으로 하는 게 아니라, 분자생물학자답게 "나의 연구실에서는 늙은 생쥐의 미토콘드리아 기능을 회복시키는 일이 놀라울 만큼 간단하다"라는 말을 통해 실증적으로 전해준다. 그래서인지 미래의 노화에 대해 놀라울 만큼 희망적으로 말하는 것은 1장에서 언급했던 커즈와일과 똑같지만, 좀 더 설득력 있게 다가온다. 그는 더 나아가, 복제 동물 실험에서 증명되었듯이 우리 세포는 늙어도 젊었을 때의 디지털 정보를 갖고 있으며 그저 '긁힌 자국을 제거할 광택제'를 찾기만 하면 되며, 또 찾을 수 있다고 확신에 차서 말한다.

그가 자신 있게 전망하는 미래가 당신과 나의 생전에 펼쳐질지는 알 수 없지만 그런 별식을 한 번씩 접하면 우리가 먹는 것에 조심하는 것이 절대로 부질없어 보이지 않는다. 만에 하나 그런 찬란한 미래가 펼쳐지더라도, 우리가 건강하게 살아 있어야 누릴 수 있을 테니 말이다. 이 목표를 이루는 데 단백질, 특히 동물성 단백질을 지나치게 많이 섭취하지 않도록 신경 써야 한다는 점을 명심하도록 하자. 물론 이는 단백질에만 해당하는 것이 아니라 지방에 대해서도 마찬가지다.

파랑색 식품 신호등; 식물식과 소식

필수적이면서도 안전한 식품이 무엇인지에 대해서는 책을 통해서든 텔레비전을 통해서든 이미 엄청나게 많은 정보를 접할 수 있다. 모든 이론과 주장은 타당성을 갖고 있으며 개인의 상황과 신념에 따라 선택하면 될 것이다. 그런 선택에 또 하나의 혼란스러움을 얹고 싶지는 않기에 여기서는 원 포인트만 추가하려 한다. 내가 파랑색 식품 신호등을 부여한 기준도 이 포인트에서다.

독자들이 눈치 채셨는지 모르겠지만 앞에서 이야기한 탄수화물, 지방, 단백질의 위해성들에는 공통점이 있다. 들러붙는다(탄수화물), 달라붙는다(지방), 쌓인다(단백질)는 식으로 표현은 각각 달리 했지만 모두 체내에 축적되고 배출이 잘 되지 않는다는 점이다.

현대 사회에서는 완전무결한 음식만 먹는다는 게 불가능하다. 그렇다면 차선은 최대한 배출을 잘해야 한다. 완전식품을 먹는다 해도 소화 과정에서 불가피하게 산화 과정이 일어나니, 그렇지 않은 식품을 많이 먹을 수밖에 없는 환경에서 배출의 중요성은 더욱 크다.

음식이든 약이든 '먹는 것'의 차원에서 보면 그동안에는 '무엇을' 먹어야 좋은지에 관심을 기울여왔다. 그 결과 수백, 수천 가지의 식품과 제품이 거론되었으며 앞에서도 얘기했듯이 어버이날이나 스승의 날이면 보은용으로 날개 돋친 듯 팔려나가기도 했다. 하지만 지금은 '어떻게 하면 나쁜 것을 덜 먹고 몸에서 빨리 내보내는가'의 관점으로 옮겨졌다. 지금은 '해독의 시대'다.

참으로 반가운 소식은 신체가 해독 기능, 혹은 자정 기능을 이미 갖고 있다는 것이다. 다만 그 기능은 밤에 본격적으로 작동되므로 저녁을 가능한 한 일찍 소식으로 먹고, 가능한 한 일찍 잠들어야 밤 사이에 해독 기능을 담당하는 면역군들이 짠! 하고 나타나서 우리 몸을 청소한다. 면역군의 활동을 방해하는 것은 몸 안에서 파티가 벌어졌을 때다. 성(城) 안에서 닭다리를 뜯고 술을 퍼 마시는, 담배 연기 자욱한 중세 시대의 만찬장을 떠올려보자. 이는 몸 안에서도 그대로 재현되는 모습이다. 면역군은 이런 상황에서는 아직 자신들의 시간이 아니라고 판단한다. 그래서 성 밖에 진을 치고 있다가 새벽이 되면 아무 일도 하지 못한 채 회군한다. 다음 날에도 한번 와보지만 성 안의 잔치는 계속되어 또 회군한다. 그러다 보면 이 성 자체를 포기하기도 한다. 간혹 연민이 가득한 면역군들이 한번 들어와 보지만 청소할 게 너무 많다 보니 결국에는 포기하게 된다. 그렇게 몸이 버려지면 그다음은 할 수 있는 일이 별로 없게 되는 것이다.

몸을 성으로 비유했을 때, 성을 사수하기 위해 해야 할 일은 크게 두 가지다. 하나는 청소할 것이 많지 않도록 하는 것, 또 하나는 면역군이 자기 할 일을 잘하도록 여건을 만들어주는 것이다. 앞의 경우에 도움이 되는 것이 식물식과 소식이고 뒤의 경우를 지원하는 것이 장내 유익균 증진인데 굳이 구분할 필요는 없다. 이 모두는 서로 맞물려 호혜적 효과를 낳기 때문이다.

먼저 식물식에 대해 얘기해보자. 붉은 살코기와 동물성 지방이 좋은 영양 성분을 갖고 있다 해도 소화되는 데 시간이 많이 걸리기 때문에 장에 오래 머물게 된다는 치명적인 문제가 있음을 다들 알 것이다. 그러면 대장 점막세포가 손상되면서 암세포가 발생하기 좋은 환경이 만들어진다. 이 문제의 해결사가 바로 식물식이다. 식이섬유가 많이 든 채소와 과일은 장의 기능을 활성화하여 음식물이 장을 통과하는 시간을 단축시킨다. 심지어 어떤 식물들은 왜장을 끌어안고 물에 빠진 논개처럼 여러 발암 물질을 '끌어안아' 신속하게 대장을 통과하기도 한다.

식물식을 먹으면 익힌 육식에는 없는 천연 효소를 섭취할 수 있다는 것 또한 중요한 부분이다. EBS 다큐멘터리 「맛의 배신」에도 출연한 적 있는 유타주립대학의 행동생태학과 명예교수인 프레드 프로벤자는 파이토케미컬이나 생화학 성분이 풍부한 음식을 충분히 먹으면, 세포와 신체 기관들의 피드백 메커니즘이 욕구가 충족되었다고 알려주기 때문에 절대로 과식하지 않게 된다고 말한다. 반면 고도로 정제된 식품을 먹을 때는 세포와 신체 기관의 욕구가 충족되지 않아서 자꾸 더 먹으려고 하는데 이것이 과식의 원인이라는 것이다. 결국 과식의 원인은 영양소 부족이라고 할 수 있다.

식물식에 대한 호불호가 어떻든 어차피 당신이 심하게 아프거나 죽음 직전의 상태에 놓이게 되면 마지막에는 식물식, 즉 쌀로 만든 미음을 먹게 될 것이다. 그러니 일찌감치 이쪽

맛을 길들여놓는 게 백번 이롭다. 혀에서부터 거부하면 곤란하니 말이다. 40세 이후 동물성 단백질을 아예 끊으라고까지 말하는 극단적인 주장은 받아들일 수 없더라도 식물식에 무조건 친해지고는 봐야 한다.

야채와 과일 등의 식물식은 질병으로 힘들어하는 인류에게 남겨진 마지막 보루라는 생각이 든다. 특히 해독 면에서 탁월하다. 그렇다고 식물을 만만하게 봐서는 안 된다. 모든 식물식이 안전하지는 않기 때문이다. 쑥떡을 먹었을 뿐인데 호흡이 가빠지는 사람이 있는가 하면 사과를 먹고 목 안이 깔깔해진다든지 파프리카를 먹고 입 주변이 부어오르는 사람도 있다. 식물이 자신을 지키기 위해 함유하고 있는 성분이 당신의 몸과 맞지 않을 때 벌어지는 일들이다.

식물식에 관한 세계적인 베스트셀러에 서양 학자들의 것이 많은데 어떤 책에는 식단과 요리법까지 나와 있다. 나도 그중 몇 가지는 따라해보았는데 자주 사용하는 야채라든지 곁들임 소스가 우리 문화와 달라서 곧 질리고 느끼할 때도 있었다. 이런 책들에는 아침에 다른 식품을 일절 섭취하지 말고 채소와 과일로 만든 샐러드만 먹으라는 얘기가 빠짐 없이 등장한다. 샐러드는 나도 좋아하는 음식이지만 추운 겨울에는 아침부터 먹기가 쉽지 않고, 샐러드에 단골로 등장하는 올리브유 등도 설사 기가 있을 때는 내키지 않는다. 이럴 때는 샤브처럼 엷게 푼 된장 물에 채소를 살짝 익혀 먹으면 우리 입맛에 잘 맞는다. 가끔 된장 대신 카레 가루를 넣으면 맛도 좋고 기분 전환도 된다. 국내에서 재배되는 울금을 넣는다면 더욱 좋다.

두 번째로 할 얘기는 소식에 관한 것이다. 앞에서 세포에 쌓이는 노폐물의 위험성을 얘기했고 신체가 그것을 자정하는 기능이 있다고 했다. 전문용어로는 자가포식(오토파지)이라고 한다. 노폐물이 쌓여도 신체는 자가포식을 통해 제거하는데 주로 수면 중에 이루어진다. 따라서 잠을 잘 자지 못하면 이 기능이 제대로 작동하기 어렵다. 또한 밤에 과식하면 자는 동안에도 인슐린이 계속 올라가 있어서 역시 제대로 기능하지 않는다. 인슐린의 영향을 최대한 받지 않으려면 저녁에는 최대한 소식을 하는 것이 좋다는 합리적인 결론에 이르게 된다.

현대 사회에서 쉬운 일은 아니겠지만 7시 전에 저녁 식사를 마치고 이후에는 물 외에는 아무것도 먹지 않는다면, 다음날 아침 식사를 7~9시에 한다고 했을 때 12~14시간의 단식 시간을 갖게 되는 셈이다. 간헐적 단식을 주장하는 전문가들이 제안하는 16시간의 브레이크 타임에 맞먹는 시간이다. 그저 저녁을 일찍 먹고 야식을 안 먹는 것만으로도 엄청난 건강의 혜택을 누리게 된다. 참고로 저녁을 먹었는데도 밤늦게 야식이 당긴다면, 물을 마시거나 오이나 당근을 반 개 정도 씹거나 소금을 한두 알 입안에 물고 있으면 먹고 싶은 생각이 없어진다는 팁을 소개한다.

여기서 말하는 소식은 칼로리 제한의 개념까지는 아니다. 칼로리 제한은 수명 연장과 관련하여 한때 많이 언급되었는데, 나이가 들면 대사가 느려지기 때문에 칼로리를 제한해야 한다는 내용으로 생쥐 실험에서 수명 연장 효과가 확인된 후 노화를 멈추는 획기적인 방법으로 제안되었다. 하지만 현재는 '생쥐와 인간은 다르다'는 입장이 더 우세한 듯하다. 뉴캐슬대학교 의학교수인 토머스 커크우드는 《사이언티픽 아메리칸》 편집부의 『노화의 비밀』에서 생쥐, 선충, 파리 같은 동물들은 칼로리 제한의 환경에 재빠르게 적응할 수 있도록 신진대사를 관리할 수 있지만 인간은 그처럼 유연하게 신진대사를 바꿀 수 없다고 말했으며 그의 견해에 동조하는 학자들이 많다. 게다가 칼로리 제한의 수명 연장 효과를 보려면 '영양실조 없는' 칼로리 제한이어야 한다는데 일반인들이 그런 조건을 맞춘다는 것은 대단히 어려운 일이다.

무엇보다도, 안 그래도 소화 기능의 약화로 영양 부실 상태에 빠지기 쉬운 노인들이 칼로리까지 제한한다면 설사 오래 산다 해도 너무 힘이 빠져 무슨 재미로 살겠는가. 칼로리를 제한할 필요 없이 그저 조금 덜 먹으면 된다. 지혜로운 어르신들이 "더 먹고 싶을 때 숟가락 놓는다, 밥 한 공기에서 한 술 남긴다"라고 말하는 그 선까지만 먹으면 된다. 게다가 저녁을 일찍 먹으면 조금 더 먹어도 된다. 최소 12시간의 소화와 해독 시간이 있기 때문이다.

몸에 나쁜 것은 알지만 도저히 식욕을 참기 힘든 간식은 최대한 저녁 6시 전에 먹기를 추천한다. 오후 3~4시대면 가장 좋다. 약간 출출한 시간이기도 하고 저녁 식사까지의 간격이 있어서 먹어도 정식 식사에 크게 지장을 주지 않는다. 나는 가끔 새우깡이나 생크림 케이크를 먹고 싶을 때가 있는데 보통 4시 전에 먹는다. 치킨이나 햄버거같이 입에는 즐겁지만 몸에는 버거운 음식들, 뷔페같이 조금 과식하게 되는 음식들도 웬만하면 점심 때 먹으려 한다. 지인들 중에는 이런 음식을 먹은 날에는 저녁을 굶는 사람도 많다. 하지만 저녁을 건너뛰면 밤늦게 배가 고파 먹을 걸 찾는 유형이라면 김치, 김, 채소 반찬으로만 저녁을 먹기를 권한다. 낮에 인스턴트 음식이나 고지방, 고단백질 음식을 먹었을 때는 저녁에 계란이나 멸치 조림조차도 먹지 않는 것이 좋다. 식물식을 배 속에 집어넣어, 이미 들어가 있는 '나쁜' 음식을 끌어안아 배출하도록 해야 한다. 요약하면, 해독만 잘 이루어지면 '나쁜' 음식 조금 먹는다고 큰 탈이 나지는 않는다. 소식, 그리고 간헐적 단식과 맞먹는 식사 시간 조정 등으로 지혜로운 식생활을 해보자.

제목에 들어 있지는 않지만 추가로 장내 유익균도 파란색 신호등으로 부여할 만하다. 장내 유익균은 식품계의 '핫 스타'라 불릴 정도로 최근 급부상하였지만, 이미 큰 시장이 형성되어 있으며 특히 '면역군'의 조력자로서 탁월한 기능을 해낸다. 스티븐 R. 건드리는 심장 전문의지만 수천 명의 환자를 치료해오면서 노화로 인한 질병이 노화 때문에 생기는 자연스러운 현상이 아니라 우리가 살아가는 방식의 결과물이라는 사실을 알아냈다고 한다. 그가 『오래도록 젊음을 유지하고 건강하게 죽는 법』에서 해결책으로 내세운 것은 우리 안에 있는 '가장 오래된 존재', 즉 우리 몸 안에서 살아가는 미생물을 잘 돌보는 것이다. 이 미생물들이 신진대사의 전체 과정에 관여하고 호르몬과 효소 등 온갖 유익한 물질을 만들어내기 때문이다. 환자 집단과 정상 집단을 대상으로 대변 미생물군을 조사하여 환자 집단에서 전염증성 유해균이 증가한다든지 스트레스를 받으면 장내 미생물이 변하는 등의 수많은 연구들에서 입증된 사실이다. 건드리는 인간이 다양한 미생물군 유전체가 머무는 숙소 혹은 이동 수단에 지나지 않으므로 그들이 원하는 것을 제공해주는 것이 현명한 방법이라는 다소 극단적인 주장을 할 정도로 장내 유익균의 존재를 크게 부각했다.

프로바이오, 프리바이오 등의 제품이 많이 나와 있어서 장내 유익균을 섭취하는 것은 어렵지 않다. 앞에서 인위적인 영양 보조제의 문제점을 경고했음에도 이런 제품에 그래도 점수를 주는 이유는 적어도 그 바탕이 '생균'이기 때문이다. '생균'은 기존의 영양 보조제와 어떤 차별점이 있는 것일까. 과민성대장증후군에 대한 연구 하나를 예로 들어보자.

과민성대장증후군은 참 골치 아픈 병이지만 그동안에는 설사 기를 멈추거나 장 예민성을 완화시키는 약을 먹는 게 다였다. 또한 약을 먹을 때는 잠시 좋아지는 듯하다가 다시 재발할 때가 많다. 이런 환자에게 건강한 사람의 장에 있는 균을 집어넣으면 장이 건강해져서 과민한 증상들이 사라진다고 한다. 이렇듯 건강한 사람의 '생균'을 환자에게 '이식'해서 건강을 회복시키는 연구들이 최근 많이 보고되고 있다. 사실 이런 연구는 상당히 기분 좋은 전망을 제시하기도 하는데, 이를테면 비만인 사람에게 날씬한 사람의 생균을 이식하면 살이 빠진다거나 노인에게 젊은 사람의 생균을 이식하면 노화가 늦춰지지 않겠냐는 등 과학자들의 흥미를 당기는 연구 주제가 무궁무진하며 그중의 일부는 이미 동물 실험 중이라고 한다. 물론 시중에서 판매하는 프리바이오 제품은 이런 '개별 특화적' 생균이 아니라 '소화 활동을 돕는 대중적' 생균으로 만든 것이다.

하지만 생균으로 만들어놓고도 맛을 내기 위해 변성 단백질이나 액상 과당을 듬뿍 첨가했다면 나 같으면 먹지 않겠다. 다행히도 건드리는 채식 위주의 식이요법 전문가의 입장에서 위 책을 썼고, 잎 푸른 채소를 많이 먹는 것만으로도 장내 유익균에게 충분히 먹이를 줄 수 있다는 반가운 말을 한다. 국내 건강 전문가들도 양파, 마늘, 사과 등 자연에서 취할 수 있는 프로바이오틱스를 많이 언급하고 있는데 그중에는 우엉도 있다. 서양에서 보기 힘든 채소일 것이다. 요약하면, 시판용 제품을 사용할 거라면 첨가물을 꼼꼼히 살펴보라는 것, 하지만 일상에서 쉽게 볼 수 있는 채소만으로도 면역군을 활발하게 움직이게 할 수 있다는 것을 명심하도록 하자.

좋은 식품이니 나쁜 식품이니 많은 말을 했지만 아무리 나빠도 담배나 과음만큼 나쁜 것은 없다. 항산화제를 비롯한 인위적 보조제의 부작용을 언급했지만 담배에 비하면 구우일모 (九牛一毛)일 수 있다. 술은 영양 성분을 담고 있어야 할 용기

(위장)의 세포막을 파괴시키고 해독을 해야 할 간을 무력화시키며, 무엇보다도 '발효주'답게 모든 성분을 발효시킨다. 안 그래도 배출되기 어려운 음식들을 발효까지 시키면 배출이 덜 되는 정도가 아니라 몸 속에 곰삭히는 셈이 된다. 담배는 불한당들을 몸 안에 모시는 꼴이다. 첫 늙음 후 삼가야 할 '먹는 것'에는 과음과 담배가 최우선이다. 너무 상식적인 얘기라 굳이 언급하지 않았을 뿐이다.

고요하고 거룩한 '혼밥'

지금까지 어떤 음식이 좋고 나쁜지에 관해 말했다면 여기서는 먹는 것 자체의 중요성에 대해 말하려 한다. 하루 세끼를 먹든 두끼를 먹든 식사 시간과 방식은 일관되게 유지해야 한다. 재미 삼아 표현해본다면 주인과 신체 세포들 간에 협약을 맺어야 한다. 협약서의 내용은 "나는 몇 시간에 한 번씩 네게 영양을 줄 거야. 그러니 거기에 맞춰 몸 속을 잘 운영해주렴" 이런 식이 될 것이다. 과하지도 부족하지도 않게 일정한 시간대에 외부로부터 영양소가 제공되면 세포들은 '신체 항상성 기제'라는 놀라운 조절 장치를 통해 자신이 무엇을 더 분비하고 덜 분비할지 스스로 결정해서 당신을 건강하게 이끌기 위해 노력한다. 세포 입장에서는 자신을 담고 있는 소중한 존재이니 말이다.

그런데 노인이 되면 '좋은 음식 먹기'도 아닌 그저 '먹기'조차 힘든 일이 되기도 한다. 몸이 아파서 그럴 때도 있겠지만 아무도 없이 혼자 밥을 먹어야 할 때도 힘들어하는 것 같다. 자식들이 다 장성하여 혼자서 점심, 저녁을 먹어야 하는 할머니들은 얘깃거리도 못 되고, 배우자와 사별하거나 이혼하여 혼자서 밥을 차려야 하는 할아버지도 점점 늘어나고 있다. 할머니들은 식사 준비가 본인의 의사와 무관하게 여성적 역할로서 자동적으로 부과되어왔기 때문에 '혼밥'의 어려움이 '외로움' 쪽에 더 많다면, 할아버지들 특히 한국의 할아버지들은 식사 준비에서부터 어려움을 겪을 때가 많으며 그러다 보니 혼밥을 먹을 때의 감정도 외로움에 구차스러움, 누구에게 향하는 것인지도 모르는 화까지 치달린다. 혼밥은 그 정도로 구차스러운 것일까.

아이를 키워봤다면 동화 『강아지 똥』을 모르는 사람은 없을 것이다. 이 동화를 지은 권정생 작가는 처음에는 잘 알려지지 않았던 데다가 순수무구의 색채가 강한 아동 문학에 '똥'이라는 소재의 글을 쓰는 바람에 기성 문학계의 반발이 상당했고 어느 종교 기관에서는 책 반입을 금할 정도였다고 한다. 하지만 당시 이미 아동문학가로 유명했던 이오덕 작가가 이분의 가치를 알아보고 물심양면으로 도우면서 세상에 알렸고 이후 평생을 친구로 지냈다고 한다. 이오덕 작가가 12살이나 위였는데도 말이다. 이런 내용이 실려 있는 『선생님, 요즘은 어떠하십니까』는 이오덕, 권정생의 공저로, 두 분 사이에 오갔던 편지 내용으로 이루어져 있다. 안타깝게도 권정생 작가는 전쟁과 가난으로 스무 살에 결핵에 걸려 홀로 아프게 살았고 책에 실린 편지에서도 병과 관련된 신체적 고통, 약값이 없다든지 변변한 음식 한번 제대로 먹기 힘든 어려움이 간간이 비친다.

권정생 작가의 편지 중에 「밀가루를 반죽해서 쑥 나물 부침개를 구워 먹었습니다」라는 글이 있다. 결핵에 걸린, 평생을 혼자 살아온 이 가난한 문학가가 봄 쑥을 따서 부침개를 구워 먹었다는 한 줄의 글에서 나는 표현하기 힘든 어떤 감정을 느꼈는데 이오덕 작가의 답장 편지를 읽고서야 그 감정의 정체가 어렴풋이 잡혔다. "권 선생님, 손수 나물을 뜯으시고 반찬을 장만하시는 선생님의 생활이 눈물겹기도 하고 성스럽게도 여겨집니다."

만약 당신이 혼자 살고 있고 몸도 별로 안 좋은데 밥까지 차려야 한다면 십중팔구 '눈물겨운' 상황일 것이다. 그래서 부엌에 주저앉아 울 수도 있고 밥그릇을 던질지도 모른다. 이럴 때 '성스럽다'는 표현을 떠올려보자. 들판에 있는 나물이라도 따서 먹을 힘이라도 있다는 것에 감사하며 이왕이면 맛있게 부침개를 굽는 모습은 절대로 구차할 수가 없다. 자신을, 그리고 더 넓게는 '생명'을 소중히 여기고 지켜내려는 모습은 그저 고요하고 거룩하다.

이오덕 작가의 이 아름다운 표현은 내 머릿속에 각인되어 있다가 가끔씩 튀어나온다. 혼자서 밥을 차리다가 기분이 약간 저하될라치면 "성스러워, 성스러워, 암, 성스럽고말고"라고 말해본다. 웃음이 비죽 튀어나오면서 마음이 금방 갠다.

당신이 길고양이 한 마리를 우연히 봤다 치자. 며칠 못 먹었는지 삐쩍 말랐고 털에는 윤기가 하나도 없다. 집에 와서도 고양이가 눈에 밟혀 물과 참치 캔을 갖고 다시 나가 먹인다면 당신은 얼마나 근사한 사람인가. 천사가 그 모습을 본다면 예전에 악행(?)을 저질렀어도 용서하실 것이다. 당신이 혼밥을 먹게 되었다면, 그것도 나이를 먹다가 어느 날 그렇게 되었다면 당신은 가족과 떨어진 길고양이와 같다. 길고양이에게 자비를 베푸는 것처럼 자신에게도 충분히 자비를 베풀어야 한다.

영어에서 '어서 드세요'가 'help yourself'이지 않은가. 스스로를 돕자. 스스로를 먹이자. 이왕이면 잘 먹이자. 젊었을 때부터 혼자 밥을 먹어왔던 내 친구의 밥상에는 북어 머리를 고아낸 육수, 문어 숙회 등이 심심찮게 올라온다. 갈비찜 같은 건 다른 집의 멸치 조림만큼이나 쉬운 요리다. 한번은 이 친구 집에서 '조촐한' 식사 모임이 있었는데 신선로가 나왔다. 시부모님을 모시면서 아이 세 명을 키우느라 불지 않은 라면 한번 제대로 못 먹었던 다른 친구가 한술 뜨더니 갑자기 눈물을 흘리는 것 아닌가. 매일 가족들의 상을 차리는 사람에게 가장 맛있는 음식이 '남이 차려주는 밥상'인 데다가 하물며 은행까지 들어간 신선로였으니! 그녀는 분위기를 무마하고자 멋진 밥상을 차려준 친구의 어깨를 치며 "어떻게 혼자 살면서 가족 있는 사람들보다 더 잘 먹을 수 있어? 징그럽다. 징그러워"라고 말했다. 어깨를 맞은 친구가 "징그럽다니? 신선로는 나도 아버지 환갑 이후로 처음 했다. 너 먹으라고"라고 말하자 그녀는 울음 반, 웃음 반의 소리를 내며 또 한 번 친구의 어깨를 쳤다. 친구는 분위기를 끌어올리고 싶었던지 "너희들 식탁에는 사람들이 있어서 얼마나 화려해? 내 식탁은 그렇지 않으니 멋진 음식이라도 올리는 거지. 마음 같아서는 촛불까지 켜고 싶은데 혹시라도 밥 먹다가 정신 잃으면 불 날까 봐 못 하겠어"라고 말했고 우리는 "푸하하" 웃음을 터뜨렸다. 다른 친구가 "공대 들어간 조카에게 동작이 감지되지 않으면 5초 내에 꺼지는 자동 촛불을 만들라고 하갔어"라고 말하자 또 웃음을 터뜨렸다. 그날 이후 우리들 사이에서는 '징그럽다'는 말이 '범접할 수 없을 정도로 매력이 끓어 넘친다, 말할 수 없는 감동을 준다'는 뜻으로 사용되었다. 눈물을 흘렸던 친구는 참으로 오랜만에 '인간'으로서의 대접을 받은 느낌이 들었으리라.

혼밥을 먹더라도 우리가 우리 스스로를 잘 대접해주자. 고요하고 거룩하게 잘 해먹어보자. 그러다가 한 번씩은 '징그러울' 정도로 자신에게 최고의 혼밥을 차려주자. 나도 아직까지는 혼자 먹을 때 권정생 선생님을 흉내 내어 김치전 정도밖에 안 해봤지만 언젠가는 오글오글 징그럽게 한번 차려볼 것이다.

식품의 '블루 존'

도입부에서도 잠깐 언급했듯이 이 책에서는 무엇을 먹어야 좋은지보다 무엇을 조심해야 하는지, 어떻게 하면 해독이 잘될지에 포커스를 맞추었다. 이에 따라 무엇이 덜 해로운지에 대해서 서열을 한번 매겨볼 수 있을 것 같다. 내가 분류한 것은 아래와 같다. 이 책에서 수시로 언급하는 단어인 '선택'의 측면에서 말한다면 나는 왼쪽에 있는 것일수록 자주 먹고 오른쪽으로 갈수록 최대한 먹지 않겠다는 '선택'을 했다.

⟵ 덜 해로운 쪽   더 해로운 쪽 ⟶

식물성 식품	좋은 지방	복합 탄수화물	단순 탄수화물	나쁜 지방
소식(단식)				과도한 동물성 단백질
				액상 과당

실제로 우리 집에서는 최근 몇 년 동안 한 해에 500g짜리 설탕 봉지를 다 써본 적이 없다. 물론 김치나 매실주를 직접 담근다면 택도 없는 얘기지만, 그런 전통을 승계하는 일은 아직까지는 '나중에 해볼 일'로 미뤄놓았다. 어쨌든 시판 김치를 먹을 때나 외식할 때 설탕을 충분히 섭취하니 내가 직접 만드는 음식만큼은 설탕을 최소한으로 쓰려고 한다.

독자들도 각자 상황에 맞게 왼쪽에 둘 것과 오른쪽에 둘 것을 선택하여 식단을 짜보면 좋을 것 같다. 위의 분류가 내 주관적인 판단에 의한 것이라 해로움의 기준이 얼마든지 변할 수는 있겠지만, 적어도 '식물성 식품'은 덜 해로운 정도가 아니라 완벽하게 유익하다는 점은 짚고 넘어가고 싶다. 앞에서 언급했던, 같은 식품에 대해서도 대립적인 견해를 보이는 수많은 영양학자와 건강학자들 모두 식물성 식품에 대해서만은 고개를 끄덕이며 악수를 한다. 동물성 단백질이 꼭 필요하다는 학자들조차 식물성에 더하라는 말이지 동물성만 먹어야 한다고 주장하지는 않는다.

그렇다고 너무 스트레스를 받지는 말자. 완전한 식품이 없고 완전한 판단과 선택도 없으므로 그저 좀 더 조심하자는 태도만 가져도 어느새 예전보다 건강한 식생활을 하고 있을 것이다. 식품에 대해 불만족스럽게 남아 있는 부분은 그 외의 건강 방법, 즉 운동, 명상, 마음 관리, 스트레스 관리 등으로 보충하자. 운동에 대해서는 이미 살펴보았고 나머지는 뒤에서 살펴볼 것이다.

식품 얘기를 하면서 왜 마음 관리 등을 언급하는지 뜬금없다고 느끼겠지만, 감사를 자주하며 긍정적으로 사는 사람들이 면역력이 높아 성인병에 덜 걸리고, 병에 걸리더라도 통증이 적으며, 스트레스 상황에서 스트레스 호르몬 수치가 빨리 감소하고, 수명도 더 길다는 연구들이 해마다 발표되고 있다. 1만 명 이상의 건강한 성인을 대상으로 15년 이상 추적한 결과 감사를 하지 않는 사람들에 비해 심장병에 덜 걸린다는 연구도 있다. 면역력을 높이고 심장병에 걸리지 않으려고, 궁극적으로는 건강하게 오래 살려고, 이걸 먹어야 하네, 저걸 먹지 말아야 하네 얘기들을 하지만, 마음만 잘 '먹어도' 그런 효과를 낼 수 있는 것이다.

그러니 한결 가볍게 접근하도록 하자. 음식만으로 노년기 건강을 챙길 수 있다면 책에서 여러 주제의 내용을 담지도 않았을 것이다. 그저 음식은 다른 어떤 것보다 빠른 속도로 신체 건강에 연결되므로 각별히 주의하자고 강조한다.

음식에 관한 얘기를 하면서 나는 한국인으로 태어난 게 참 다행이라는 생각이 계속 들었다. 현대사회에 만연한 고도비만과 심장병, 당뇨병, 치매 등을 치료하고 예방하는 데 동양의 식단이 효과가 있다는 것은 이미 인정되었지만 우리나라에는 참 기가 막힌 채소 요리가 많다. 비빔밥이나 김치는 정말 별 열 개를 주어도 모자랄 만큼 경탄스러운 먹을거리다.

발효 채소 요리 중에 서양에서 으뜸으로 치는, 양배추로 만든 사우어크라우트가 있다. 준비물이 양배추와 소금뿐이라 한번 만들어보았는데 섭취 후 바로 배 속이 뽀글거리는 게 장내 유익균이 실제로 활동하는 느낌이 들었다. 하지만 가스가 너무 차서 아침에 먹고 출근하기에는 적절치 않았다. 배추가 아니라 '양'배추여서? 소금, 젓갈, 고춧가루, 파, 무가 아니라

단지 소금만 들어가서? 소금에 절이는 시간이 달라서? 이유는 모르겠지만 그저 김치가 신이 내린 식품이라는 것만 재확인했다. 식물식의 대표로 거론되는 콩만 해도 부작용이 없지 않으며 특히 소화가 잘 안 되는 문제점이 있는데 우리 선조들은 장을 담가먹는 놀라운 방법을 고안하여 모든 문제점을 최소화했다. 아욱, 시래기, 시금치 등의 각종 야채와 두부를 담고 보글보글 끓여내는 된장찌개 한 그릇에는 몸에 필요한 필수 영양소가 다 들어 있다. 맛은 굳이 말할 필요도 없다.

한국인의 밥상에는 고기가 올라온다 해도 자기 혼자만 잘난 듯이 자태를 뽐내는 서양의 스테이크 같은 게 없다. 고기 반 야채 반의 불고기가 소울 푸드이며, 1980년대로 넘어오면서 그 바통을 넘겨받은 삼겹살 또한 상추쌈이 없는 것은 생각할 수도 없다. 나이가 들수록 선조들의 지혜가 대단했음이 피부로 와닿는다. 한국은 건강 수명을 늘릴 수 있는 식문화가 체질화되어 있다. 그저 해로운 것들을 최대한 자제하기만 하면 된다. 전통 밥상에서 멀어질수록 해로운 것이라고 보면 크게 틀리지 않는다. 조상들이 가난해서 충분히 못 먹었다는 것들을 조금만 더 먹으면 된다. 아주 조금만.

만성 질환을 예방하고 치매에 걸리기 않기 위해, 건강하게 나이 들기 위해 먹는 것, 자는 것, 운동하는 것 등이 중요하다고 말했는데 적어도 먹는 문제에 관해서는 한국은 이미 답을 찾았다고 확신한다. 하나라도 답을 찾았으니 얼마나 다행인가. 그럼에도 우리나라에 세계적으로 인정받는 '블루 존(건강하게 장수하는 지역을 일컫는 용어)'이 없는 이유는 전통 식단보다 국적 불명의 식단을 더 자주 접하고 운동을 거의 하지 않으며 스트레스를 관리하지 못해서라고 생각한다. 이런 개인적 문제들 외에 초스피드로 진행된 '선진국화' 과정에서 파생된 가족 해체와 사회 결속 부족의 문제, 심리적, 신체적, 경제적 안전 기반 부족의 문제, 미세 먼지 등 최근 급속도로 심화된 환경 문제들도 핵심적인 이유인 것은 물론이다. 어쨌든 이 책은 '개인적 노력'에 초점을 맞추고 있기에 각자의 '식품 블루 존'만큼은 수성하도록 해보자.

이에 대해 그저 '좋은 말이네'라고 한번 읽고 지나칠 것 같으면 싱클레어의 말에 좀 더 귀를 기울여보자. 싱클레어는 채소를 더 많이 먹고 육류를 덜 먹으며 가공 식품을 줄이고 신선 식품을 더 먹으라는 말을 누구나 알고 있지만 실천하기가 어려운 것은 사람들이 노화를 삶의 불가피한 일부라고 생각하는 것이 큰 부분을 차지한다고 말한 바 있다. 그의 말을 일상어로 바꿔본다면 이런 내용이 되지 않을까 싶다. "어차피 죽을 건데 그런다고 달라져? 고기를 먹든 이파리를 먹든 죽는 건 똑같잖아. 그렇다면 이왕이면 즐겁게 먹다가 죽는 게 나은 거 아니야?" 하지만 싱클레어는 앞에서 여러 번 얘기했듯이 새로운 시대가 머지 않아 온다고 확신하는 사람이다. 그는 심지어, 이것이 불가능하다고 생각하는 사람은 과학에 무지하거나 과학을 부정하고 있는 거라고 말한다. 우리가 오늘 먹는 것이 미래의 우리 모습을 결정한다. '그런다고 달라진다.'

나는 아직도 과학은 조금밖에 모르지만 과학을 부정하기에는 너무 멀리 왔다. 그래서 싱클레어의 주장을 믿는다. 다만 '시간'을 믿지 못하기에 그의 주장을 주식으로 삼지 못하고 별식 삼아 한 번씩 맛본다. 하지만 비록 우리가 그 혜택을 못 받더라도 후대들은 반드시 누릴 것이라 믿기에 이런 태도를 자녀들에게 자연스럽게 보여주는 것만으로 가치 있다고 생각한다. 그래서 나는 오늘도 대학생인 아이들에게 이렇게 말한다. "너희는 반드시 100살 너머 살 건데 아프면서 오래 사는 건 별로일 거잖아. 채소를 먹어야 건강하게 오래 살 수 있어." 아이들은 자신들이 100살 너머 산다는 것, 채소가 건강에 좋다는 것에는 머리를 끄덕이지만 채소 반찬은 깨작거리기만 한다. 나는 잠시 입술을 물고 그들을 쳐다보다가 우리 세대가 해내지 못했던 기발한 방법으로 미래의 문제들을 해결할 것이라 믿기로 하고 오늘의 잔소리를 마감한다. 우리는 살아생

전에 1인 1 전화기의 시대가 온다는 것을 믿지 못하지 않았는가. 어쨌든 "나는 분명히 말했다!"

이 젊은이들이 다 아는 미래의 일이 하나 있다. '당신이 2044년까지 살아야 하는 이유'라는 제목으로 인터넷에도 소개되어 있다. 그해 10월 한국에서는 10월 1일이 토요일이고 이후 개천절, 추석 연휴, 대체 휴일이 연속으로 있어서 무려 10일이나 황금 연휴라고 한다. 글을 올린 사람은 10월 7일이 금요일이긴 하지만 월차를 내면 된다고 좀 우격다짐하듯이 말하긴 했지만 실제로 이렇다면 정부에서도 특별 공휴일로 지정하긴 할 것 같다. 그런데 가만, 2044년은 커즈와일이 노화 혁명을 예고한 2045년과 1년 차이 아닌가.

젊은이들이 그저 꿈 같은 '10일의 황금 연휴'를 맞이해보기 위해 2044년까지 건강하게 살아 있어 본다면, 우리는 내심 더 두근거리는 심정으로 건강하게 2044년을 기다려봄 직하다. 그해, 도대체 무슨 일이 벌어질까?

7장

**중년 이후의
마음 관리는
특별함이
있다**

마음 관리는 비단 나이 든 사람에게만 해당하는 것이 아니며 어렸을 때부터 시작되는 평생의 심리적 숙제라고 할 수 있다. 유치원생만 되어도 자존심이 상하고 열등감을 느끼며 세상이 자기 편이 아니라는 생각을 하기 시작한다. 이런 고민들은 각자의 성장 환경에 따라 그 전개나 강도가 달라지겠지만 통상적으로는 사춘기나 성인기에 최고조에 이르며 이후 좀처럼 내려오지 못한다. 그 상태로 우리는 나이를 먹는다. 하지만 나이 든다고 해서 마음을 관리하는 뾰족한 방법이 갑자기 툭 튀어나올 리는 없다. 오히려 살아온 시간만큼 고민들이 축적되어 어느 때보다 어깨는 무겁고 심장은 버겁다. 그래도 차분하게 생각해보면 우리가 그저 나이만 먹은 건 아니었다. 우리도 모르게 여문 것들이 있으며 이런 점들 때문에 중년 이후는 그 어느 때보다도 마음 관리를 해보기에 아주 좋은 나이다.

첫째, 세상을 예전과 다른 관점에서 바라볼 수 있게 된다. 심리적 곤궁함의 대상이 역전되는 '의외의' 경험을 한번씩 하게 되기 때문이다. 그토록 어렵게 느껴졌던 마음 관리보다 더 어려운 난제들이 나이 듦에 따라 자동적으로 등장해서다. 질병, 치매, 죽음 같은 문제들 말이다. 죽음같이 불가해한 문제는 제쳐놓고라도, 질병과 치매 등도 그저 '운명'이라는 단어가 떠오를 정도로 우리가 해볼 수 있는 일이 없다는 생각이 든다. 이쯤에서 우문(愚問)을 한번 드려보고 싶다. 당신은 죽음, 치매, 육체적 질병, 마음 문제 중 가장 두려운 게 무엇인가? 이중 가장 해결이 어려워 보이는 게 무엇인가? 극심한 마음의 고통을 겪을 때는 차라리 죽는 게 낫다고 여기는 사람들도 있겠지만 대개는 앞에 적은 순서대로 두렵고 어려울 거라고 생각한다. 젊었을 때는 이런 우문을 받은 적도, 생각해본 적도 없을 것이다. 그때는 앞의 난제들이 크게 와닿지 않았기 때문이다. 하지만 이제 이것들을 마음과 나란히 놓아보라. 예전에 마음 하나에만 사로잡혀 있을 때는 그것만으로도 압도되어 무력했지만 이제는 마음의 문제가 '상대적으로' 수월하게 느껴지지 않는가. 이를테면, 만약 당신이 암에 걸렸다면 당신의 생명을 보존하는 문제가 가장 중요해지므로 누군가에게 복수하고 싶었던 마음이 예전에 비해 덜 중요하게 다가오지 않겠는가. 심지어 암에서 나을 수만 있다면 타인을 용서하고 사랑하라는 말을 들어보고 싶을 정도이지 않겠는가.

한 내담자분은 허구한 날 잔소리를 해대는 아내에게 '죽고 싶을 정도로' 진절머리를 내며 때로는 과격하게 부부 싸움을 했는데, 아내의 급작스러운 '죽음' 후 식탁에 혼자 앉아 마른 밥을 볼 때마다 "따뜻한 밥을 먹으며 아내의 잔소리를 들을 수 있다면 내가 가진 모든 것을 내놓을 수 있겠다"고 생각한다며 눈물을 쏟았다. "아내가 잔소리를 할 때 '당신 말이 다 맞소'라고만 했으면 됐는데, 그때는 그게 왜 그렇게 어려웠던지요. 이런 얘기를 자식들 앞에서는 할 수도 없습니다"라는 말도 하셨다.

지옥 같았던 아내와의 관계, 불가능해 보였던 '아내와 잘 지내기'가 '죽음의 문제'에 비하면 그렇게 쉬워질 수 없게 된다는 것, 이런 기분을 경험해보았거나 상상해볼 수 있다면 나이 들어 직면하는 문제들 중 마음 관리 부분은 그나마 난이도가 쉬운 편이라는 데에 동의가 될 것이다. 무엇보다도, 이 부분을 어느 정도 정리해야 고난도의 문제인 건강, 치매, 죽음에 대해서도 솔루션을 찾기가 쉽다. 8장에서 다시 말하겠지만 치매만 하더라도 예방을 위한 필수 조건으로 마음 관리가 포함된다.

둘째, 중년기 이후 지혜가 최고조에 달한다. 나이가 들면서 군살이 조금씩 붙어왔듯이 지혜 또한 당신 모르게 야금야금 축적되어 있다. 이 지혜 덕분에 어느 시기보다 상황을 객관적으로 볼 수 있고 상대방과 윈윈할 수 있는 방법을 잘 선택할 수 있다. 당신이 첫 늙음을 겪을 때까지 왔다면 개인의 심리학과 철학은 이미 최고치에 달해서 인생 솔루션 또한 풍부하게 축적되어 있다. 따라서 아직 해결하지 못한 문제가 있다면 지금까지 써왔던 방법을 제외한 해결책을 모색해보면 의외로 쉽게 풀릴 수도 있다. 이런 점은 젊은 사람들이 가질 수 없는 특출난 자원이다.

무엇보다도, 당신은 인정하고 싶지는 않을지 몰라도 자유 또한 최고치로 누리고 있다. 정도의 차이는 있겠지만 직장에서 결정권을 갖고 있을 것이며 집에서도 주도권을 갖고 있을 것이다. 당신 인생에서 가장 남의 말에 덜 신경 써도 되는, 주도권의 황금기에 있는 것이다. 앞에서도 말했듯이 마음 주인 노릇을 해보기에 썩 좋은 나이다. 그저 당신이 몰랐거나 인정하지 않아왔을 뿐이다. 당신의 깊은 지혜에 이 책에서 제시하는 마음 관리 기술 한 스푼만 얹으면 근사한 마음의 진수성찬을 드시리라 확신한다.

마음으로 마음 치료하기

무형의 '마음'에 대한 관리를 이해하기 쉬운 목표로 바꾸어본다면 스트레스 관리라고 말할 수 있겠다. 스트레스는 부정적 감정을 유발하고, 이는 스트레스 호르몬을 분비시켜 몸을 아프게 함으로써 삶의 질을 현격하게 떨어뜨린다. 이토록 유해한 스트레스를 극복하기 위한 많은 방법이 거론되어 왔지만, 스트레스의 역사를 통틀어 가장 가치 있게 남은 대처 방식은 심리학자 아놀드 라자루스가 말한 "스트레스 자체가 중요한 게 아니라 그에 대한 생각(인지적 평가)이 중요하다"는 개념이다.

도널드 마이켄바움은 라자루스의 견해와 동일하게 인지적 평가를 중시한 데 더하여, 같은 스트레스라도 더욱 심각하게 받아들이는 개인적 특성에 특히 주목했다. 이를테면 각자 갖고 있는 인지적 왜곡이나 자기 패배적인 신념을 경계하고 교정해야 한다고 말했다.

인지적 왜곡이란 당위적 사고 방식("그렇게 해야만 해")과 완벽주의("오류나 실수가 있으면 안 돼"), 지나친 일반화("항상 이렇다니까"), 지나친 개인화("다 나 때문이야"), 낙인 찍기("나는 멍청이야"), 과장과 비약("안 봐도 뻔하지"), 흑백논리("이번 일을 망쳤으니 인생 종쳤어") 등을 말한다. 자기 패배적 신념이란 "나는 능력이 없어, 어차피 승자는 정해져 있어, 노력해도 소용 없어" 같은, 자신의 가치를 낮게 평가하는 생각들을 말한다.

뇌세포(뉴런)는 호르몬과 신경 전달 물질을 매개로 정보를 전달하는데, 이런 호르몬과 신경 전달 물질을 좌우하는 것은 우리가 어떤 생각을 할 때 수반되는 감정이다. 미국 조지워싱턴대학의 신경과학자 캔디스 퍼트는 『감정의 분자』에서 모든 감정이 '분자처럼' 특정한 화학 물질을 만든다고 주장했다. 그러면서 슬픔, 분노, 두려움 같은 부정적 감정들은 혈중 유해한 단백질 수치를 증가시켜 질병을 유발하고 기쁨, 즐거움 같은 긍정적 감정들은 면역 항체를 증가시켜 질병 예방과 치료에 도움을 준다고 말했다. 스트레스가 왜 무수한 질병을 일으키는지 단번에 이해되는 설명이다. 그런데 무수한 질병을 일으키는 부정적인 감정은 대부분 부정적인 생각에서 유발된다. '나는 멍청이야, 나는 능력이 없어, 다 나 때문이야' 같은 부정적인 생각들 말이다. 마이켄바움이 이런 생각들을 경계하고 교정해야 한다고 했던 것은 우리의 건강을 지키기 위해서라도 맞는 말이었다.

그런데 스트레스 자체가 중요한 게 아니라 그에 대한 '생각'이 더 중요하다는 것은 중년 이후 약 먹는 것만큼이나 명심해야 할 사항이다. 젊었을 때는 스트레스 상황 자체를 조정하는 게 어렵긴 하더라도 불가능하지는 않았다. 예를 들어 직장 스트레스가 심하다면 사표를 내고 다른 직장을 알아보는 것이 가능했다. 하지만 중년 이후에는 이런 결단을 내리는 게 무지 힘들다. 가정을 꾸렸거나 대출을 받는 등 벌여놓은 일들이 너무도 많아 단출하게 결정을 내릴 수 없다. 즉 스트레스 상황 자체를 변경하기는 힘들며 그에 대한 우리의 생각을 조정하는 것만이 가능하다. 그럼에도 우리가 '생각'을 소홀히 여기면 대책 없는 스트레스의 무자비한 공격들에 휘청이게 된다. 몸이 아픈 건 당연하고 마음 또한 쑥대밭이 된다.

그렇다면 스트레스 상황에서 어떻게 생각을 해야 한다는 걸까. 스트레스를 떠올리면 당연히 부정적인 생각이 들 수밖에 없는데 그것을 내 삶에 도움이 되는 쪽으로, 즉 플러스가 되는 방향으로 바꾸겠다고 마음먹어야 한다. 즉, 마이너스 생각(부정적인 생각)을 플러스 생각(긍정적인 생각)으로 대체하는 것이다. 3장에서 말했던 '삶의 플러스와 마이너스'가 이미 내 앞에 놓여 있는 것들을 분류하는 수동적인 의미였다면, 여기서는 '마이너스'를 '플러스'로 능동적으로 바꾼다는 의미다. 좀 전에도 말했듯이, 우리 삶에 놓여진 '마이너스' 상황 자체를 '플러스'로 바꾸는 건 매우 어렵고 심지어 불가능하다. 늙어가고 몸이 약해지며 젊었을 때보다 가난해지고 관계망도 약해지는 등의 '마이너스'적인 삶을 원점화할 수는 없다. 그렇다면 차선책은, 바꿀 수 없는 상황에 대한 '생각'만이라도 '플러스'로 해야 한다. 그렇게 하지 않고 어떻게 이 지난한 시간들을 버텨낼 수 있겠는가.

플러스 생각에 대해 좀 더 구체적으로 살펴보기 전에 먼저 짚을 것이 있다. 플러스 생각은 당신 마음의 주인, 즉 당신이 해야 한다는 것이다. 당신의 생각으로 당신의 마음에 명령을 내려야 한다는 것이 마음 관리의 핵심이다.

'생각'으로 '마음'에 명령을 내리라니 쉬운 말은 아니다. 앞의 '생각'도 결국 마음 아니던가. 그런데 인간은 자신의 뇌가 어떻게 기능하는지 자신의 뇌로 추측하는 놀라운 존재다. 현재까지는 이런 일이 가능한 생물체가 인간이 유일하다고 하는데(물론 인간들의 말이다), 생각할수록 신기하다. 자신의 얼굴이 어떻게 생겼는지, 자신의 몸이 어디가 불편한지 뇌로 판단하는 건 이해하겠는데 그 뇌를 또 뇌로 판단한다니 말이다. 게다가 마음을 마음으로 치료하라니 말이다. 문법적 용어로 설명한다면 주어와 목적어가 동일해 보인다. 하지만 '우울한 마음'을 '마음'으로 치료한다고 할 때 앞의 마음은 목적어, 뒤의 마음은 주어라는 것은 확실히 이해될 것이다. 신기함을 풀어보는 것은 훗날의 과제로 넘기고 일단은 주어와 목적어만 기억하도록 하자. 우리는 '목적어 마음'을 '주어 마음'으로 관리해야 한다. 주어를 '주인'으로 바꿔 부르면 훨씬 이해가 쉬울 것이다.

중요한 점은 주인과 '대상(목적어)'을 동일시하지 말라는 것이다. 당신이 우울해하거나 화가 나 있는 '마음'을 바라볼 때, 그때의 마음은 당신이 아니라 대상이다. 당신, 즉 주인은 여기에 따로 있다. 혹은 저기에. 어쩌면 당신의 진짜 마음은 잠시 가출했는지도 모른다. 그 사이에 당신의 '어린 마음'이 집을 난장판으로 만들어놓았다. 얼른 돌아와 어린 마음을 다독이거나 때로는 혼내기도 하면서 집을 치우면 된다. 이것이 진정한 마음 주인의 노릇이다.

하지만 왠지 어렵게 느껴지기도 하고 성가시기도 하니 타인(치료자)이 해주었으면 해서 상담실을 노크한다. 그런데 막상 만나본 치료자는 직접 해주기는커녕 자꾸 당신에게 "감정을 들여다보라", "생각을 바꿔라" 하면서 힘들게만 한다. 그러니 "어? 잘못 찾아왔군" 하면서 그만 오거나 조금 참고 몇 번 더 와보지만 이상하게 치료자의 말이 와닿지 않는다. 결국에는 치료자가 자꾸 명령을 내리는 것 같다는 생각까지 들면서 거부감이 생긴다.

이 모든 일의 원인은 치료자의 뇌가 당신의 뇌가 아니어서 그런 것이다. 그러니 당신이 스스로 마음에게 플러스 생각을 하라고 말할 수밖에 없다. 더 정확하게 말하면, 당신이 플러스 생각을 직접 해야 한다. 당신이 매일 5분이라도 이렇게 마음의 집을 치운다면 우울은 얼씬도 못 할 것이다.

당신이 매일 마음의 집을 치운다 해서 몸이 아프지 않다거나 암에 걸리지 않는다고는 말할 수 없다. 신체 세포들은 우리의 생각을 넘어서는 더 광활한 체제를 따르기 때문이다. 유전자적, 진화적, 생물학적 체제 등이다. 물론 몸의 병도 기도나 간구, 긍정적 심상화 등의 마음의 힘으로 고칠 수 있다고 보는 '심리신경면역학' 분야도 있다. 다만, 아직은 보편 타당한 얘기는 아니다. 하지만 신체 세포와 달리 마음의 세포(뇌세포)들은 다른 어떤 체제보다 당신의 생각, 당신의 메시지를 아주 잘 따른다. 마음의 세포체는 바위 같은 덩어리가 아니라 바람에 흔들리는 갈대같이 주인의 메시지 하나하나에 반응한다. 물리적 구조로서의 뇌는 신체 세포처럼 똑같이 병에 걸릴 수도 있겠지만 정신적인 뇌는 당신이 메시지를 잘 주기만 하면 절대로 마음의 병을 만들어내지 않는다.

이 말은 비유가 아니다. 대니얼 G. 에이멘은 정신과 전문의이자 뇌 영상 자료를 연구하는 '에이멘 클리닉'의 CEO로 치매나 우울증 상태의 뇌 영상, 우울증 치료를 받고 나은 후의 뇌 영상 등 수십 년 넘게 수만 건의 살아 있는 사람들의 뇌를 스캔해왔다. 그는 『뇌는 답을 알고 있다』에서 약물뿐만 아니라 심리 치료를 받은 후에도 증상이 개선되고 뇌 스캔에서 호전된 양상이 나타났다며, "생각이 바뀌면 뇌도 바뀐다"고 말했다. 심리 치료는 화학적 약물 치료가 아니라 말로 하는 치료다. 말은 생각의 표현이다. 이 생각이 뇌에 영향을 미쳐 약물만큼의 효과를 일으킨다는 것이다. 물론 아무 생각이 아니라 '플러스 생각'이 그렇다는 말이다.

에이멘이 위의 책에서 '최근 몇 년 동안 시행한 뇌 스캔 가운데 가장 재미있는 사례'로 뽑은 연구가 있다. 감사에 관한 책을 썼던 심리학자 노엘 넬슨이 직접 피험자가 되어 30분 정도 감사할 만한 일을 생각할 때 그녀의 뇌를 스캔하여 건강한 활성을 보이는 뇌 상태를 확인하고, 안 좋은 일에 대해서도 생각하게 한 후 뇌 스캔을 해본 것이다. 넬슨은 그의 제안을 '마지못해 수락하여' 병에 대한 두려움과 그 때문에 일을 못 하게 될 두려움, 병에 걸려 자신의 반려 동물을 돌보지 못하게 될 두려움을 떠올렸으며, 이런 생각을 하는 동안 그녀의 뇌는 활성이 떨어지는 양상을 보였다.

나는 에이멘이 실제로는 넬슨에게 상당히 미안했을 거라고 생각한다. 생각에 따라 달라지는 뇌의 상태를 누구보다 잘 알고 있으면서도 '의도적으로' 안 좋은 일을 생각하라고 요구했기 때문이다. 아니면, 그녀가 건강한 뇌를 가진 '심리학자'여서 괜찮을 거라고 생각했는지도 모른다. 하지만 결과는 '뇌는 직업의 귀천을 따지지 않는다'로 나타났을 뿐이다. 넬슨은 '일부러' 했는데도 그 부정적인 생각이 뇌를 변화시키는 것을 전혀 막지 못했다. 그녀는 실제로 부정적인 일이 일어난 것이 아니었으며 그저 상상만 했을 뿐이다. 그럼에도 30분도 안 되는 사이에 부정적인 생각이 뇌도 부정적으로 바꾸었다.

나는 이 연구를 읽으면서 머릿속에 범어사의 종이 울리는 듯한 느낌을 받았다. 보통 우리 뇌는 외부 상황을 아주 잘 판단한다. 그런데 넬슨이 처한 상황은 절대로 위험한 상황이 아니었다. 뇌종양을 검사하기 위해 자기 공명 영상 장치에 누웠던 게 아니었으니 말이다. 만약 그런 상황이라면 100퍼센트 부정적인 상황이 맞다. 하지만 그녀는 뇌 스캔 장치에 누워 그저 가상의 부정적 상황을 상상했을 뿐이다. 그럼에도 뇌의 활성이 떨어졌다면 뇌는 외부 상황 못지않게 주인이 판단하는 상황을 중요시한다는, 아니, 우선시한다는 결론에 이르게 된다. "스트레스 자체보다 그것에 대한 생각이 더 중요하다"는 라자루스의 말이 사실이었던 것이다! 머리에 종이 울리는 듯했던 포인트다. 심리적 태도에 대한 추상적 설명으로 받아들였던 라자루스의 말이 엄연한 실체로 드러난 것이었다.

이렇게 보면 뇌는 우리가 '거짓말'을 해도 그대로 반응하는 셈이다. 상황이 절망적으로 안 좋아도 우리가 "그래도 희망이 있고 해볼 것들이 있다"고 뇌에게 말한다면, 설사 거짓말이라도 '선의'로 받아들여 뇌 또한 '선의의' 태세로 '희망이 있다'에 걸맞는 활성을 보인다. 그다음에는 훌륭한 해결책을 찾아내기 시작한다.

어떨 때 보면 뇌는 그저 아이 같다는 생각이 든다. 아이는 부모가 사장이든 무직이든 관심이 없으며 자기와 즐겁게 같이 놀아주면 그저 최고의 부모로 여긴다. 아이는 달면(즐겁게 놀아주면) 삼키고, 쓰면(야단치고 무시하면) 뱉는다. 우리 뇌 또한 주인님이 무슨 일을 하는지에는 관심이 없다. 달면(플러스 생각을 하면) 팡팡 건강하게 지내고, 쓰면(마이너스 생각을 하면) 쭈글쭈글 늘어진다. "낮말은 새가 듣고 밤 말은 쥐가 듣는다"라는 속담이 있지만 뇌는 우리의 낮 생각, 밤 생각 다 듣고 그에 따라 '충실히' 살아간다.

나이 들면, 아니 안 들어도, 건강하게 살기 위해 참 할 일이 많다. 잘 먹고 잘 자야 하고 운동도 해야 하고 사람들과 좋은 관계도 유지해야 하고 말이다. 하지만 그 많은 일들 중에 가장 빨리, 그것도 순식간에 강력한 효과를 내는 것은 플러스 생각이다. 우리의 몸과 마음을 관장하는 뇌, 그 뇌의 건강한 활성이 우리 생각에 좌우된다는 것을 확인했듯이 말이다. 이 '총사령관'이 기분 좋게 일을 하도록 지상 최대의 쇼를 할 필요도 없다. 그저 플러스 생각을 많이 하면 된다. 온종일, 1년 내내 하는 것은 불가능하지만, 적어도 마이너스 생각보다는 많이 하겠다는 목표만 세워도 삶이 확 달라진다. 평소에는 대충대충 살더라도 매우 파괴적인 강렬한 마이너스 생각이 떠오를 때는 반드시 그 방향을 플러스로 바꾸어야 함을 기억하도록 하자.

완숙한 중년기 감정 다스리기

마이너스 생각을 플러스 생각으로 바꾸기 전에 해야 할 일이 있다. 마이너스 생각에서 파생된 '감정'을 먼저 다루어줘야 한다. 마이너스 생각을 하는 즉시 감정도 마이너스가 되기 때문이다. '생각=감정'으로 느껴질 정도로 조금의 빈틈도 없이 즉시 일어나는 일이다. 이 마이너스 감정, 즉 부정적 감정을 먼저 처리해야 '생각=감정'에서 감정이 떨어져 나가게 되어 '생각'을 제대로 다룰 수 있다.

마이너스 감정을 다루는 1단계는, 감정의 이름을 불러주고 그 노고를 인정하는 것이다. '아, 지금 저 사람이 밉구나. 내가 화가 났구나'라고 자각하고 수용하는 것이 감정의 이름을 부르는 것이다. 그다음 '이렇게 기분이 나쁜 것은 나를 보호하기 위해서구나. 다음에 또 이런 고통을 겪지 않도록 조심시키는 거구나'라고 감정에게 고마움을 표하는 것이 노고를 인정하는 것이다. 사실 여기까지만 해도 마음의 짐이 훌쩍 가벼워지고 '생각=감정'의 연결이 느슨해진다. 수고 많았어, 감정!

보다 완벽한 해소를 위한 2단계는 감정을 표출하는 것이다. 가장 좋은 방법은 '나를 기분 나쁘게 한' 상대방에게 표출하는 것이지만, 대개 이런 경우 상대방이 적반하장으로 내게 화를 내거나 심지어 역공격을 해오므로 감정 표출 후 오히려 이중 삼중의 감정 폭탄을 맞기도 한다. 당신의 말을 들어줄 믿을 만한 사람에게 '그 사람'을 흉보는 것이 가장 통쾌하긴 하다. 하지만 여의치 않으면 노트에 일기 쓰듯이 감정을 적어보는 방법도 아주 좋다. 아주 좋은 정도가 아니라 막상 해보면 그 효과에 깜짝 놀랄 것이다. 너무 이완되어서 자신도 모르게 잠들 수 있으니, 그날까지 반드시 마쳐야 할 작업이 있다면 커피를 한잔 더 마시든지 일기를 쓴 후 밖에 나가서 운동을 하고 올 것을 권유한다. 누가 볼 것도 아니니 아주 원색적으로 유치찬란하게 감정을 적으라. 다만, 부정적 감정에 너무 세게 몰입해서 종이가 찢길 정도로 쓰면 오히려 감정이 격해질 수 있다는 점은 조심하도록 하자. 마지막에 '플러스 생각'을 붙여 잘 마무리하면 이런 점은 충분히 막을 수 있다. 그 방법은 뒤에서 살펴보겠다.

그런데 중년기를 넘었다면 종이를 찢는 경우는 상당히 드물다. 젊었을 때보다 감정을 좀 더 담담하게, 혹은 대범하게 바라볼 수 있기 때문이다. 중년하면 연상되는 특성인 '완숙함'이 감정 영역에서도 잘 발휘되어서 그렇다. '완숙'이라는 단어는 참으로 성숙하고 풍족한 느낌을 주지만 계란 완숙처럼 좀 더 원초적인(?) 연상이 일어나기도 한다. 이왕 연상된 김에 계란 얘기를 좀 더 해보자면, 완숙이라는 것은 더 이상 익힐 데가 없다는 뜻이다. 따라서 계란을 계속 더 삶으면 퍽퍽해지기만 할 뿐이다. 마찬가지로, 중년 이후에 느끼는 감정은 충분히 '완숙'해서 더 들여다보았자 삶을 오히려 퍽퍽하게만 할 수도 있다.

젊었을 때는 그 사람이 '나를 미워하나, 부담스러워 하나, 좋으면서도 싫은 척하나, 싫은 건 아니지만 다른 사정이 있어서 거리를 두나, 너무 사랑하기 때문에 헤어지나' 등등 온갖 생각과 감정이 뷔페처럼 놓인다. 이 또한 젊음의 특권이며, 그 시절에는 그렇게 모든 감각과 감정과 생각을 다 맛보고 부딪쳐봐야 한다. 하지만 중년이 넘었다면, 위의 복잡한 감정을 '따로 국밥'같이 심플하게 정리할 수 있다. '그는 내게 반하지 않았다', 더 솔직하게 표현해본다면 '그는 나를 좋아하지 않는다'. 이해하기 쉽도록 연인 간에 일어나는 감정을 예로 들었지만 '그'에 무엇이든 집어넣을 수 있다. 이를테면 '그 직장은(혹은 그 상사는) 나를 좋아하지 않는다'.

중고생들의 하교 시간에 그 근처를 지나가다 보면 재미있는 모습을 볼 수 있다. 많은 여학생이 앞머리에 헤어 롤러를 말고 삼삼오오 집으로 간다. 아마도 전 세계에서 가장 바쁜 한국의 청소년들이기에, 아마도 또 두세 개의 학원에 가야 하기 때문에 집에서 '한가하게' 머리를 다듬을 시간이 없어서인 듯하다. 여기까지는 흔한 모습이라 얘깃거리도 못 되는데, 가끔은 길을 걸으면서 작은 거울을 보며 빗으로 계속 머리를 이

195

리저리 넘기며 다듬는 학생도 보게 된다. 그 놀라운 눈－손－다리의 협응력! 100미터 밖에서 이런 사람이 보인다면 그 사람은 반드시 청소년이다! 그 사람은 절대로 중년일 리 없다.

이번에는 지하철 안으로 들어가보자. 아침 출근 시간에 운 좋게 자리를 차지한 여성이 가방에서 화장도구를 꺼내어 사람들이 보든 말든 화장을 하는 모습을 본 적이 있을 것이다. 흔들리는 차 속에서도 눈썹을 자로 잰 듯이 그리고 심지어 마스카라까지 장인의 솜씨로 빚어낸다. 그 사람은 보나마나, 아니 보기에도 20~30대다. 중년 여성이 그러는 건 한 번도 본 적이 없다. 지하철에서 보게 되는 중년의 모습은 두 유형이다. 아예 화장을 안 한 말간 얼굴로 잠자는 유형, 그리고 새벽 4시에 일어나서 한 게 분명한, 너무도 공들인 화장을 한 유형. 중년을 넘긴 사람들은 길을 걸으며 머리를 빗거나 지하철 안에서 화장을 하지 않는다. 할 거면 미리 시간을 내서 해치운다. 삶이 어느 정도 정리되어서 그런 것이다. 중년을 넘긴 사람은 늦잠을 자지 않으며, 시간에 쫓길 것 같으면 다른 일을 조정해서 시간을 만든다. 삶이 완숙해지고 있어서 그런 것이다.

중년의 '감정' 또한 완숙해진다. 그런데 나는 감정이 완숙해질수록 감정의 스펙트럼이 넓어지는 게 아니라 명쾌하게 심플해지는 쪽이라고 생각한다. 세상 모든 감정은 결국 호(好), 불호(不好), 그중의 하나다. '중립적', 혹은 '양가적'이라는 건 어차피 불호라는 뜻이다. 그렇지 않은가?

이것에 동의가 된다면 다음 단계 또한 명확하다. 그 사람의 당신에 대한 감정이 불호라고 치자. 그럼 '그렇구나' 하고 받아들이면 된다. 그렇게 받아들여도 큰일 나지 않는다. 정말이다. 하늘이 무너지지도, 갑자기 연봉이 깎이지도, 심지어 갑자기 죽지도 않는다. 어떤 사람이 당신을 좋아하지 않는다는 것은 생각보다 그렇게 무서운 일이 아니다. 어렸을 때야 엄마가 나를 좋아하지 않는다면 청천벽력 같은 사태였지만 지금은 전혀 문제 없다. 그럼에도 이런 말을 들을 때 두려워지는 것은 '어린 마음'이 튀어나와 지금의 상황을 본질 없이 흐려놓는 바람에 '최면에 걸린 듯한' 상태가 되기 때문이다. 그러니 최면에서 깨어나기만 하면 된다. "자, 제가 숫자를 셋까지 세면 당신은 어린 마음에서 벗어나 어른 마음으로 돌아올 것입니다. 시작하겠습니다. 하나, 둘, 셋!"

자, 최면에서 깨어 어른으로 돌아왔으니 현실을 바라보자. 그 사람이 당신을 좋아하지 않는다 치자. 그럼 당신은? 괜히

중립이니 양가니 쭈뼛대지 말고 솔직하게 말해보자. 답이 나
왔으면 또 다음 단계로 가보자. 그럼 그 사람과 앞으로 어떻
게 하는 게 좋을까?

> (1) 좋은 감정을 갖도록(혹은 그 사람이 내게 좋은 감정을
>   갖도록) 노력한다.
> (2) 감정이 좋아지는 건 글렀지만 여전히 봐야 할 이유
>   가 있으니 더 악화되지 않도록 최선을 다한다.
> (3) 앞으로 더 이상 엮이지 않도록 한다.

이 세 개의 선택지 외에 다른 선택지가 있다면 알려주시기
바란다. 가장 많이 선택하는 경우는 (2)일 것으로 예상되는데,
이것을 선택했다면 이후에는 갈등 상황에 놓여도 감정은 더
이상 거론하지 않도록 하자. 그 사람은 당신의 '감정'을, 당신
은 그 사람의 '감정'을 이미 충분히 나쁘게 했기에 (2)를 선택
하는 지경에까지 이르렀을 테니 말이다. '고마해라, 마이 묵었
다 아이가!'
그것을 알고서도 관계를 유지하기로 마음먹은 것이니 굳
이 도돌이표를 찍지 말자. "또, 또 나를 이렇게 기분 나쁘게
하다니!! 아직도 나를 못 잡아먹어서 난리냐! 도대체 언제까

지 나한테 그럴 건데?!" 밑줄 부분의 표현을 평소에 많이 한다면 의미 없는 도돌이표를 남발하고 있다는 증거다. 도돌이표를 남발할수록 '나쁜 감정의 분자'들은 당신의 마음을 휘젓는 것도 모자라 온몸을 휘젓고 돌아다니며 유해한 결과를 일으킨다. 모든 감정이 마치 분자처럼 특정한 화학 물질을 만들며 특히 부정적 감정들은 면역력을 저하시켜 질병을 일으킨다고 했던 퍼트의 말을 기억하자. 나쁜 감정은 한 번 소나기처럼 흠뻑 맞았다면 다 끝난 것이다. 소나기를 맞은 것도 죽을 지경인데 또 비를 맞고 물 바가지까지 맞을 필요가 없다. 단 한 번의 나쁜 감정만으로도 이미 지옥을 수십 번 왔다 갔다 하지 않았는가.

사실, 이런 말은 새로운 얘기가 아니다. 그럼에도 많은 사람들이 깔끔하게 정리하지 못하는 것은 너무 '억울'하기 때문이다. 분명 '그 사람이' 잘못해서 기분이 나쁘고 화가 나는 것인데, 왜 '당신의' 분자가 '당신의' 마음과 몸을 휘젓는단 말인가. '그 사람의 분자'가 '그 사람의 몸'을 휘젓지 않고 말이다.

나도 젊었을 때는 이런 점이 억울해서 마음 관리를 못 한 적이 많다. 당신도 많은 경우 그랬을 것이다. 하지만 중년을 넘어서면 살짝 다른 마음이 생긴다. 시간이 '약'이라서 그런지도 모르겠다. 아니면 시간이 '희소'해지고 있어서? "개똥도 약에 쓰려면 없다"는 말처럼 흔하게 널려 있던 시간도 언젠가는 없어질 테니.

　잠시 단어 퀴즈를 해보자. 바늘과 (　), 창과 (　). 괄호 안의 단어를 쉽게 맞추셨을 것이다. 이번에는 선택과 (　)이다. 괄호 안에 들어갈 단어로 '집중'을 금방 생각했을 것이다. 어떤 것을 선택했다면 그다음은 거기에만 집중해야 한다. 선택을 했다는 것은 어떻게 보면 많은 가능성들, 혹은 다른 기회들을 포기했다는 뜻이기도 하다. 당연히 아쉬움이 클 수밖에 없다. 더구나, 다른 이유 때문도 아니고 내 삶에 시간이 많이 남지 않았을지도 모른다는 이유로 한 포기라면 좀 센티해지기도 한다. 그런 만큼, 감정은 한두 번 강렬하게 '선택'하여 '집중'해서 다루고 가능한 빨리 다음 단계로 가자. 이미 다룬 감정인데도 계속 붙들고 있으면 과잉 기억화되어 유해한 물질들이 몸 안을 설치고 다닌다.

　감정을 붙든다는 말은 무엇일까. 만약 어떤 사람과 관계가 안 좋을 때 '그 사람이 나를 좋아하지 않는 것 같아서 몹시 서러워'라고 솔직하게 한 번 인정하는 것은 감정을 붙드는 게 아니다. 그것은 감정의 이름을 있는 그대로 불러보는 것이며 이는 마음 관리의 필수 코스라고 앞에서 말했다. 하지만 '서러운' 감정에 또 다른 이름을 붙이고 별명까지 붙이며 악담하고 저주하고 심지어 자해까지 한다면 그것은 감정을 '붙드는' 것이다.

요약하자. 어떤 감정을 제대로 '인식'하고 한 번 거하게 '표출'하는 것까지는 반드시 하되, 그다음은 뒤돌아보지 말고 앞으로 나아가자. 감정을 보내버리는 가장 좋은 방법은 플러스 생각을 하는 것이다. 인식, 표출, 플러스 생각의 3단계가 습관화되면 감정의 분자들이 당신의 몸에서 분탕질을 하는 경우가 점점 줄어들게 된다. 그저 감정을 보내버렸을 뿐인데 몸까지 건강해져 깜짝 놀라게 될 것이다. 굿바이, 감정!

플러스 생각 연습하기

나쁜 감정을 해소하는 가장 좋은 방법이 왜 플러스 생각이라는 건지 간단한 실습을 통해 확인해보자. 우선 '플러스 생각'이 어떤 것인지를 알려면 '마이너스' 생각이 어떤 것인지를 알면 쉽다. 그런데 마이너스 생각은 우리들에게 이미 체질화되어 생각하고 말고도 없다. 여기서는 정년을 앞둔 기혼자들이 흔히 고민하는 문제를 예로 살펴보려 한다. 각자 상황에 맞게 구성해보기 바란다.

(1) 옆의 표에서 '흔히 하는 생각'을 읽어본다.
(2) 그 생각에 대한 기분 점수를 매겨본다. 10점 만점 기준이며, 1점은 최악의 기분(기분이 대단히 안 좋다), 10점은 최상의 기분(기분이 대단히 좋다)이다.
(3) '플러스 생각으로 바꾼다면?'을 써본다.
(4) '플러스 생각'에 대한 기분 점수를 다시 매겨본다.

플러스 생각의 예시는 다음 표에서 제시하겠지만, 당신이 먼저 바꿔보기를 바란다. 어느 부분에서 바꾸는 게 어려운지를 알면 평소 마음 상태를 이해하기 쉽고 예시도 더 잘 활용할 수 있을 것이다. 바꾸는 게 너무 어렵거나, 바꾸어도 기분이 별로 나아지지 않았다면 타인의 도움을 받아보는 것도 좋다. 여담으로, 표의 '흔히 하는 생각'이 당신에게 너무 낯설다면 이 장을 뛰어넘어도 된다. 당신은 마음 관리의 달인임이 틀림없다.

〈표1〉 당신의 생각 파악하기

흔히 하는 생각	이 생각을 할 때의 기분 점수 (10점 만점, 1점이 최악 10점이 최고)	플러스 생각으로 바꾼다면?	플러스 생각으로 바꾼 후 기분 점수 (10점 만점, 1점이 최악 10점이 최고)
승진 실패로 비참하다.	2		
퇴직 후 어떻게 살아야 하나 걱정된다.	3		
출가한 자식들과 관계가 소원해져 화가 치민다.	4		
친구나 지인들과 소원해져 외롭다.			
경제적으로 빈곤해질 것 같아 걱정된다.			
몸이 안 좋아 죽을 것 같은 두려움으로 미치겠다.			
언젠가 배우자와 사별한다면 혼자 못 살 것 같다.			
나날이 늙어가는 것을 보니 희망이 없다.			

이제, 다음 표에 제시된 플러스 생각의 예시를 보며 자신의 생각과 어떤 점이 다른지 살펴보라. 예시의 생각으로 바꾼다면 어떤 기분이 들지 기분 점수도 매겨보라.

〈표2〉 플러스 생각의 예시

흔히 하는 생각	이 생각을 할 때의 기분 점수 (10점 만점, 1점이 최악 10점이 최고)	플러스 생각으로 바꾼다면?	플러스 생각으로 바꾼 후 기분 점수 (10점 만점, 1점이 최악 10점이 최고)
승진 실패로 비참하다.	2	이번에 승진이 안 되어 기분이 좋진 않지만 비참할 것까지는 아니지. 지금까지는 승진했으니 감사한다. 승진을 못 했다고 나의 가치가 떨어지는 것도 아니고 그동안의 경력이 무효가 되는 것도 아니다. 어차피 인생 2막을 준비해야 하니 차분하게 다음 계획을 세워보자. 주말에 친구와 맛있는 음식을 먹으며 마음을 털어놓자.	
퇴직 후 어떻게 살아야 하나 걱정된다.	3	퇴직을 앞두고 걱정되는 건 당연하다. 하지만 쫓겨나거나 조기 사퇴가 아니니 얼마나 다행인가. 퇴직금도 조금 갖고 나올 수 있으니 완전 깡통으로 나가는 것도 아니다. 이미 은퇴한 사람들이 다 망한 것도 아니고 이전보다 인생 2막을 오히려 잘 사는 사람들도 있으니 나도 그렇게 할 수 있다. 조만간 재산을 정리하면서 재정 계획을 세우고 퇴직 후 행복하게 사는 선배들의 자문도 받아보자.	

출가한 자식들과 관계가 소원해져 화가 치민다.	4	자식들이 전화 한 통 안 해서 문득문득 화가 날 때가 있지만. 거꾸로 생각하면 무소식이 희소식이라고 별일 없을 테니 감사하게 생각한다. 그 시기가 스트레스가 얼마나 많은 때인지 나도 겪어봐서 안다. 마음의 여유들이 없겠지. 전화를 안 한다고 걔네들과 관계가 끊어지는 것도 아니고 내가 아직 멀쩡한 정신으로 그들의 안위를 빌어주면 되니 감사하다.	
친구나 지인들과 소원해져 외롭다.		친구가 나를 오해하고 있는 건 아닌지 한번 진지하게 얘기를 해봐야겠다. 내가 잘못한 게 있다면 사과도 할 것이다. 그럼에도 관계 회복이 안 된다면 더 악화되기 전에 정리되는 것을 다행으로 여기자. 친구가 나를 비난해서 화가 나지만 진정한 친구가 아니라는 것을 이제라도 알게 되었으니 감사하다. 그것도 모르고 돈 부탁을 거절하지 못할 뻔했는데 마음 고생하지 않아도 되어 감사하다. 유익한 강연이나 건강 관련 동영상도 보면서 재미있게 살면 된다.	
경제적으로 빈곤해질 것 같아 걱정된다.		돈이 충분치 않다. 하지만 아직 정신이 멀쩡하고 중병에 걸린 것도 아니니 얼마나 다행인가. 가용할 수 있는 지원을 다 받아보고 침착하게 생각해보면 방법을 찾을 수 있을 것이다. 몸만 건강하면 굶어 죽지 않는다. 고민을 털어놓을 사람이 있어서 감사하다.	

		몸이 안 좋아서 불안하지만 나이 들어 안 아픈 사람 못 봤고 지금까지는 큰 병이 없었으니 얼마나 다행인가. 아프다고 죽을까 봐 두려워하는 건 좀 과민한 거지. 죽는 게 그리 쉬운가. 10년 전에 이렇게 몸이 안 좋았다면 일도 못 했을 거다. 이제부턴 다른 데 신경 쓸 일 없이 내 몸만 잘 관리하면 된다. 그러라고 아픈 것일 게다. 지금부터 몸 관리를 잘하면 오랫동안 건강하게 살 수 있을 것이다. 이런 걱정 할 바에야 나가서 산책하자.	
몸이 안 좋아 죽을 것 같은 두려움으로 미치겠다.			
언젠가 배우자와 사별한다면 혼자 못 살 것 같다.		저 사람과 사별할 생각을 하면 억장이 무너지지만 어차피 둘 중의 한 사람은 한 번 겪을 일이다. 이미 그런 일을 겪은 친구도 있다. 그들 모두 처음에는 혼자 못 살 것 같다고 했지만 지금은 다들 잘 살고 있지 않은가. 친구나 친지들과 더 친밀하게 지내면 된다. 어쨌든 어차피 겪을 일이니 집안일도 미리미리 연습 삼아 해두자. 자, 오늘은 밥 짓기(전구 갈기)부터 한번 해보자.	
나날이 늙어가는 것을 보니 희망이 없다.		거울을 볼 때마다 주름살이 늘어나니 기분이 좋진 않지만 희망이 없다는 건 오버지. 아직 시력도 좋고 청력도 문제 없고 팔다리도 멀쩡하니 기운내자고. 자, 영화 한 편 보고 대청소나 하자.	

플러스 생각의 예시들이 당신의 상황과 딱 맞아떨어지지는 않을 테니 전체 흐름만 살펴보기 바란다. 플러스 생각으로 바꾼 후의 기분 점수가 〈표1〉에서 더 높았다면, 즉 당신이 바꾼 플러스 생각이 기분을 더 좋게 만들었다면 그 능력을 썩히지 말고 꼭 가족이나 지인들에게도 가르쳐주시라. 그들이 당신에게 무척 고마워할 것이다. 사실 자신의 기분을 가장 빨리 좋게 할 수 있는 사람은 자신이다. 그저 당신이 그런 능력이 있음을 몰랐을 뿐이다. 혹은 다른 사람이 해주어야 한다고 생각하거나 그러기를 원하여 당신의 일로 치지 않아왔을 뿐이다.

플러스 생각이
마음을 치료하는 원리

플러스 생각이 마음을 치료하는 근본 원리를 알아두면 이 작업을 1회용으로만 끝내지 않으리라 생각한다. 〈표2〉에 제시한 예시를 토대로 플러스 생각이 어떤 원리로 마음 관리에 도움이 되는 것인지 살펴보자.

간단한 이 '바꿔치기'에는 마음을 안정시키는 효과가 있다고 검증된 심리적 기제들이 들어 있다.

　첫째, 인지 전환
　둘째, 기분 전환
　셋째, 주의 전환
　넷째, 해결 방법 모색

　간략하게 설명해본다면, 스트레스 상황에 놓이면 누구라도 처음에는 부정적인 생각이 들지만 이를 의도적으로 플러스 생각으로 바꾸면 '인지 전환'이 된다. 인지 전환이 되면 기분 점수가 즉시 달라지는 데서 알 수 있듯이 '기분 전환'은 자동적으로 이루어진다. 다음으로 친구와 만나 맛있는 음식을 먹거나 걱정할 바에야 산책하러 나간다든지 영화 한 편 보고 대청소를 하는 등의 행동은 '주의 전환'에 해당하며, 친구와 만나 오해를 풀어본다든지 재산을 정리하면서 재정 계획을 세운다든지 오늘 당장 밥 짓기 연습을 해보는 등의 행동은 '해결 방법 모색'이다.
　이런 전환이나 해결 방법의 모색을 어느 날 한 번 했다 해서 마음이 완벽하게 평화로워지거나 현실적 문제들이 깔끔하게 해결되는 것은 절대로 아니다. 하지만 스트레스를 받을 때이 방법들을 떠올려 꾸준히 시도하다 보면 불안과 우울은 서서히 물러가고 일상적 문제들이 한결 수월하게 해결된다. 사실 심리적으로 위축되거나 불안해하지 않고 몸만 건강하면 문제는 언제나 풀리게 되어 있다. 부정적 감정으로 '체한' 속을 '활명수 생각(플러스 생각)'으로 뚫어주기만 하면 된다. 그다음은 시간 문제일 뿐이다.

이번에는 치료 효과를 일으키는 플러스 생각의 진행 단계를 정리해보자. 사실 이 부분은 벌써 알아차렸을 독자들도 많을 것 같다.

1단계 : 상황 인식
2단계 : 감정 인식
3단계 : 상황 수용
4단계 : 생각 바꾸기

예를 들어 '나날이 늙어간다'라는 '상황 인식'이 되었다면 '기분이 좋지 않다'는 '감정 인식'까지 나아간다. 그다음에는 '늙긴? 이 정도는 늙은 게 아니야'라는 식으로 부정하는 게 아니라 늙었다는 상황을 '수용'한다. 마지막으로, 그럼에도 불구하고 '답이 없다'가 아니라 '그래도 눈, 귀, 팔다리 멀쩡하게 일어났으니 기운내자'고 플러스 생각으로 마무리하는 것이다.

'내가 늙었다'는 것을 '객관적 현실'이라고 한다. '그래도 다행인 게 있다'라고 생각하는 것은 '주관적 현실'이다. 다 알고 있는 예인 '물이 든 컵'으로 다시 얘기해보자. 컵에 물이 반이 있는 것은 객관적 현실이다. 하지만 당신의 주관적 현실은 '물이 반밖에 없어?'일 수도 있고 '물이 반이나 있네!'일 수도 있다. 어느 쪽이 당신에게 힘을 주는가? 힘을 주는 쪽을 늘 기억하고 수시로 그쪽으로 생각해야 한다. 만약 당신이 '나는 힘 같은 건 관심 없어. 옳고 그르냐가 중요하지. 물이 반밖에 없는 게 옳지. 그게 진실이지'라고 한다면, 앞에서 당신 마음의 주인이 당신이라 했으니 억지로 당신을 끌고 갈 수는 없다. 어차피 끌고 가봤자 안 된다.

그래도 한 번 더 재고하시기 바란다. 상담실을 찾아와 낫는 사람들 중에 객관적 현실의 옳고 그름이나 진실을 규명해서 답을 찾은 사람은 한 번도 보지 못했다. '자신에게 힘을 주는' 주관적 현실을 찾은 사람들이 기필코 어려움을 극복한다. 그렇다고 이 주관적 현실이 '물 반'의 현실을 부정하는 것도 아니다. 우리는 여전히 세상을 잘 판단하고 있다. 그러니 안심하고 마지막 한마디만 바꾸자. "물이 반……이나 있네!"

이런 의미를 새기면서 〈표2〉를 다시 보면, '……지만,'의 표현이 대부분이라는 것을 알게 될 것이다. 이 표현대로, 일은 벌어졌지만, 그럼에도 '힘이 나게 하는' 플러스 생각으로 난관을 헤쳐 나가겠다는 명령을 자신에게 내려야 한다. '비참하다. 짜증난다. 미치겠다.'의 마침표로 삶을 규정하지 말자. '비참하지만, 짜증나지만, 미치겠지만,'의 쉼표를 붙여 잠시 숨을 고른 후 에너지가 다시 올라오면 플러스의 생각을 붙이자. 그러면 그 생각은 당신을 플러스의 삶으로 인도할 것이다.

이렇게 복잡하게 하지 말고 즉시 사실을 부정하거나 무시하면 더 효과가 빠르지 않느냐는 질문을 받을 때가 있다. 이를테면 '에이, 이건 늙은 게 아니야. 주름살이 하나 생긴 거지'라고 객관적 현실을 부정하는 것이다. 이 또한 나쁜 방법은 아니다. 급할 때는 이 방법도 써야 하고 또 먹힌다. 다만, 당신의 정신이 너무 똑똑하다는 게 문제다. 정신은 상당히 융통성이 있어서 우리가 부정이나 무시를 하겠다면 잠시 그렇게한다. 더 정확하게 말하면 그런 척한다. 하지만 위치만 이동시킬 뿐이다. 당신의 의식에서 무의식으로. 당신이 모른 척한 것들은 무의식의 안방에 떡하니 자리를 차지하고 앉아 있다가 시시때때로 튀어나와 당신을 괴롭힌다. 그래서 승진 실패로 자존심이 상했던 건데 자꾸 다른 사람의 단점을 들춰내서 화풀이를 하거나 그들 때문에 자신이 요 모양 요 꼴이라며 합리화를 하기도 한다. 그럴수록 그들은 당신을 점점 이해해주지 못하고 오히려 원망한다. 그다음은, 다들 아는 상황이 벌어진다.

상황이 갈수록 나빠 보인다는 것, 퇴직 후 예전보다 풍족하게 살 수 없다는 것, 건강이 점점 나빠질 수 있다는 것, 가족과 사별하거나 관계가 멀어질 수 있다는 것 등을 괴롭더라도 최소한 한 번은 솔직하게 인식해야 한다. 그래야 당신의 무의식이 소화불량에 걸리지 않는다. 최초로 한 번 인식할 때의 괴로움은 플러스 생각으로 얼마든지 경감시킬 수 있다. 반드시 그렇게 할 수 있다.

마이너스 생각이 습관화되었다면 아침에 눈떴을 때부터 밤에 잠들 때까지 온종일 기분이 나쁘다. 그러나 정말로, 정말로, 이중 최소한 아침만큼은 기분 좋게 하루를 열어야 한다. 다음으로는 퇴근 후 시간대다. 우리가 정신이 없을 때는 아침에 눈을 뜨기만 해도 사는 게 지겹고 앞에 앉아 있는 가족만 봐도 왕짜증이 난다. 하지만 퇴직 이후에 대한 경제적 걱정이나 신체적 병에 대한 걱정 등에 비해서는 얼마나 사소한 상황들인가. 그날의 '사소한' 상황들에서 힘을 비축해놓아야 자기 직전에 '내일도 기운차게 일어나리라'는 의지를 발휘할 수 있다. 반대로 어떤 사람은 밖에서는 아주 잘 지내는데 가족이 큰 문제다. 그럴 때는 밖에서 벌어지는 일들을 사소한 쪽으로 놓으면 된다. 회사와 집 모두 그렇다면? 상대적으로 비중이 더 작은 쪽을 찾되 전문 심리 상담을 받아서라도 스트레스 항거력을 절대로 바닥내지 말라고 진심으로 말씀드린다.

인터넷에 여러 번 소개되어 80개국 이상에서 참여한 캠페인이 있다. 미국 미주리주 캔자스시티의 윌 보엔 목사가 '인간이 겪는 모든 불행의 뿌리에는 불평이 있다'는 사실을 깨닫고 벌인 의식 개선 프로그램으로, 캠페인 참여자는 한쪽 손목에 고무로 된 보라색 팔찌를 끼고 있다가 자신이 불평을 하거나 누군가를 비난하고 있다는 사실을 깨달을 때마다 다른 손목으로 옮겨 끼운다. 팔찌를 갈아 차면서 자신을 한 번 더 돌아보는 기회를 갖는 것이다. 21일 동안 내리 불평하지 않고 지낼 때까지 팔찌를 차고 있는 게 목표다. 이 교회는 지금은 세계 각국에 매월 1000개 이상의 고무 팔찌를 보낸다고 한다. 우리나라 포항제철소에서도 이 캠페인을 벌여 효과를 보았다는 기사가 2010년에 《동아일보》에 게재된 적이 있다.

커피 한 잔 값도 안 되니, 마음에 드는 색의 팔찌를 차고 있다가 마이너스 생각을 할 때마다 다른 쪽 팔로 옮겨보자. 처음에는 팔찌가 정신없이 왔다 갔다 하더라도 그러려니 하라. 21일 내내 한 번도 팔찌를 옮기지 않도록만 바뀌면 된다. 21일의 도전을 성공적으로 끝내보자. 그리고 이후 스트레스에 처할 때마다 21일의 성공 체험을 재연한다면 당신은 진정한 마음의 주인이 될 것이다.

삶의 통합을 위한
수용과 감사

"이 나이 먹도록 아무 것도 이룬 게 없고 이렇게 살다 죽는 건가 생각하면 마음이 너무 허합니다. 자식들은 나 몰라라 하죠, 돈은 없죠, 몸은 안 좋죠."

앞의 표에 예로 적었던 내용들이 총체적으로 들어 있는 이 말은 상담실이나 강연장에서 만나는 어르신들에게서 가장 많이 듣게 되는 하소연이다. 이런 고민을 접하다 보면 심리학자 에릭 에릭슨의 「8단계 심리 사회적 발달 이론」 중 노년기의 심리적 과업인 '자아통합 대 좌절(integrity vs. despair)' 개념이 자연스레 떠오른다. 독자들도 한번씩 들어보셨을 이 발달 단계에 따르면, '신뢰감 대 불신'의 개념이 형성되는 유아기(1단계)

에서 시작하여 '자아정체감 대 역할 혼미'의 과업에 직면해야 하는 청소년기(4단계)를 거쳐 '생산성 대 자기 침체'의 과업을 완수해야 하는 성인기(7단계)를 지나 마지막 단계, 즉 삶의 통합이 요구되는 노년기(8단계)에 이르게 된다. 에릭슨은 통합에 실패하면 좌절감을 경험하게 된다고 주장했다.

통합이란 '잘 살았든 못 살았든 지금까지의 삶을 수용하고 한계를 인정하며 그 안에서 의미를 찾는다'는 뜻이다. 내 경우를 떠올려보면, 에릭슨이 지칭한 발달 단계에서 한 번씩 '지금 정체감을 잘 찾고 있나? 자기 침체에 빠진 건 아닌가?' 등의 자문을 해보긴 했지만 노년기의 심리적 과업만큼은 늘 먼 미래의 일로만 간주해왔다. '나는 아직 완전한(?) 노인이 아니잖아'라며 나이 듦을 부인하려는 태세도 있었지만, 삶의 통합이라는 게 인생의 거의 마지막 단계에서나 가능하다고 여겨서였던 것 같다. 하지만 지금은 통합이 마지막 단계에서 갑자기 되는 게 아니라는 생각이 든다. 노년기 시작부터 통합의 '첫 단추'를 꿰어야 하며 이후 서서히 완성도를 높여가는 것으로 봐야 한다.

앞서 적은 각각의 문제들은 자존감을 건드리고 인간의 가장 중요한 욕구인 사랑받고 싶은 욕구와 가치 있는 존재로 인정받고 싶은 욕구를 좌절시키며 외로움을 극대화하고, 특히 경제적, 신체적 문제들은 생존 자체와 연결되어 삶의 의지를 박살내기까지 한다. 쪽배 하나 타고 폭풍우 치는 바다 위에 있는 것이라 해야 할까. 배는 뒤집어질 것 같고, 뒤집어지지는 않을지라도 최소한 물은 샐 것 같으며, 먹을 것도 떨어졌고 기력도 바닥나 있다. 설사 이 '바다'는 지나간다 해도 또 다른 문제들이 닥칠 것 같다. 이럴 때 최우선으로 해야 할 일은 배의 균형을 맞추는 것이다. 격랑이 이는 바다에 위태롭게 떠 있는 내 인생의 배를 균형 있게 잡아주는 스테빌라이저(안정 장치)는 수용과 감사이다. 통합의 '첫 단추'이기도 하다.

'지금 내가 이렇게 곤궁하구나. 지금 나는 어느 때보다 외롭고 돈도 부족하며 나를 도와줄 사람도 적구나' 이렇게 일단 수용을 해보자. 원하지 않았던 삶이 펼쳐졌다 해도 당신이 잘못해서가 아니다. 삶 자체가 애초에 취약하고 불안정한 것이다. 그동안에는 이런 상황에 대해, 조금만 더 살면 달라지지 않을까, 조금만 더 노력하면 나아지지 않을까 기대하며 살아왔지만, 노년기에 이르렀다면 기대보다는 수용 쪽으로 좀 더무게 중심을 옮겨야 한다. 기대를 하지 말자는 게 아니다. 기대도 최선의 노력도 계속하되 수용이라는 매트를 깔아놓으면 달리다가 넘어져도 크게 다치지 않는다. 중년기를 넘으면 결과보다 과정이 중요하다는 말을 격률(maxim)로 삼아야 한다.

결과는 그간의 노력의 방향이 적절했는지 참고로만 보자. 노력해왔던 과정들에 대해 진심으로 자신을 칭찬해주자.

이렇게 해본다 해도 기분이 금방 나아지지는 않을 것이다. 이 문제는 감사로 해결해볼 수 있다. 이 상황에서도 자신에게 남아 있는 것을 헤아려 다행인 점, 감사한 점을 찾아보면 희한하게도 기분이 금방 좋아진다. 설사 좋아지지는 않더라도 적어도 조금 전에 비해서는 기분이 나아지고 다시 살아볼 의지가 올라온다. 감사는 너무 진부해서 사람들이 그 효과를 경시하지만 "감사합니다!"라고 말하기만 해도 입꼬리가 올라가고 이마의 주름살이 펴지는 천연 강장제다. 6장에서 면역력을 높이고 통증을 감소시키며 수명을 연장시키는 감사의 효과를 짧게 언급한 적이 있다. 이런 효과가 나오는 것은 감사하는 표정, 즉 웃는 표정을 지으면 뇌가 '지금 좋은 상황이구나, 안심이 되는 상황이구나'라고 해석하여 스트레스 호르몬은 감소시키고 몸과 마음에 유익한 호르몬과 신경 물질은 많이 분비하기 때문이다. 감사는 신이 인간에게 선물로 준 기적의 자가 치유제다.

앞 절에서 예시로 적은 '플러스 생각'을 다시 읽어보자. '그럼에도 불구하고 다행이고 감사하다'의 내용으로 바꾸었음을 알게 될 것이다. '플러스 생각으로 바꾸기'가 생각 하나씩을 긍정적으로 바꾸는 거라면, 감사는 삶에 대해 전체적으로 긍정적인 태도를 지니는 것이라고 할 수 있으며 이 태도가 공고화되면 일일이 생각을 바꿀 필요 없이 대체로 안심되고 충만한 기분으로 하루를 보낼 수 있다. 가끔씩은 다시 마음이 격해지고 우울과 짜증이 올라와 속이 쓰리겠지만 수용과 감사를 하다 보면 어느새 아물게 될 것이다.

노년기 심리적 과업이 '삶의 통합 대 좌절'이라고 했다. 통합을 위한 시간이 아무리 많이 남아 있고 노력해볼 수 있다 해도 '만족스러운 통합'을 할 만큼의 상황에 도달하기는 불가능하다. 그러니 이대로도 만족해하면서 지금의 상황도 충분히 괜찮다고 인정해야 일단 숨을 고를 수 있다. 이렇게 해야하는 보다 근본적인 이유는, 삶의 통합을 위해 계속 노력하되 불충분한 지금의 상태에서도 먼저 감사한다면 미완성의 삶에 대해서도 굳이 좌절감을 느낄 필요가 없기 때문이다. 이 자체가 이미 '통합'이므로. 이런 시각에서 되돌아보면 '잘 살았든 못 살았든 과거를 수용하고 한계를 인정하며 그 안에서 의미를 찾는다'는 통합의 뜻이 각별하게 와닿을 것이다.

나는 노년기의 심리적 과업명을 조금 다르게 지어보고 싶다. '통합의 수용 대 불수용.' 굳이 좌절을 넣을 필요가 없다.

그리고 통합은 외부의 성과나 성취와 무관하며 지극히 주관적인 만족감으로 실현되는 것이다. 우리가 못 할 것이 없다.

앞의 어르신들의 하소연을 문자 그대로 읽다 보면 좌절감에 빠질 일만 남은 것 같다. 실제로 이런 모습은 많은 사람이 '노인의 삶'에 대해 갖고 있는 평균적인 시선이며 나이 듦을 더욱 부정적으로 받아들이게 되는 이유이기도 하다. 하지만 『길고 멋진 미래』의 저자 로라 칼스텐슨은 정반대의 사실을 얘기한다. 스탠포드대학교 심리학과 교수로 30년 이상 노화심리학 연구를 수행해온 그녀는 일생 중에 정서적으로 가장 안정될 때가 노년기인 것으로 일관되게 나타난다고 하면서, 노인은 젊은이에 비해 부정적인 정서를 덜 경험하고 긍정적인 정서는 더 많이 경험하며, 부정적인 정서를 겪는다 해도 관리를 더 잘한다고 보고했다. 뿐만 아니라, 치매를 제외하고서는 일반적인 정신 건강도 나이가 들면서 향상된다고 말했다. 좌절은커녕 통합이 잘된 모습이다. 이런 '놀라운' 모습을 보여주는 노인들은 나이 들어 몸이 아프지 않았을까? 돈이 여전히 많았을까? 젊었을 때의 관계를 여전히 잘 유지하고 있었을까? 직관적으로 생각하기만 해도 그렇지 않았을 거라는 걸 충분히 알 수 있다. 그럼에도 통합으로 나아갈 수 있었던 비결은 무엇이었을까? 칼스텐슨은 노인이 부정적인 일은 지나가게 두고 긍정적인 것에 초점을 맞추며 좋은 시간을 소중히 여기고 남은 시간을 즐긴다고 설명했다. 수용과 감사의 태도인 것이다.

2장에서 노인 세대가 젊은 세대에게 줄 것의 하나로 평화를 제안한 바 있다. 수용과 감사가 체질화된다면 평화를 주는 것 또한 그리 어려운 일이 아니다. 30대에 노인심리학 강연을 할 때는 강연 초반에 분위기를 띄우고자 "노인의 머리, 청년의 손", "사람은 나이를 먹는 것이 아니라 좋은 포도주처럼 숙성되는 것이다", "집에 노인이 안 계시면 빌려서라도 모셔라" 등의 노인 관련 속담을 꺼내곤 했다. 젊은 세대들에게는 노인에 대해, 어르신 본인들에게는 늙어감에 대해 긍정적인 시각을 갖게 하려는 취지에서였다. 하지만 대략 10여 년 전부터는 속담 말하기를 멈췄는데, 나 자신이 나이 들어가면서 연장자를 치하(?)하는 듯한 표현을 하는 게 민망한 면도 있었지만 어르신 당사자들이든 그 맞은편 세대의 사람들이든 속담을 들었을 때 미소를 짓거나 공감하는 반응이 예전 같지 않았기 때문이다. 아무리 속담이라도 현실적 토대가 조금이라도 있어야 공감을 하거나 웃기라도 할 텐데 '빌리기'는커녕 자기 부모를 모시는 것조차 버거워진 세태에 이르렀으니 무리도 아니다. 이런 세태에 대해 어르신들은 "자신이 짐이 되어서"라는 말을 가장 많이 하신다. 물론 부모를 부양하는 경제적 부담은 무시할 수 없다. 하지만 나는 조금 다른 차원에서 보고 싶은데 돈 문제가 아니라 마음 문제일 수도 있다. 예전에 비해 오래 살게 되다 보니 노년기에 이르러서도 여전히 청소년기 때처럼 정체감의 혼란을 보이거나 청장년기 때처럼 끊임없이 성공, 성과, 지속적인 번영에 몰두한 나머지 좌절과 반목의 모습을 보이기도 한다. 한마디로, 평화롭지가 않다. 그러다 보니, 자기 문제만도 버거운 청장년층이 '아직도' 번뇌 속에 사는 노인 세대(부모 세대)까지 가까이 두는 것에 자신이 먼저 질식할 것 같은 두려움을 느껴 거리를 두는 면도 있지 않나 싶다. 자식이 속이 안 좋아 '엄마 약손'으로 배를 좀 문질러 달라고 하고 싶은데 엄마는 속이 더 안 좋다고 신세타령하며 손이 차가워져 있는 상태랄까.

그렇다고 해서 자식의 '약손'이 되기 위해 자신의 감정을 다 감추고 억지 평화를 보여주자는 건 절대로 아니다. 자식은 열 살이든 쉰 살이든 배가 아프면 벌렁 누워서 부모의 간호를 받지만 부모는 아파도 효자 효녀 자식이 있지 않는 한 자기 손으로 자기 배를 문질러야 할 판이다. 자식은 둘째치고, '내' 체기를 가라앉히기 위해서라도 평화로워지자고 말씀드린다. 가장 쉬운 방법은 역시나, 수용과 감사다. 수용과 감사는 '하면 좋지 뭐' 차원 정도가 아니라 척박한 삶에서도 의미를 찾아 지탱해나가고 통합에 이르도록 끌어주는 '적자생존' 급의 태도다.

외로워도 괜찮아

고등학교에서 학생들 진로 교육을 한 후 교감 선생님과 교내 식당으로 자리를 옮길 때였다. 이분은 원래 철학을 전공하셨는데 뜻한 바가 있으셔서 교사가 되신 분으로, 1~2년에 한 번씩은 나를 강연자로 불러주셨고 그때마다 반드시 식사를 하고 가도록 배려해주셨다. 대화 중에 간간이 흘리신 가정사를 들어보면 세상에 부러울 것이 없는 분일 거라는 생각이 들었다.

그런데 이분은 그날 식당으로 가던 중 갑자기 "근데, 인생이 참 외롭네요"라는 말씀을 하셨다. 나는 무심코 "그렇죠? 외롭죠!"라고 말했다. 그러자 이분이 잠시 멈칫하시더니 "박사님도요? 그래도 박사님은 아니라고 생각했는데"라고 하시는 것이었다.

"무슨 수로요?"

"아니…… 그러니까 심리학을 전공하셨으니 외로움도 덜

타고 극복도 잘하실 거라고 생각했죠."

"철학을 전공하신 교감 선생님이야말로 그러실 거라고 생각하는데요?"

"철학은 원래 외로운 학문이에요. 사회철학이라면 모를까."

"심리학만큼 외로운 학문도 없을 겁니다. 사회심리학이라면 모를까."

우리는 그렇게 농담을 하며 웃음을 터뜨렸다. 잠시 외롭지 않았다.

그때는 가볍게 대화를 했지만 나중에 다시 떠올려보니 생각할 거리가 꽤 있었다. 우선, 사람들은 외롭다는 티를 내지 않으려 한다. 외롭다는 것을 부정적인 쪽으로 많이 받아들여서인 것 같다. 어떤 사람이 외롭다고 하면 무언가 대인관계에 문제가 있고 그것을 해결할 능력이 부족하다는 인상이 드는 듯하다. 그러면서 우스운 생각도 잠시 들었다. '심리 상담가가 외롭다면 상담을 받으러 오는 사람이 없을까? 내가 너무 솔직했나?'

외로움은 특히 노년기에 두드러지는 감정인데, 삶에서 마이너스가 많아지니 당연하기도 하다. 그런데 우리는 평생 외로움을 모르다가 나이 들어서 실감하는 걸까. 아니, 우리는 진작 알고 있었다. 그저 외롭지 않은 척해왔을 뿐이다. 텔레비전을 보면서, 돈 벌면서, 수다 떨면서, 때로는 술까지 먹으면서 잠시 잊었을 뿐이다. 심지어 이보다 더한 것도 하면서 살아왔다. 외롭지 않으려고 사랑하지 않는데도 참고 만났고, 외롭지 않으려고 좋아하지 않는데도 아부를 했고, 외롭지 않으려고 열정이 없는데도 회사에 눌러 붙어왔다.

그럼에도 이제야 외로움이 실감되는 것은 첫째, 반평생을 그렇게 살아오다 보니 이제는 노력할 힘이 바닥이어서 그럴 것이다. 외부적으로도 노력할 구실과 압박, 의무가 조금씩 없어지고 노력하라고 누군가 깔아놓은 멍석도 서서히 말아지고 있다. 그래서 모든 방어기제들이 무너지면서 우리의 민낯, 외로움이 크게 자각되는 것뿐이다.

둘째, 이렇듯 차 떼고 포 떼고 껍데기를 하나씩 벗어가면서 실존적 감정에 가까워지고 있어서일 것이다. 요컨대 우리는 외로운 존재라는 걸 이미 알고 있었다. 그렇다면 이제는 솔직히 인정하면 어떨까.

불교 관련 매체를 통해 많이 알려졌던 키사 고타미의 이야기가 있다. 키사 고타미라는 여인이 아이를 잃고 극한의 고통에 빠졌다. 그녀는 아이를 살릴 약을 찾으러 미친 듯이 절규

하며 돌아다녔고, 심지어 아이의 시체가 썩기 시작했지만 시체를 내려놓지 않으려 했다. 마침내 부처님께 애원하자 부처님은 아이를 살릴 약을 줄 테니 겨자씨 한 줌을 가져오되, 반드시 사랑하는 이를 한 명도 잃은 적이 없는 집에서 구해야 한다고 말했다. 그녀는 가볼 수 있는 모든 집의 문을 두드렸으나 그런 집은 찾을 수 없었다. 그러면서 슬픔에 짓눌려 몸부림치는 사람이 자기 혼자만이 아니라는 것을 깨닫게 되었다. 세상 사람 모두 묵묵히 슬픔을 견디며 살아가고 있었던 것이다. 비로소 그녀의 광기는 멈춰졌다.

이 얘기를 우리 얘기로 바꾸어본다면, 외롭지 않은 사람이 한 명도 없는 집은 찾을 수 없다. 모두 묵묵히 외로움을 견디며 살아가고 있을 뿐이다. 앞 절에서 수용하는 연습을 많이 해봤으니 일단 수용 먼저 하고 다음으로 넘어가도록 하자. 당신도 같이 해보시라.

"네. 외롭습니다. 외롭답니다."

슬며시 미소가 지어지지 않는가? 그깟 외로움이 뭐라고, 뭐 그렇게 대단하다고 꽁꽁 싸매서 들키지 않으려고 생난리를 치며 살아왔단 말인가. 그저 받아들기만 하면 되었을 것을. 막말로, 외로운 게 병도 아닌데 말이다. 설사 병이라 쳐도 절대로 불치병은 아니다. 다시 어울리면 되고 혼자서도 행복하게 사는 법을 찾으면 된다. 다시 어울린다는 것은 젊었을 때의 '이합집산'적 어울림이 아니라 진심으로 마음 맞는 사람들과 어울린다는 뜻으로 중년을 넘어서면 훨씬 수월해진다.

내 생각에, 지금 50대 후반을 넘긴 연령대라면 외로움이 상당한 문제이긴 했다. 대부분 대가족의 일원으로 성장했고 개인적 가치보다 집단의 가치를 더 중시하는 사회 문화에서 버텨내야 했기 때문에, 혼자만 따로 놀고 있으면 따가운 눈총을 받을 때도 있었다. 하지만 이제 막 첫 늙음을 경험하는 세대라면 외로움이 그렇게까지 문제되지 않을 것 같다. 사회가 변하고 있기 때문이다.

『혼자 살아도 괜찮아』에 '솔로 웨딩' 내용이 실려 있다. 정식으로 웨딩식을 올리되 혼인 서약 대신 독신 서약을 하는 것이다. 저자인 엘리야 킴 키슬레브에 의하면, 일본 교토의 독신 전문 여행업체에서 2500달러 가량의 결혼식(예식) 패키지 상품을 판매하는데 기존의 결혼식 상품과 똑같이 웨딩드레스, 미용, 리무진 대여, 기념 앨범 등으로 구성되어 있다고 한다. 솔로 웨딩은 이제 미국, 동아시아, 유럽에서도 성행하며 스탠퍼드대학교 졸업생까지 솔로 웨딩 전문 웹사이트를 운영할 정도라고 했다. 비혼주의를 선포하며 자유의 기쁨을 만끽하다가도 '그동안 냈던 결혼식 부조금은 아깝다'고 생각하는 사람이라면 귀가 솔깃할 만한 내용이겠다.

키슬레브는 심지어 타 저자의 '로봇과 나누는 사랑과 섹스' 글을 언급하며 조만간 로봇과의 결혼에 대한 법규가 마련될 거라는 파격적인 발언도 한다. 조금 과한 전망이 아닐까 하는 생각이 들어 관련 자료를 찾아봤더니, 이미 '디지털 성애'라는 용어가 등장했고 로봇과의 결혼을 염두에 둔 듯한 '로봇 윤리'와 관련 학회까지 연관 검색어로 올라온다. 사회의 급변이 새삼 느껴진다.

로봇에 대해 생각해본다면, 나 또한 가사 로봇이 있다면 재미있기도 하고 큰 도움이 될 것 같으며 일본이나 독일에서 치매 간병 로봇의 효과가 보고되는 것처럼 인간의 삶에서 꽤 중요한 부분을 차지할 것은 분명하다. 하지만 로봇이 인간의 삶을 편하게 해줄 것은 분명하지만 감정까지 편하게 해줄지는 의문이다. 로봇의 지적 능력, 즉 IQ를 못 믿어서가 아니라 EQ의 측면에서 그렇다. 천하의 알파고라도 변덕이 죽 끓듯 하는 인간을 일주일 정도 상대하면 '감정' 알고리즘이 다 망가질 것이다.

더 큰 의문은 과연 로봇이 '나를 사랑하는 눈빛'을 보낼 수 있을까 하는 것이다. 로봇에서 가장 만들기 어려운 부분이 의 외로 눈이라는, 로봇공학자의 말을 들은 적이 있다. 겉모양이나 기본 기능은 인간 눈처럼 만들 수 있지만 보다 정교한 기능은 절대로 따라갈 수 없을 거라고 하는데 그 이유는 "인간의 눈이 (외부를) 너무 잘 봐서, 그리고 눈에 감정을 너무 잘 담아서"라고 했다. 아무리 생각해도 감정을 다루는 것은 역시 우리, 인간의 몫이다.

급변하는 사회에서 정신 줄 놓지 않고 자신을 잘 지키려면 혼술, 혼밥, 1인 가구 등에 기저한 인간 의식의 흐름을 들여다봐야 한다. 내가 파악한 것은, 이제 우리는 더불어 사는 삶의 가치를 여전히 중요시하면서도 그 어느 때보다 '자신'에게 주의를 기울이는 시대에 살고 있다는 것이다. 기존의 행복 공식이 '1+1'이었다면 이제는 '1:1(혹은 1:다수)'로 변하고 있는 것 같다. 이런 변화가 개인의 특수한 선택이나 상황이 아니라 인류 전체의 변혁기 혹은 과도기일 수 있다는 생각이 든다. 역사의 한가운데 우리가 있는 것이다. 이런 변화가 어떤 방향으로 전개될지는 단정할 수 없지만, 다시 다인 가구로 돌아올 수도 있고 진짜 로봇과 동거를 할 수도 있겠지만, '나 혼자 산다' 현상은 당분간 확대될 것이다. 이런 삶에 따르는 감정을 가장 잘 표현하는 단어가 외로움이라면 우리는 당분간 '외로운' 삶을 살 게 분명하다.

하지만 외로움의 정의가 잘못됐을지도 모른다. 그간 내려온 정의는 1+1의 공식에서 형성된 것일 수 있다. 사전에서 외로움을 찾아보면 '홀로 되어 쓸쓸한 마음이나 느낌'으로 정의되어 있다. '홀로'를 '쓸쓸함'과 동격으로 여기게끔 하는 너무 단순한 매칭이다. 어떻게 사느냐에 따라 '홀로'는 홀가분함이 될 수도 있고 즐거움, 다행감, 행복감이 될 수 있다.

키슬레브가 로봇 얘기를 잠깐 언급하긴 했지만 그의 요지는 따로 있었다. 즉, "이렇게 많은 노년기의 독신에게서 행복하게 살아가는 이야기를 다양하게 듣게 될 줄은 몰랐다"는 것이었다. 『툭 하면 기분 나빠지는 나에게』의 저자 팀 토마스 또한, 늙어서 홀로 된 사람들이 젊었을 때는 자신이 혼자 사는 생활을 이렇게 좋아할지 몰랐다며 자신의 변화된 모습에 스스로 놀라워하더라고 말한 바 있다. 홀로 된 그들은 자신의 삶에 대해 "그런대로 만족스러웠고 상황을 바꾸고 싶다는 생각이 들지 않았다"고 했다.

지인의 얘기를 소개하면서 이 파트를 끝내려 한다. 이분은 어렵사리 이혼이 성사되어 이제 좀 마음 편히 사나 했던 것도 잠시, 하나밖에 없는 아들이 중동 지역의 주재원으로 나가게 되어 졸지에 혼자 살게 될 참이었다. 중소기업인 데다가 사원들에게 인기 있는 지역이 아니어서 마땅한 후임이 정해지지 않으면 최소 5년 이상도 나가 있어야 한다고 했다. 언젠가 자식이 결혼하면 혼자 살 것이었지만, 효자인 아들이 입버릇처럼 꺼냈던 "어머니랑 같이 살 여자랑 결혼할 거다"라는 말을 내심 기대한 것도 있었고 무엇보다도 너무 급작스럽게 일어난 일이라 상당히 심란했다. 아들이 출국하기 전, 늘 밝게 사는 독신 친구를 만난 김에 문득 물어보았다. "혼자 살면 안 무서워? 안 외로워?" 친구는 잠시 땅바닥을 보고 있더니 이렇게 말했단다. "그럼 안 무섭겠어? 안 외롭겠어? 밤에 자다가 울음이 나기도 하고 아침에 눈뜨기 싫을 때도 있지. 하지만 다 살게 돼. 충분히 만족하게 돼." 지인은 친구의 말을 듣고 더 겁이 나기도 했지만, 그보다는 부끄럽고 미안한 마음이 더 컸다고 한다. 자기 힘든 것만 생각하느라 친구의 마음을 미처 헤아리지 못했고, 무엇보다도 '그 친구는 뭐 비혼주의자니까, 지가 선택해서 그런 건데 외롭겠어?'라는 편협한 생각을 하고 있었음을 알게 되어서였다고 한다.

이분은 지금 4년째 혼자 즐겁게 잘 살고 계신다. 그래도 슬쩍 물어보니, 살포시 웃으며 그간 두 번은 밤에 크게 울었고 한 번은 아침에 눈뜨기 싫으셨단다.

지금까지의 내용을 읽었다고 당신의 외로움이 현저히 줄어들지는 않을 수도 있다. 그럴 때는 각자의 부모님이나 친구, 지인을 떠올려보자. 혹은 전혀 낯 모르는 타인이라도. 우리보다 먼저 그 고독한 길을 갔던 사람들을. 그들이 감내해야 했던 마음의 무게를.

우리가 어느 날 외로움을 느끼기 시작했다면, 그저 앞선 자들을 따르는 것뿐이다. 그러니 우리만 더 힘들고 더 못 할 것이 없다. 어쩌면 그들은 우리에게 이런 말을 할지도 모른다. "이제야 외롭다고? 참 빨리도 외로우십니다."

외로워야 충만해지는 것들

앞에서 '홀로'가 반드시 '쓸쓸함'은 아니라고 했지만, 그렇다고 아무것도 안 하고 있다가는 쓸쓸함 쪽으로 기울어질 테니 교체할 것들을 찾아보는 게 맞겠다. 좀 전에 말했듯이 홀가분함, 즐거움, 다행감 등이 있겠지만 당신만의 소중한 감정도 꺼내보시기 바란다.

우선 익숙한 것부터 해보자. 이 장에서 살펴보았던 플러스 생각을 하면 외로움의 기분도 빨리 전환될 수 있다. '외로운 게 뭐? 외로울 때 좋은 것도 많아. 나만 외로운가?' 등의 생각을 해보는 것이다. 하지만 앞에서 누차 얘기했듯이, 다른 사람이 말해주는 플러스 생각은 효과가 크지 않을 뿐더러 지속성이 약하므로 스스로 찾아보시기 바란다. 금방 떠오르는, 외로울 때 좋은 점은, 장성해서 독립한 자식과 손주가 모처럼 집에 오면 뛸 듯이 기쁘다가 세 시간쯤 지나면 그만 갔으면 좋겠다는 어느 분의 말처럼 '홀로 있으면 일단 편하다'는 점이다. 중년쯤 살아왔으면 아무것도 안 하면서 편하게 있는 때가 얼마나 드문 것인지 익히 알지 않는가.

그 외, 홀로 있는 시간을 오히려 충만하고 소중한 것으로 만들 만한 일들을 몇 가지 적어본다.

1) 즐거운 일 하기

자신이 무엇을 할 때 즐거운지 핸드폰이나 종이에 써놓았다가 해본다. 써놓아야 하는 이유는, 희한하게도, 기분이 나쁠 때는 즐거운 일이 잘 생각나지 않아서다. 이는 나이 들어감에 따른 기억력 저하도 있겠지만, 원래 우리가 두 가지 감정을 동시에 느끼기 힘들기 때문이다. 예를 들어 '기분이 나쁜데 즐겁다'는 어법적으로도(?) 말이 안 된다. 이런 표현을 쓰면 작문 선생님으로부터 야단을 맞거나 '새로운 시도'라는 평가를 받을 것이다. 하물며 현실적으로 이런 상태라면 정서적 문제가 있냐고 의심받을 수도 있다.

끼리끼리 논다는 말이 있듯이, 외롭다는 '생각'은 외로움의 '감정'과 찰떡같이 붙어 다닌다. 둘 사이를 떼어놓으려면 두 가지 방법이 있는데, 하나는 앞의 '생각'의 방향을 플러스로 바꾸는 것이고 이미 살펴보았다. 또 하나는 뒤의 '감정'과 상극이 되는, 즉 즐거운 감정을 일으키는 일을 하는 것이다. 기분이 나쁠 때는 딱 한 가지만 기억하자. 미리 작성해놓은 '나의 즐거운 일' 목록을 찾는 것이다. 냉장고 문에 목록을 부착해놓고, '기분이 나쁠 때는 냉장고 앞에 가라'는 지시문을 침실 문에 붙여 놓으라. 절대로 잊어버리지 않을 것이다. 목록 중에서 당신이 처한 환경에서 가능한 것을 반드시 하시라. 하루에 한 가지는 꼭 하기를 권한다. 최소한 드라마라도 볼 수 있으니 어려운 일이 아니다.

'1일 1 즐거운 일'이 어렵다면 이틀에 한 번이라도, 일주일에 한 번이라도 꼭 해야 한다. 일주일에 한 번도 즐거운 일이 없다면 경계 경보를 켜야 한다. 순식간에 우울감에 잠식될 위험이 있다. 즐거움 없이 잘 사는 사람은 피학성이 있거나 신앙심이 깊은 사람들밖에 없을 것이다. 그 정도로 즐겁게 사는 것은 대단히 중요하다. 외로움이 엄습하면, 일어나서 움직이라. 움직이면서 외로운 사람은 본 적이 없다. 집안일을 하기만 해도 기분이 전환되지만 가장 강력한 효과를 일으키는 것은 즐거운 일을 하는 것이다.

가장 피해야 할 것은, 깊은 외로움에 빠져 부정적인 감정에 휩싸인 채로 잠들지 말라는 것이다. 당신이 잠든 새에 부정적인 감정의 분자가 면역력을 해칠 수 있기 때문에 반드시 해소하고 잠자리에 들기 바란다. 단, 술을 먹고 잠드는 것은 부정적인 감정을 해소하는 게 아니라 잠시 누를 뿐이어서 술이 깨면 더 큰 반동으로 튀어 오르므로 웬만하면 의존하지 말자.

2) 유대감과 삶의 의미를 느낄 수 있는 일 찾기

기분이 울적할 때 우리가 가장 많이 하는 행동을 떠올려보자. 전화기를 든다. 그리고 누군가와 수다를 떤다. 세상에 나 혼자 있는 것이 아니라는 감정을 느껴보기 위해서다. 하지만 모두 바쁘고 여유가 없어서 갈수록 유대감을 갖기가 힘들어진다. 채팅이나 문자로 연결을 꾀하기도 하지만 직접 만나 입으로 떠들고 귀로 듣는 것만큼의 카타르시스는 없다. 우리의 전통적인 두레를 비롯하여 공동 주거 형태의 삶, 공동체 생활, 개방 사회 등이 그 대안이 될 수 있겠으며, 미국 등에는 고령자들에게 전화를 걸어주는 자선단체도 많이 있다.

가족이나 친구와 함께 맛있는 음식을 먹으며 수다를 떠는 것만큼은 아니겠지만 그다음으로 유대감 증진에 효과가 있다고 많이 연구된 것은 자원봉사 활동이다. 자원봉사자들 대상으로 강연을 해본 사람들은 한결같이 강연을 하러 갔다가 오히려 힘을 얻어 온다는 말을 한다. 그분들의 모임은 근본적으로 선량하고 평화로우면서도 화사한 봄 같은 기운이 있다. 그런 기운을 받으며 함께 활동을 한다면 강한 결속감과 유대감을 느끼는 것이 당연하다. 그런데 봉사 현장에서 느껴지는 감정은 유대감 하나만으로는 설명이 안 되며 삶의 의미와도 깊게 닿아 있다. 타인을 돕고 헌신하는 삶은 삶의 의미 중에서도 꽤 강력한 것이다. 삶의 의미가 중요한 이유는 행복의 큰 축인 에우다이모니아적 행복, 즉 단기간의 행복감이나 즐거움도 중시하지만 삶의 목적을 중시하는 행복감을 불러일으키기 때문이다. 간혹 외로움을 느낀다 해도 삶의 목적과 의미를 되새기고 그에 부합하는 활동을 꾸준히 한다면 전반적인 삶은 충만감으로 채워질 것이다.

하지만 나이 들어 체력이 약해지고 마음까지 울적하다면 외부 활동을 하는 것은 한계가 있다. 꼭 정식 활동이 아니라도, 가까운 사람들을 칭찬하고 격려하며 동네 아이들에게 친절하게 행동하는 것만으로도 세상과의 유대감을 갖기에 부족함이 없다. 직접 만나지 못해도 타인의 건강과 안녕을 축복하고 기도해주며 자비 명상을 하는 것만으로도 그들과 연결되고 행복감을 느낄 수 있다는 것이 연구로도 밝혀졌다. 사람들은 본연의 속성 때문인지 유독 사람과의 유대를 중시하지만, 인간 외에도 동물, 식물 등과 유대하거나 문화 예술 활동을 취미로 하며 행복하게 지내는 사람도 많다. 반려견, 유기묘, 텃밭, LP판 등을 정성스럽게 키우고 가꾸는 사람들 중에 인생이 엄청 외롭다며 풀죽어 있는 사람을 본 적이 없다.

『석세스 에이징』의 저자 대니얼 J. 레비틴은 음악을 듣는 것만으로도 사회적 상호작용을 할 때처럼 뇌가 활성화된다는 흥미로운 연구를 보고했다. 음악은 파티와 음식점, 정치 집회 같은 사회적 무대에 자주 등장하기 때문에 듣기만 해도 집회의 분위기가 떠올려지고 관련 뇌 부위가 자극된다는 것이다. 실제로 코로나로 집콕 생활을 할 때 많은 사람들이 '카페 음악' 등을 찾아 들으며 마치 본인이 그곳의 '카공족'인 양 가정하면서 일을 했다. 레비틴은 심지어 그냥 음악을 듣는 것만으로도, 약을 먹지 않고 사회적 고립과 외로움이라는 감정을 줄일 수 있다는 파격적인 주장을 하기도 했다. "어쨌든 음악을 들을 때 우리는 그 음악가들과 함께 있는 셈이지 않은가?"라면서. 숲길로 산책을 가면 라디오를 옆구리에 끼고 흘러간 가요의 볼륨을 최대로 해서 지나가는 사람을 보게 될 때가 있다. 예전에는 눈살이 찌푸려졌는데 어쩌면 그 사람은 친구 대신 라디오, 즉 음악을 데리고 나왔는지도 모르겠다.

좋아하는 음악을 들으면 기분 전환이 되는 것은 알고 있었는데 유대감까지 얻게 되다니 새삼 그 힘이 대단하다. 눈만 살짝 돌리면 즐거움과 유대감을 얻을 수 있는 방법을 찾는 게 그리 어렵지 않다. 무엇이든 좋은 벗으로 삼아 흥얼거리며 살아보자.

3) 혼자 있는 시간에만 할 수 있는 일에 몰입하기

창조, 자기성찰, 자유로움 만끽, 삶의 통합 등 혼자 있을 때만 가능한 멋진 일들을 생각하면 혼자 있는 시간을 일부러라도 만들어야 할 판이다. 모든 위대한 작품은 혼자 있을 때 탄생했다. 영국의 심리학자 팀 로마스는 미켈란젤로의 다비드상에 관한 이야기를 전해준다. 1410년, 피렌체 두오모 성당에서 구약 성경의 12명 인물을 거대 석상으로 만드는 작업이 시작됐지만 이런저런 사정으로 돌 덩어리만 남겨진 채 오랜 기간 방치되었다고 한다. 1500년에 마침내 당국에서는 적임자를 수색하기 시작했고 여러 인물을 거쳐 당시 26세인 미켈란젤로에게 작업이 맡겨졌다. 하지만 미켈란젤로는 여러 날 동안 가만히 앉아서 돌 덩어리를 보기만 하여 사람들로부터 비난을 받았다. 거의 한 달이나 돌 덩어리를 바라보던 그는 비로소 작업을 시작하며 "나는 대리석 안에서 천사를 보았고 그가 자유로워질 때까지 파냈을 뿐이오"라고 말했다고 한다. 인류의 마음을 사로잡았던 걸작이 탄생하는 순간이었다. 미켈란젤로는 창조가 이루어지려면 혼자 집중하는 시간과 공간이 필요하다는 것을 잘 보여준다. 시인이자 사상가인 헨리 데이비드 소로 또한 고독만큼 좋은 동반자를 만난 적이 없다는 말을 한 바 있다.

사람들에게 '창조'를 말하면 대부분 "하지만 나는 예술가가 아니잖아요"라는 말들을 한다. 나도 한때 그런 말을 하긴 했다. 하지만 지금은 사람들 모두 일상에서 늘 창조를 하고 있다고 생각한다. 우리 할머니나 어머니들은 어떤 요리든 한 번도 같은 방식으로 만들지 않았다. 계량 컵도 계량 스푼도 없이 그저 "요만큼, 이따만시" 하며 모두 감으로 했다. 창조 맞다. 난치병에 걸린 한 내담자분은 슬픔과 절망에 오래 빠져 있다가 마음을 다잡고 이제 중학교 2학년인 딸이 나중에 엄마가 세상에 없어도 잘 살 수 있도록 요리, 빨래, 심지어 출산후 조심해야 할 것까지 '세상에 하나밖에 없는 일기'를 쓰고 몰래 영상도 찍었다. 이분의 창조 작업을 떠올리면 아직도 마음이 아리다.

한국에 명상심리학 분야를 뿌리내리게 하신 고 장현갑 교수님의『생각 정원』은 자기성찰과 삶의 통합에 도움이 된다. 그중에서도, 어떤 일이 자신을 가장 행복하게 해줄지 판단하는 데 기준이 되는 3가지 질문이 나온다.

> 1) 무엇이 나에게 의미를 주는가.
> 2) 무엇이 나에게 즐거움을 주는가.
> 3) 나에게 어떤 장점이 있는가.

질문에 대한 답은 혼자 있는 시간에 호젓이 떠오를 것이다. 답이 떠올랐지만 삶을 통합하기에는 여전히 미흡하다고 느껴진다면 베씨 앤더슨 스탠리의 시 '성공'도 읽어보자. 국내에는 조금씩 다른 표현으로 번역되었지만, 여기서는 대니얼 J. 시겔의『십대의 두뇌는 희망이다』에 적힌 것을 옮겼다.

> 성공
>
> 자주 웃고 많이 사랑하기.
> 지적인 사람들의 존경과 아이들의 사랑을 얻기.
> 정직한 비평가들의 찬성을 얻고 거짓된 친구들의

배신을 견디기.

아름다움의 진가를 알아보기.

다른 사람의 최상의 모습을 찾아내기.

자신을 내어주기.

세상을 좀 더 나은 곳으로 만들기. 건강한 아이,

예쁜 정원, 개선된 사회적 조건 중 어느 것이든.

열정적으로 놀고 웃고, 기쁨에 겨워 노래하기.

당신이란 존재로 인해 단 하나의 생명이라도

삶의 무게를 덜기.

이것이 바로 성공이라네.

시겔은 자신의 책의 주제에 맞게 성공적인 청소년기가 어떤 것이며 그런 특징이 이후의 생애를 어떻게 풍요롭게 만들지에 대한 통찰을 제공한다는 말로 이 시를 소개했다. 하지만 나는 이 시를 읽으면서 파릇파릇한 청(靑)소년기보다는 추수를 앞둔, 혹은 추수 후의 황금 들판에 서 있는 황(黃)혼기 쪽의 사람들에게 더 와닿겠다는 느낌이 들었다. 이 시를 읽다 보면 '인생을 잘 살아왔나?' 하는 답을 찾으려 할 때 굳이 의미, 가치, 장점 식으로 나누고 따져볼 것도 없겠다는 생각이 든다. 성과,

업적 등 세상에서 멋있다고 말하는 모습은 생각조차 나지 않는다. 그저 '이게 진짜 사는 거지', '이게 바로 인생이지' 하는 느낌이 든다. 아무리, 아무리 척박하게 살아왔다 해도 적어도 마지막 항목, '당신이란 존재로 인해 단 하나의 생명이라도 삶의 무게를 덜기'는 이미 해냈다. 우리는 이미 성공했다.

최근 '죽음 준비'라는 사회적 운동과 함께 곧잘 등장하는 '묘비명 테스트'라는 것이 있다. '당신의 묘비명에 무엇을 새기고 싶은가'를 떠올려보는 것이다. 묘비명에 어떤 내용을 적을지를 생각해보면, 삶에서 중요한 게 무엇이고 그것을 마무리하기 위해 남은 시간 무엇에 집중할지 갈무리가 될 것이다. 혼자 있는 시간에 스탠리의 시를 읽으며 생각해봐도 좋을 것 같다.

8장

치매는
패스!

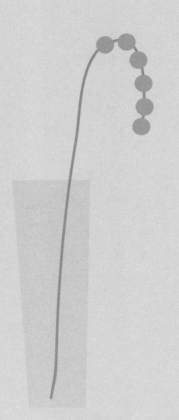

학부생이나 대학원생을 독자로 생각하고 노인심리학 책을 쓴다면 치매 부분이 가장 분량이 많을 것이다. 나중에 임상 수련을 받을 때나 전문가가 되었을 때 우울증과 더불어 가장 많이 부딪히게 되는 노년기 문제이기 때문이다. 치매의 원인과 분류, 치료 방법에 대한 심리학 이론에 뇌과학 이론까지 공부해야 하니 내용이 방대할 수밖에 없다. 하지만 이 책에서는 치매를 다루는 이 장의 분량이 가장 적다. 치매의 원인이나 분류에 대한 소상한 설명은 다른 전문서를 읽는 것으로 하고 여기서는 치료 중심으로 살펴볼 거여서 그렇다. 게다가 여기서 살펴보려는 치료법은 약을 먹는 게 아니라 생활 습관을 개선하는 것이다. 치료법의 이름도 '생활 습관 의학'으로 음식, 운동, 마음 관리가 핵심이다. 다행히도 이 내용들을 이미 앞에서 살펴보았기 때문에 분량이 적다고 말한 것이다.

치매를 예방하는
한 알의 약은 없다

'생활 습관 의학'은 건강한 라이프 스타일을 갖자는 개념이다. 『죽을 때까지 치매 없이 사는 법』의 저자인 딘 세르자이는 로마린다대학교 의과대학의 알츠하이머 예방 프로그램 책임자인 아예사 세르자이와 함께 라이프 스타일 프로그램을 이끄는 대표 주자다. 신경과 전문의인 세르자이는 15년 전에 알츠하이머 분야의 선도적 연구자들과 연구를 하고 있었는데, 당시 이 연구에 기부된 수십 억 달러의 연구 자금 덕분에 당연히 곧 신약이 개발될 것이라고 믿었다고 한다. 하지만 그토록 바라던 신약은 나오지 않았고, 오히려 심장병, 당뇨, 암, 뇌졸중 등의 사망률은 감소한 반면 유독 알츠하이머병의 사망률은 지난 10년간 87% 증가했다고 보고한다. 아울러 지난 10년간의 치매에 대한 신약 개발 성공률은 0.4%, 다시 말하면

99.6%의 실패율을 보였다면서 사실상 성공률 0%의 이런 결과는 다른 질병 분야에서는 찾아볼 수 없는 것이라고 한탄한다. 그는 이런 결과가 벌어진 데 대해 그동안의 '단분자 접근법'이 잘못되었음을 지적한다. 즉, 한 알의 약을 개발하는 것에만 정신을 쏟은 나머지 지금처럼 암울한 사태에 이르렀다는 것이다.

『염증에 걸린 마음』의 저자인 에드워드 불모어도 '블록버스터의 저주'라는 표현을 쓰면서 알츠하이머 치료에 진전이 없는 이유가 우울증 치료에 진전이 없는 근본 원인과 동일하다고 말한다. 항우울제인 '프로작'의 역사상 유래가 없는 블록버스터급 성공으로 인해 제약 회사들이 치매에 대해서도 같은 희망을 품고 접근했다는 것이다.

세르자이는 학자들이 그동안 치매의 원인 물질로 간주되어온 베타아밀로이드와 타우단백질 제거에만 매달려왔을 뿐 이 원인 물질이 나타나게 된 데에 염증, 산화, 포도당 대사 장애, 지질 대사 장애의 네 가지 핵심 요인이 기저하고 있으며, 이에 환자 개인의 라이프 스타일이 영향을 미치고 있다는 것을 간과해왔다고 주장한다. 물론 타우단백질을 제거하는 약도 효과는 있지만 마치 목욕탕에서 때를 벗기듯 아주 단기간의 미미한 효과에 그친다는 말도 한다. 『알츠하이머의 종말』

의 저자인 데일 브레드슨도 세르자이와 같은 입장이다. 다만 그는 좀 더 상세하게 분자 수준에서 치매의 원인 물질을 분석하여, 그중에서도 36개를 압축해내면서 "지붕에 36개의 구멍이 뚫려 있는데도 집에 구멍 1개가 뚫린 것처럼 수리 업체를 부른다"는 비유를 했다.

세르자이와 브레드슨 모두 치매의 해결책으로 라이프 스타일 개선을 제안했고, 특히 세르자이는 이 방법으로 "알츠하이머의 90%는 예방이 가능하다"고 자신 있게 말한다. 이는 단순한 주장이 아니라 엄격한 과학적 연구와 자신의 클리닉에서 직접 확인한 놀라운 수치로 증명된다면서 뉴로(NEURO) 플랜을 제안한다. 뉴로 플랜이란 Neutrition(영양), Exercise(운동), Unwind(긴장 이완), Restore(회복 수면), Optimize(두뇌 최적화)로 구성된 프로그램을 일컫는다. 두뇌 최적화란 약물이 아니라 학습 및 사회 활동을 통해 뇌 기능을 높인다는 뜻이다.

4장에서 내가 블랙번의 주장을 통해 노화에 관한 책을 써보겠다는 자신감을 얻었다고 말하면서 두 번째로 자신감을 갖게 된 것은 치매 부분에서 밝히겠다고 했는데, 바로 여기다. 세르자이는 포도당 대사 장애를 포함한 네 가지 핵심 요인에 문제가 있었다면 왜 치매 증상이 훨씬 나중에야 나타나는지를 자문한다. 당신도 궁금할 것이다. 그는 뇌가 기본적으로 회복력이 매우 크기 때문이라는 희망적인 설명을 한다. 뇌는 1000억 개의 뉴런과 1000조 개의 시냅스로 연결된 거대한 정보 처리 시스템이므로, 어느 부분이 손상되어도 우회 경로를 만들 수 있다는 것이다. 그러니 손상이 조금씩 생겼다 해도(손상이 안 생길 수 없다) 회복이 불가능한 상태에 이르기 전에 건강한 라이프 스타일로 우회 경로를 많이 만든다면 치매 같은 심각한 상태에 이르는 것은 예방이 가능하다는 말이다. 요약해보자. 건강하게 먹고, 잘 자고, 운동하며, 스트레스 관리를 해낼 수 있다면 치매도 패스할 수 있다.

이런 내용들이 4장에서 언급했던 후성유전학적 관점이라는 것은 쉽게 알 수 있다. 그런데 지금까지는 후성유전학적 발현을 긍정적인 측면에서만 언급했다. 노화 유전자가 있다 쳐도 건강한 생활을 통해 얼마든지 발현되지 않게 할 수 있다고 설명했던 것을 기억할 것이다. 이번에는 반대로 부정적 측면을 고려해보자. 당신에게 장수 유전자가 있는데도 생활 관리를 잘못하면 얼마든지 발현되지 못할 수도 있고 심지어 아주 나쁜 쪽으로 변성될 수도 있다. 이는 아시아계 이주민들의 연구에서 이미 수차례 밝혀진 것으로, 이를테면 미국에 사는 일본인들은 본토 일본인들보다 알츠하이머 유병률이 훨씬 높다. 두 그룹 간 유전적 차이는 당연히 없으므로, 이런 결과는 오로지 후천적인 나쁜 식습관과 운동 부족 때문이라고밖에 할 수 없다.

브레드슨은 자신의 책에서 일부러 알츠하이머 환자가 되려고 마음먹는 사람은 없지만 대부분 알츠하이머를 향해서 열심히 '전진'한다고 말하면서 현대인의 일상을 실감나게 기술한다. 아래에 그 내용 중 일부를 좀 더 압축해서 인용해본다.

- 밤 늦게 야근을 하고 단 음식을 먹어 인슐린이 최고 조인 상태에서 잠자리에 듦.
- 잠은 늘 부족하고 수면 무호흡 증상 등으로 수면의 질이 매우 나쁨.
- 아침에는 빵, 도넛, 우유 등 염증을 일으키는 유제품을 배 속 가득히 집어넣고 설탕으로 인슐린 저항을 한 단계 더 높이며 글루텐으로 장을 망가뜨림.
- 간밤에 야식을 먹고 12시간이 지나지 않은 상태에서 음식과 약을 섭취함으로써 몸이 축적된 아밀로이드와 망가진 단백질을 처리할 시간이 없음.
- 위산 역류를 막느라 아침부터 위장약을 먹어 아연, 마그네슘, 비타민 B12 등의 핵심 영양소 흡수를 막아버림.

- 콜레스테롤을 낮추는 강하제를 먹어 뇌가 무기력해짐.
- 집을 나서는 순간 스트레스는 최고조에 올라 해마의 신경을 망가뜨리는 코르티솔이 분비됨.
- 운동도 안 하고 햇빛도 쬐지 않으며 인간관계 역시 긴장과 불안의 연속으로 긍정적인 상호작용이 없고 즐거움도 없음.
- 정오가 되기 전에 초콜릿 머핀을 먹고, 점심은 샌드위치밖에 먹을 시간이 없어서 흰 밀가루로 만든 빵에 생전에 호르몬과 항생제를 잔뜩 투여받은 칠면조 고기를 넣은 것을 먹음.
- 청량음료를 같이 먹으며 몸에 좋은 미생물을 망가뜨림.
- 입가심으로 브라우니 케이크를 먹음으로써 트랜스지방을 늘림.

정오까지의 생활만 살펴봐도 이 정도다. 저녁까지 치면 트랜스 지방 등 해로운 물질은 더 많이 먹을 것이며 스트레스도 더 많이 축적될 것이다. 축적된 해로운 물질이 해독될 시간 없이 계속 쌓이기만 하다가 마치 '폭주 기관차'처럼 치매 상태에 이르게 되는 것이다.

라이프 스타일을 개선한다는 것은 어떤 것일까. 예를 들어 당화 작용이 일어나 염증을 악화시키고 뉴런의 손상까지 일으키는 설탕을 식단에서 줄인다면 라이프 스타일을 하나 개선하는 것이다. 규칙적인 운동으로 라이프 스타일을 개선하면 더 극적인 변화가 일어난다. 뇌에서 베타아밀로이드와 산화 부산물을 제거하는 방향으로 대사가 일어나며 뇌신경 성장 인자를 만드는 유전자를 활성화시키고 뇌세포 간 연결을 촉진한다. 운동으로 인한 뉴런 사이의 연결 증가가 90대에도 일어난다는 연구 결과도 있다. 세르자이는 우리가 설탕을 덜 먹고 채소를 더 먹고 운동할 수 있지 않느냐고 말한다. 당연히 할 수 있다.

생활 습관 의학의 유익한 증거는 얼마든지 더 제시할 수 있다. 그것도 내가 신뢰하는 대규모 연구다. 로마린다대학교에서는 3000명을 대상으로 '동물 식품 섭취와 치매 발생'을 연구하여, 육식을 하는 사람들이 채식만 하는 사람들에 비해 치매 위험이 두 배나 높았다고 보고했다. 시카고 건강노화연구 프로젝트에서는 2500명의 노인들을 대상으로 6년간의 종단적 연구를 하여, 포화 지방 및 트랜스 지방 섭취와 알츠하이머 사이의 관련성을 입증했다. 하버드대학교 여성건강프로젝트에서는 6000명의 여성을 대상으로 한 연구에서 포화 지방을 과도하게 섭취할 경우 인지 능력의 하락이 가팔랐음을 발견했다. 특히 기억력 감소가 두드러졌는데, 포화 지방을 가장 적게 먹은 집단은 나이보다 6세 젊은 뇌 기능을 보유했다.

세르자이가 라이프 스타일 개선의 중요성을 발견한 것에는 행운도 동반된 듯하다. 그의 주 일터인 로마린다가 '블루 존'이었던 것이다. 즉, 일부러 실험을 할 필요도 없이 거주민들을 대상으로 충분한 연구가 가능했다. 그는 우연히 로마린다 재림교 지역사회에서는 진찰을 받으러 오는 알츠하이머 환자들이 아주 적은 것을 알게 되어 클리닉의 환자들로부터 데이터를 수집한 결과, 라이프 스타일과 치매 사이에 선명한 관계가 있음을 알게 되었고 결국 라이프 스타일을 치료법으로 사용하기 시작했다고 말한다. 그가 치료법으로 제안한 로마린다 사람들의 라이프 스타일은 원래 9개 항목인데, 6~9번의 내용은 유대감으로 묶을 수 있는 것들이라 여기서는 6개 항목으로 재분류했다. 내용은 아래와 같다.

(1) 하루 일과 중 자연스럽게 움직이는 생활
(2) 인생의 깊은 의미와 목적 갖기

(3) 스트레스 관리

(4) 과식과 야식 피하기

(5) 채식 위주의 식생활

(6) 유대감 갖기(공동체와의 연결, 친구들과 가볍게 술 마시기, 사회관계망, 가족과 반려자 등)

　모두 지금까지 이 책에서 다룬 내용들이라 다시 한번 마음이 가볍다.

　4장에서 텔로미어 연구자들도 건강한 생활 습관을 중시한다고 말한 바 있다. 수많은 노화 이론 중에서 텔로미어가 강력한 입지를 갖게 된 데에는 노벨생리의학상을 받을 정도로 탄탄한 분자생물학적 기반을 갖는 생체 지수인 것도 있겠지만 연구자들이 소위 '텔로미어 검사'를 개발한 것도 크다고 생각한다. 아무리 훌륭한 이론이라도 실체가 없으면 시들해지기 마련인데 '내가 얼마나 늙었는지(반대로 얼마나 젊었는지)'를 알 수 있는 생체 검사를 만들었으니 영향력이 지속될 수밖에 없다. 실제 검사는 'DNA 중 반복되는 TTAGGG 염기 서열(텔로미어)의 길이 분석', '중합효소 연쇄 반응 시험' 등 어려운 용어로 된 방법을 사용한다. 그런데 블랙번과 동료들은 '나의 텔로미어 궤적'이라는, 쉽고도 인간미 돋는 검사도 만들었다. 현재의 스트레스 유무, 정서적 스트레스 수준, 사회적 지지, 운동과 수면, 영양, 화학 물질 노출 등 일상생활을 토대로 텔로미어 점수를 내는 방식이다.

노화 방지 분야의 세계적 권위자인 마이클 포셀도 블랙번보다 몇 년 앞서 텔로미어 테스트를 발표했다. 그는 『텔로미어: 노벨의학상이 찾아낸 불로장생의 비밀』에서 '나의 텔로미어 나이 알아보기'로 자신의 '진짜' 나이를 알아보라고 했다. 자신의 '신체' 나이로 기준 점수를 낸 뒤 '과음하면 250을 뺀다', '주 세 시간 이하로 운동을 한다면 100을 뺀다', '매일 채소 한 컵을 먹으면 200을 더 한다', '취미가 있다면 100을 더 한다' 등의 70가지 항목으로 최종 점수를 낸다. 점수가 높을수록 텔로미어 나이가 젊은 것이다. 70가지 중 내가 주장하는 것과 일치하지 않는 다섯 가지 항목이 있긴 했지만(예를 들어 특정 영양제 먹기) 모두 음식, 운동, 수면, 마음 관리 등의 라이프 스타일을 체크하는 질문이다. 분자생물학자들과 신경학자들이 자신들의 주 영역인 '생물'과 '신경'이 아닌 생활 습관을 거론한다는 것은 그 정도로 정말 중요하기 때문이다. 물론, 생물학과 신경학에서 블록버스터급의 '한 알'이 나오지 않은 이유도 있을 것이다.

음식, 운동, 스트레스 관리 외에 치매 전문가들이 중요하게 여기는 또 하나의 요인으로 인지예비능이 있다. 인지예비능이란 뇌가 손상을 받았을 때 손상을 이겨내는 능력을 의미한다. 강한 근육을 갖고 있으면 다쳐도 손상을 덜 입고 회복이 빠른 것처럼, 뇌도 그렇다. 인지예비능을 갖추기 위해 전문가들이 추천하는 것에는 새로운 언어 배우기, 악기나 댄스 배우기, 컴퓨터 프로그래밍 배우기, 다른 사람에게 자신의 전공 분야 가르치기, 아이들 가르치기, 공예나 미술, 대학 수업 듣기와 같은 학습 활동이 대부분이다. 효과가 입증된 강력한 방법이라는 데에는 이견의 여지가 없으므로 여건이 된다면 꼭 해보기를 바란다.

다만, 새롭게 무언가를 배운다는 것이 작은 스트레스가 될 수도 있고 시간이나 경제적 문제로 어려울 수도 있으므로 나는 보다 쉽게 접근할 수 있는 방법을 제안하려 한다. 명상과 독서다.

내 머리만 믿지 않아;
명상과 상상의 힘

명상은 무언가를 새로 배우는 것 같은 적극적인 활동이 아니며 오히려 뇌를 쉬게 하는 것인데도 인지예비능을 올려주며, 다른 어떤 것보다도 후성유전학 생활화의 든든한 지원군이다. 노화와 장수를 연구하는 너무도 많은 학자들이 생물학적 측면에 이어 생활 관리 측면을 설명할 때 빠지지 않고 명상을 언급하는 데서도 단적으로 알 수 있다. 이를테면 블랙번은 3개월간의 명상 수련 후 염증 수치 등 몸의 생리적 스트레스 신호가 감소되었을 뿐 아니라 텔로미어 길이를 늘려 노화를 늦추는 효과가 있다고 밝혔다. 과학 저널리스트 조 머천트는 블랙번의 이 연구에 대해 "놀라운 이야기다. 하지만 모든 사람이 수긍하지는 않는다"라고 말한 바 있다.

'놀랍지만 수긍하지 못하는' 이 명상을 해야 하는 이유는, 제목처럼 '내 머리만 믿지 않으려'서다. 앞서 중년이 되면 지혜가 최고조에 이른다고 말했다. 그런데 지혜가 쌓여 있는 곳은 의식이라는 공간만이 아니다. 무의식의 공간이 훨씬 더 많다. 중년쯤 살았으면 생활이 상당히 루틴해져서 거의 자동적으로 살게 된다. 익숙해진 사람, 대상, 공간만 접촉한다. 그러다 보니 지혜가 의식의 표피층에서만 한정적으로 발휘된다. 엄청난 부자인데도 돈이 없다고 생각해서 단칸방에서 사는 것이라고 할까. 명상은 진피층에 있는 지혜까지 끌어올려 쓰도록 해주는 아주 좋은 방법이다.

미국의 신경과학자 마커스 레이클 교수는 일반적인 통념과 달리 뇌가 오히려 쉬고 있을 때, 즉 명상, 멍 때리기 등의 휴식을 해야 뇌가 최선의 선택을 할 수 있다고 말했다. 나 또한 이런 식으로 최선의 선택이 일어난다는 것을 늘 경험한다. 책을 쓸 때는 당연히 '의식적으로' 쓴다. 할 수 있는 한 많은 지식과 정보를 훑어 최적의 결론을 도출하도록 애를 쓴다. 하지만 결정적인 한 줄, 간과할 뻔한 핵심은 항상 명상을 통해 오히려 '의식적' 뇌를 가라앉혔을 때 떠오른다. 혹은 설익은 밥을 하듯 간밤에 대충 글을 써놓은 후 다음 날 아침에 눈을 떴을 때 떠오른다.

명상의 혜택은 이루 다 열거할 수 없을 정도지만 이 장의 주제에 맞게 인지예비능을 높이는 부분부터 살펴보자. 명상은 뇌의 활성을 높인다. 리처드 J. 데이비드슨은 『너무 다른 사람들』에서 명상이 전전두피질과 편도체 연결을 강화한다는 위스콘신신경화학실험실 연구를 소개한다. 그는 명상으로 뇌가 튼튼해지는 게 "근육을 키우는 것과 흡사"하다고 말했다.

명상 동안 주의 집중과 의사 결정을 담당하는 뇌 부위의 활성이 증가한다는 연구도 보고된 바 있다. 활성만 증가하는 게 아니라 실제로 뇌의 부피가 커진다.

장현갑 교수는 명상을 통해 대뇌피질이 두꺼워졌다는 하버드대 연구를 언급하면서, 대뇌피질은 나이가 들면 보통 얇아지는데도 이런 결과가 나온 것은 피질의 세포체가 커지거나 양적으로 증대했다는 의미라고 말했다. 또한 매사추세츠종합병원 연구도 인용했는데, 백인 35명을 대상으로 하루 40분씩 수일에서 1년 정도 명상 훈련을 시킨 결과 대부분 명상 전에 비해 뇌 구조의 변화가 있었고 특히 전전두피질과 전방뇌피질이 두꺼워졌다고 했다.

이 연구 결과들이 놀라운 건, 어떤 치료로 기능을 활성화시키는 것은 그래도 흔한 편이지만 구조까지 변화시키는 것은 상당히 어렵기 때문이다. 그런데 명상으로 뇌피질이 두꺼워지고 세포체가 커지는, 구조의 변화까지 일어난다면 비싼 뇌 영양제를 먹는 것보다 우선할 일이다. 게다가 돈 한 푼 들지 않고 말이다.

명상은 또한 뇌의 상태를 근본적으로 안정시킨다. 명상 동안 세타파가 많이 발생한다는 연구에서 알 수 있다. 이 뇌파 상태에서는 외부 활동을 할 때의 활동성은 줄어들지만 혈압,

심장박동, 호흡의 조정과 관련된 뇌 부위 활동성은 오히려 증가한다. 명상 후 스트레스가 감소하고 기분이 좋아진다는 연구들, 암 환자들에게서 치유 효과가 나타났다는 연구들이 셀 수도 없이 보고되는 것도 이 안정화 기제 때문일 것이다. 스트레스는 치매 발현에 큰 영향을 미치므로 뇌의 안정화는 결국 치매 예방과도 연결된다.

명상의 효과 중에서도 가장 보편적으로 인정되는 것은 수면의 질 향상으로, 쉽게 잠들고 오래 잘 수 있다. 그런데 잠을 잘 자는 것은 치매의 예방과 치료에 보통 중요한 게 아니다. 2020년 《연합뉴스》에서 「잠자는 패턴 보면 언제 알츠하이머병 올지 안다」라는 제목으로 기사화한 미 UC버클리 연구진의 논문에 따르면, 숙면의 양과 베타아밀로이드 침적을 치매의 예측 지표로 개발할 수 있다고 한다. 뇌파가 느려져 가장 깊게 잠드는 수면 상태인 서파 수면(slow-wave sleep)에선 정신적, 신체적 회복이 집중적으로 이뤄지는데 이 서파 수면의 양을 지표로 활용하면 장차 알츠하이머병이 생길 수 있는 '위험 시기'를 어느 정도 정확하게 예측할 수 있다는 내용이다. 특히 흥미로운 것은 서파 수면이 짧으면 베타아밀로이드가 많이 침적된다는 부분이다. 연구 대표자인 매튜 워커는 "깊은 수면 단계의 뇌에선 스스로 씻어내는 세척 현상이 나타난다"라면서 "노년기 전에 잠을 충분히 자면 알츠하이머병의 도래를 늦출 수 있다"라고 말했다.

잠을 자는 동안 뇌에서 세척을 한다니 죽기 살기로 자야 할 판이다. 하지만 불면증으로 고생하는 사람들은 이런 말에 더 심란할 것 같은데, 수면제 대신 명상을 약으로 써보자. 20분 갖고 안 되면 40분, 그래도 안 되면 1시간이라도 해보겠다는 마음으로 시도해보자. 어차피 불면의 시간에는 무엇을 해도 불만족스러우니 차라리 다 내려놓고 명상을 해보자. 1시간이 채 안 되어 잠들게 될 것이다. 만약 명상 자세로 눈을 감았는데 오히려 더 불안해지고 갑갑하다면 명상 전문가의 지도를 받아볼 것을 권한다. 하루만 코치를 받아도 효과가 크다.

명상으로 수면에 큰 도움을 받지 못한다 해도 최소한 이완은 하게 된다. 그런데 이완 또한 엄청난 일을 해낸다. 2008년 《코메디닷컴》 기사에 의하면, 하버드대 심신의학연구소 명예교수인 허버트 벤슨은 장기간의 명상 수련자, 수련한 지 얼마 안 된 초보자, 일반인 등 세 그룹으로 나누어 8주 동안 명상을 하게 한 후, 이완으로 스트레스와 신체 노화를 조절하는 유전자들을 바꿀 수 있음을 보고했다. 수련자는 일반인과 비교해 2200개 이상의 유전자를, 초보자에 비해서는 1561개의 유전자를 다르게 발현했다. 수련을 오래 한 사람일수록 효과가 더 좋았으며 무엇보다도, 고작(?) 8주 만에 유전자 수준의 변화가 일어난 것이다. 8개월, 8년의 수련이 아니었다.

여기까지만 읽어도 명상은 어떤 생활 습관 못지않게 대단한 효과를 낸다는 것을 알 수 있다. 그런데 다른 활동에 비해 탁월한 점이 하나 있는데, 바로 누워서도 할 수 있다는 것이다. 이는 노인들에게 엄청난 유용성이 아닐 수 없다. 노인이 되어 많이 쇠약해져 운동은커녕 앉아 있는 것조차 힘들 때도 명상을 하면 텔로미어 길이가 급격하게 줄어드는 것을 막을 수 있다.

하버드대 뇌과학자인 질 테일러는 중증 뇌중풍에 걸려 대수술을 받고 8년간의 회복 기간을 거쳤다. 그녀는 역경에도 불구하고 뇌과학자답게 자신의 뇌가 무너지는 과정과 다시 회복되는 과정을 관찰하고 묵상하며 느낀 것을 『나는 내가 죽었다고 생각했습니다』에 적었다. 이 책에서 그녀는 자신이 다시 유아기로 돌아가 걷는 법, 말하는 법, 읽는 법 등 사실상 모든 것을 처음부터 배워야 할 판이었다고 고백한다. 그러면서 자신이 다시 계단을 뛰어오르는 모습을 하루도 빼먹지 않고 '상상'했다고 했다. 다행히도 예전에 마음껏 계단을 오르내리던 기분을 기억하고 있었다면서. 그 장면을 머릿속에서 수없이 재연했기 때문에, 몸과 마음이 충분히 잘 협응해 계단

오르기가 현실이 되는 순간까지 뇌 회로를 계속 살려둘 수 있었다고 했다. 그녀가 했던 상상은 명상과 조금 다른 차원이긴 하지만 가만히 앉거나 누운 채 오직 생각만으로도 신체 기능을 자극할 수 있음을 보여준다. 테일러는 자신이 뇌를 잘 다스려 삶을 바꾸었다고 했는데 그녀가 뇌를 다스린 방법은 '상상'이었다.

나이 들어 예전만큼 많이 돌아다니면서 사람들을 만나지 못한다고, 오라는 곳도 갈 곳도 적어졌다고 의기소침해 있지 말자. 당신이 명상하고 상상할 수 있는 한 뇌는 여전히 팔팔하다. 자신이 죽었다고 생각했던 뇌 과학자의 뇌를 원래 상태로 돌려놓았을 정도로 말이다. 명상은 뇌 기능을 강화하고 때로 부활도 시키는, 우리의 막강한 지원군이다.

마지막으로, 외향적인 사람일수록 젊었을 때 간간히 명상 연습을 해볼 것을 권유한다. 나이 들어 사회적 관계가 예전보다 소원해졌을 때 가장 힘들어하는 사람이 외향적인 사람이다. 내향적인 사람들은 이미 혼자만의 행복을 누리는 방법을 나름대로 찾아놓지만, 이들은 온통 주의와 관심이 외부로 향해 있었기 때문에 갑자기 호젓해진 삶을 더욱 견디기 힘들어한다. 코로나 팬데믹으로 사회적 거리두기가 한창이었을 때 예상과 달리 외향적인 사람이 더 많이 우울해했다. 외향적인 사람들은 평소 사람들과 쾌활하게 잘 지내기 때문에 우울증에 걸리지 않을 거라고 여겨지고 실제로도 그런 편이지만, 자신의 의사와 무관하게 '반 강제적으로' 다른 사람들을 만나지 못하게 되니 오히려 내향적인 사람들보다 취약함을 보였다. 팬데믹은 언제든 다시 올 수 있고 꼭 바이러스가 아니라도 외로움, 고독 등의 '정신적 팬데믹' 또한 일생에 최소 한 번 이상은 겪을 수밖에 없을 텐데 그럴 때 내적 지원군을 수월하게 부를 수 있다면 큰 도움이 될 것이다.

뇌력을 단번에 올려주는
독서의 힘

인지예비능 지표 중 가장 강력한 것은 교육 수준이다. 높은 교육 수준은 치매의 강력한 예방 요인으로 가장 많이 연구되었고 그 타당성이 절대적으로 인정되고 있다. 인지 기능에 대한 100년이 넘는 심리학 실험들에서 한 번도 그 효과가 뒤집어진 적이 없다. 교육 수준이 높으면 치매에 덜 걸리고, 걸려도 진행이 느리다. 일단은, 공부 많이 하고 볼 일이다. 세계적으로 교육 수준이 높은 우리나라 청년들은 그 자체로 인지예비능을 잘 갖춘 셈이다.

교육 수준으로만 보면, 몇십 년 후 치매에 걸리는 사람들이 많이 안 나와야 맞다. 하지만 정말로 그러할지는 알 수 없는 게, 교육 수준으로 올려놓은 인지예비능을 과음과 부실한 영양, 과도한 스트레스로 원점으로 돌려놓을 수도 있기 때문이다. 공부는 많이 하고 볼 일이지만 거기에만 안주해서는 안 되며 죽을 때까지 계속 뇌력이 저하되지 않도록 신경 써야 한다.

그런데 교육 수준이 강력한 지표라는 것이 지금의 70대 중후반 이상의 노년 세대에게 달갑지 않을 수도 있다. 그 연대의 분들 중에는 교육을 충분히 받지 못한 경우가 많기 때문이다. 하지만 너무 걱정하지 않으셔도 된다. 정규 학력이 낮더라도 꾸준히 직업에 종사하며 신문 등을 매일 보는 것만으로도 뇌력은 충분하다. 중학교만 나오고 평생 성실하게 농사를 지어온 어르신이 어영부영 대학을 나오고 엉망으로 사는 청년보다 뇌력이 절대로 낮을 수 없다. 일부 교과 관련 지식은 조금 떨어지겠지만 세상을 살아가는 데 필요한 통합적인 판단력은 훨씬 우세하며 뇌의 시냅스도 더 풍부할 것이다. 심지어 이분들은 일기예보 없이도 별의 위치와 공기의 흐름, 식물과 곤충의 상태만 보고도 날씨를 파악하여 '24절기 농사 달력'을 운용한다. 가히 우주와 교감하는 수준의 뇌력이다. 영국 런던의 택시 기사들의 해마가 일반인들보다 크기가 더 크다는 사실은 유명하다. 무엇이든 몰입하고 집중하면 뇌력은 자연스레 올라간다. 그 몰입을 절대로 멈추지만 않으면 된다. 흥미로운 점은 버스 기사들의 해마가 택시 기사들의 것보다 작다는 사실이다. 독자들도 짐작했겠지만, 버스 기사들은 오가는 길이 일정하지만 택시 기사들은 매일 다른 길을 오가기 때문이다. 몰입하되, 가끔은 새롭고 다양한 자극을 접하면 뇌력은 더욱 상승된다.

어렸을 때 충분한 교육을 받지 못했더라도 뒤늦게라도 정규 교육을 받는다면 당연히 인지 능력이 개선된다. 60세 이후에 정규 교육을 받은 사람들을 대상으로 브라질에서 검증한 연구 결과다. 하지만 뇌력을 단번에 올릴 수 있는 더 간편한 방법이 있다. 바로, 독서다.

앞에서 언급했던 『생각 정원』에 흥미로운 연구가 소개되어 있다. 에모리대학교 신경연구센터 그레고리 번스 박사의 연구로, 대학생 열두 명에게 9일 동안 저녁에 소설을 30쪽씩 읽게 하고 다음 날 MRI로 뇌를 관찰했다. 소설을 읽은 다음 날, 언어 능력을 관장하는 뇌 부위인 좌측 측두엽의 신경 회로가 활성화되었을 뿐 아니라 1차 감각 운동 영역인 중심구도 활성화되었다. 등장인물에 동화되어 걷고 달리는 동작을 떠올린 것에 우리 몸이 생물학적으로 반응한 것이었다. 전날 저녁 독서의 영향이 다음 날 아침까지 남아 있었음을 보여주는 것이며 이 효과는 5일 동안이나 지속되었다.

책을 읽을 때 언어를 담당하는 좌뇌가 활성화되는 것은 당연하겠지만 좌, 우뇌 영역이 모두 활발히 움직인다는 것은 놀라우면서도 희망적이다. 소설을 읽으면서 등장인물의 동작을 떠올리게 되어서이기도 하겠지만, 읽고 있는 내용과 이미 알고 있는 것을 연결하고 비교하기 위해 양쪽 뇌가 바쁘게 움직이면서 뇌의 다양한 영역을 자극하기 때문일 것이다. 독서는 정말로 '뇌 운동'의 최고봉이다. 하루 30분만 읽어도 뇌에 미치는 건강한 영향이 5일이나 간다니, 매일 읽으면 5일에 또 5일, 또 5일, 와우, 계산도 못 할 만큼 아찔한 뇌력을 키울 수 있다. 게다가 이 뇌 운동은 억지로 헬스클럽에 가서 역기를 들 필요도 없다. 아무 곳이나 마음에 드는 장소에 앉아 그저 읽기만 하면 된다. 책은 가히 신의 선물이다. 《미국 의학협회지》에 평균적으로 꾸준히 인지 활동을 하는 사람은 치매 위험이 47% 낮았다는 연구가 게재됐는데, 독서만 해도 그런 혜택을 받을 수 있다.

'뇌 운동' 하면 두뇌 훈련 게임을 떠올리는 사람이 많다. 스마트폰으로 할 수 있는 두뇌 훈련 앱만 해도 셀 수 없이 많다. 지하철에서 보면 생각보다 많은 중년이 스마트폰으로 게임을 하는 것을 볼 수 있다. 재미도 있고 지하철을 타는 짧은 순간에 뇌 운동도 할 수 있는 1석 2조의 좋은 방법 같다. 그런데 『석세스 에이징』의 저자 대니얼 J. 레비틴의 주장은 좀 다르다. 그는 일리노이대학교 심리학자 대니얼 사이먼스 팀이 두뇌 훈련 게임이 현실 인식에 도움이 될 정도의 지속적인 인지적 혜택이 있다는 유력한 증거를 거의 찾지 못했다는 연구를 인용하면서, 그런 데 쓰는 시간을 차라리 어떤 '활동'에 쓰는 게 더 낫겠다고 제언한다. 스트레스 해소용으로는 좋지만 뇌력을 올리는 용도로는 생각보다 적절치 않다는 뜻이다. 레비틴 외에도 많은 전문가들이 독서나 사회 활동을 하는 게 퍼즐을 푸는 것보다 뇌 기능 상승에 훨씬 효과가 크다고 말한다.

번스의 연구에서 더욱 의미 있었던 점은, 피험자들에게 읽힌 책이 어려운 철학서나 과학서가 아니라 소설이었다는 것이다. 재미로(?) 읽는 소설만으로도 뇌력을 키울 수 있다니 이렇게 신나는 일이 있을까 싶다.

나 또한 소설의 놀라운 효과를 실감했던 적이 있다. 당시 스트레스가 심해 일에 집중하지 못한 채 며칠 내내 무기력하게 지내고 있었다. 부담 없이 읽을 책을 찾다가 요 네스뵈의 『스노우맨』을 읽게 되었다. 굉장히 오랜만에 읽은 스릴러 소설로 시간 가는 줄 모르고 빠져들었는데, 자연스럽게 무력감도 완화되면서 내친 김에 네스뵈의 시리즈물을 다 읽었다. 『스노우맨』보다 더 재미있었던 것도 있었고 아닌 것도 있었는데, 두 번째 책부터는 첫 번째 책만큼 꼼꼼히 읽지 않고 그저 내가 설정했던 범인이 맞는지 마지막에 확인하는 식으로만 읽었다. 네스뵈 시리즈를 끝낸 후 다른 작가의 작품들도 읽었다. 5쪽까지 읽어도 재미없으면 패스, 살인 방법이 너무 자세히 묘사되어 있으면 패스, 초현실적 얘기가 너무 많이 나오면 패스, 이런 식으로 내 취향대로 책을 걸러가며 3~4개월은 내내 스릴러물만 파고 들었다. 급기야는 할런 코벤의 『비밀의 비밀』을 범인만 찾으며 무방비 상태로 읽다가 마지막 7쪽에서는 허를 찔려 울기도 했다. 추리 소설을 읽으면서 울었던 것은 어릴 때 셜록 홈즈가 죽었던 이후로 처음이었다.

그런데 놀라운 일이 일어났다. 그렇게 내리 죽죽 소설만 읽다가 다시 에너지가 올라와 잠시 밀쳐놓았던 전문서, 특히 지금 이 책을 쓰는 데 필요한 노년학 전문서를 다시 읽었는데 엄청 빠른 속도로 읽히는 게 아닌가. 속독법을 따로 배운 적도 없는데 한 페이지의 내용을 일일이 읽지 않고도 대각선으로 시선이 내려가면서 중요한 내용인지 건너도 되는 내용인지 파악이 될 정도였다. 노년학 전문서를 읽어본 독자라면 이런 책이 얼마나 지루한지 아실 것이다. 하지만 나는 펜싱을 하듯이 날렵하고 가뿐하게 읽어냈다. 4개월도 안 된 시간이었고 인문학적, 철학적 식견으로 무장한 책을 읽은 것도 아니었다. 그럼에도 뇌력이 단기간에 올라간 느낌을 확실하게 받았다.

책이야 평생 읽어왔는데 왜 갑자기 이런 효과가 나타났는지 자문해보니, 예전에 전공 서적이나 전문서를 읽을 때는 내용을 분석하고 기존의 지식과 비교하고 재요약한답시고 오히려 중간중간 주의가 분산되었다는 결론에 이르렀다. 순수 문학 또한 한 구절씩 되돌아보고 생각하느라 정신은 깊어졌는지 몰라도 정신 운동의 속도는 오히려 처졌던 것 같다. 하지만 머릿속에 내용을 새겨놓아야 한다는 부담이 없으면서 흥미롭게 전개되는 스릴러 소설을 읽다 보니 정신 운동 속도가 가속화되면서 일종의 '몰입' 상태, 즉 초집중 상태의 뇌가 되었던 것 같다.

내 경험을 토대로 독자들께, 특히 지금 우울하거나 앞으로 치매를 예방하고 싶은 분들께 스릴러 소설을 읽어보라고 강력하게 권한다. 시작은 아마존 평점 별 다섯 개를 받았거나 "이 책을 펼치는 순간 어느새 새벽이 되었다는 것을 알게 될 것이다", "당신이 이 책을 읽다가 밥 먹기를 까먹어도 나는 책임이 없다" 등의 독자 후기가 달린 책이 좋다. 5~10쪽까지 읽어도 재미가 없으면 다른 책으로 갈아타시라. 형사 이름만 기억하고 당신이 가정했던 범인이 맞는지만 따라가라. 중간 내용은 까먹어도 된다. 한번은 시나리오 작가인 지인이 "어제는 내가 만든 주인공 이름이 생각나지 않는 거 있죠?"라고 말해서 둘 다 눈물 빠지게 웃었던 적이 있다. "아, 나, 우리 이렇게 늙어도 돼요?" 하면서 얼마나 큭큭 댔는지 모른다. 형사 이름은 반드시 기억해야 한다.

영국식 정통 소설을 좋아하는 친구에게 스릴러 소설을 읽어보라 했더니 "내 취향이 아니다"며 단칼에 거절했다. 나는 델리아 오언스의 『가재가 노래하는 곳』을 읽고도 그런지 한번 보라고 했고 한 달 후 어땠냐고 물으니, 친구는 "괜찮았어. 스릴러 소설에 편견이 있었음을 인정!"이라는 문자를 보내왔다. 이어서 "어디가 좋았어?"라고 물으니 "카야가 습지에서 상처를 치료하는 부분"이라는 답이 왔다. 나 또한 그 부분이었다.

스릴서 소설 중에도 이렇듯 감정을 건드리는 책이 꽤 있지만, 뭐니 뭐니 해도 가장 큰 장점은 권선징악이 뚜렷하고 플롯이 단순 명쾌한 것이라 생각한다. 순수 문학에 비해 언어적 표현력은 분명 떨어지지만, 에너지 저하로 뇌 기능까지 저하되었을 때는 복잡하고 다층적인 문학적 표현이 오히려 버거울 때가 있다. 스릴러 소설은 표현력이 단순한 편이어서 흥미 있게 몰입할 수 있으며 추리력과 논리력은 오히려 더 발휘되는, 가성비 뛰어난 뇌 운동법이다. 하물며 정통 소설을 집중해서 읽을 때 뇌력이 더욱 상승될 것은 말할 필요가 없다.

어쨌든, 내 친구 또한 스릴러 소설을 읽으면서 울적함에서 벗어났고 집중력도 올라왔다고 했다. 다만, 이 방법을 통한 뇌력 상승의 효과는 원래부터 책을 좋아했던 사람들에게 좀 더 빨리 나타날 것 같기는 하다. 그러니 더 늙기 전에 독서의 재미를 슬금슬금 들여놓기를 강력하게 권한다. 다들 관심 있는 주제는 반드시 하나 이상 있을 테니 그리 어려운 일은 아닐 것이다.

내담자 중에 경제적 스트레스로 무력하게 지내던 분이 있었는데 우연히 '부자들이 읽는 책' 류의 책들을 읽으면서 책에 인용된 도서까지 3년 정도 내리 읽더니, 아이디어를 얻어 돈도 벌고 지금은 강연까지 하고 계시다. 독서로 돈을 벌게 될 줄도 몰랐지만 사는 게 좋아질 줄 몰랐다고 하신다. 독서의 좋은 점 한 가지 더, 집에 좋아하는 책이 있으면 사람들과 만나면 당연히 즐겁고 헤어져도 또 즐겁다. 외로울 겨를이 없다.

스마트 기기와
치매 극복

치매의 예방과 극복에 스마트 기기가 전격적으로 사용될 것이고 벌써 사용되고 있기도 하다. 찰스 퍼니휴의 『기억의 과학』에도 이런 기기 사용의 예가 실려 있다. 마이크로소프트 사에서 개발한 '센스캠'이라는 디지털 카메라로, 담배 상자 크기이고 소형 끈으로 목에 걸고 다닐 수 있도록 가볍게 만들어진 기기다. 휴대용 드라이브에 저장했다가 컴퓨터에 옮겨 자신이 원하는 속도로 저장된 이미지를 살펴볼 수 있으며, 카메라가 흔들려도 안정적인 이미지를 찍을 수 있다고 한다. 퍼니휴는 센스캠으로 얼굴 인식 장애 환자의 인식력이 증가된 사례를 제시하는 한편, 기억력 문제가 있는 사람들이 카메라를 목에 걸고 다니며 자연스럽게 녹화한 후 나중에 화면을 보면서 기억을 되살리는 데 탁월한 효과가 있다고 말했다. 한 환자는 자신에게 일어난 일을 80% 가량 기억했는데, 일기에 기록했을 때는 49% 정도였다 하니 대단히 고무적인 결과다. 심지어 이 기억은 세 달이 지나도 여전히 유지되었다. 무엇보다도 본인의 관점에서 녹화를 했기 때문에 기억 등록이나 회상도 훨씬 더 잘될 것이다. 한국에서도 심각한 기억력 문제가 있는 사람들에게 사용해볼 만하다고 생각한다.

이미 인지 기능에 많은 문제가 생겼다면 스마트 기기에 의존해서라도 기능을 최대한 유지하도록 하는 게 맞다. 하지만 아직 그 정도가 아니라면 스마트 기기 의존성을 오히려 낮추어야 한다. 디지털 치매(디지털 기기에 지나치게 의존한 나머지 오히려 뇌 활용 능력이 저하된 상태)가 되지 않아야 한다는 뜻이다. '디지털 헛똑똑이'가 되면 어떨까. 지인이 디지털 치매의 반대 말이라면 '디지털 똑똑이'가 맞는 말이 아니냐고 물어본 적이 있는데, '헛똑똑이'가 맞다. 스마트한 기기를 소유하고 있으면서도 그것을 충분히 활용하지 않고(못 하는 게 아니다) 일부러 힘들게 자신의 뇌를 사용함으로써 다른 사람이 보기에 좀 미련한, 헛똑똑이 같아 보인다는 개념이다.

지문 인식으로 간단히 열 수 있는 도어락을 비밀번호 여섯 개를 떠올리면서 누르고 있으면, 옆의 사람은 그새도 못 기다리고 "아니, 좋은 기능 쓰지 않고 뭐 해? 답답하다, 답답해"라고 말하며 시대에 뒤떨어진 사람 취급을 할 것이다. 그러거나 말거나, 다재다능한 스마트 기기를 필요 시에는 활용하되 가끔씩은 보험처럼 취급하고 틈만 나면 뇌를 사용하도록 하자. 요즘은 고령의 어르신들도 스마트폰으로 다양한 이모티콘을 보내시는데, 그런 능력은 계속 키우되 휴대폰을 들 때마다 뇌 운동을 먼저 해보자. 전화번호부에 등록된 번호를 검색하기 전에 먼저 떠올려보는 것이다. 인터넷에서 우편 발송을 할 때는 집 주소의 첫 단어만 적어도 자동 완성이 되거나 붙여쓰기가 되는 바람에 주소를 외울 필요가 없는데, 한번씩 외워보기도 해야 한다. 가족의 핸드폰 번호와 주민등록번호를 달마다 외워보고 자신의 통장 중 적어도 한 개는 계좌번호와 비밀번호를 수시로 외우자. 요즘 나오는 차들은 차선 이탈도 스스로 막고 원격 주차도 하지만 그런 기능은 아주 피곤할 때나 가끔씩 재미 삼아 쓰고 집중해서 안전 운전, 안전 주차를 해보는 게 뇌에 좋다. 가끔은 내비게이션 음성을 끄고 화면을 보지 않은 채 운전도 해보자. 편하게만 사는 것은 세련된 게 아니라 뇌를 나태하게 만들고 결국 도태시킨다.

나는 종이책 시대의 사람이어서 그런지 스마트 기기로 책을 보는 게 썩 편하지는 않다. 분명 똑같은 내용인데도 왠지 가공된 느낌이 들고 갑갑하다. 하지만 편하게 여기는 사람들도 많을 것이다. 그럼에도 한 가지는 짚고 넘어가고 싶은 게 있다. 눈 보호가 확실하게 보장되는 독서 전용 리더기가 아닌 일반 스마트폰으로는 너무 많이 보지 않기를 권한다.

2020년 여름에 한국인으로서 자부심을 느낄 만한 해외 뉴스가 있었다. 호주의 《케언즈 포스트》에 실린 뉴스로, 호주 부부가 밤 보트 여행 중 해안에서 약 38㎞ 떨어진 곳에서 닻에 연결된 줄이 모터에 엉키면서 보트가 파도에 쓸려 들어가는 사고를 당했는데, 구명조끼는커녕 구조에 사용되는 응급용 라디오도 챙기지 못한 상황이었고 심지어 사고를 당한 곳은 상어가 자주 출몰하는 지역이었다고 한다. 이 부부는 부표를 잡고 바다에 떠 있는 채로 두 시간 가량을 버티다가 갤럭시폰으로 해상 구조대에 연락을 취했다. GPS 기능으로 실시간 위치를 공유해 해상 구조대의 수색 시간을 줄였을 뿐 아니라, 구조대가 도착했을 때 플래시 기능으로 위치를 알리기도 했다. 현장에 출동했던 해상 구조대는 "깜깜한 밤에 스마트폰을 마치 횃불처럼 사용했다"고 말했다고 한다.

하지만 자부심을 느끼기 충분한 휴대폰의 놀라운 밝기가 독서 시 눈에 미칠 영향의 측면에서 생각해보면 마냥 좋을 수만은 없다. 다크 모드도 있긴 하지만 역시 한계가 있을 것이다. 인류 역사상 이토록 밝은 빛을 눈에 쬐인 적이 없기에 수십 년 내에 어떤 문제가 나타날지 알 수 없다. 젊은이들이야 문제가 나타나도 회복할 시간이 충분하지만 노인들은 그렇지 못하다. 그래도 낮에는 괜찮다. 밤에는 휴대폰 화면을 절대로 오래 보지 않도록 하자. 블루라이트가 멜라토닌 생성을 억제하여 수면을 방해하기 때문이다. 숙면이 치매 예방에 대단히 중요하다는 것은 앞에서 말했다.

이 장을 마무리해야겠다. 딘 세르자이는 자신의 책의 말미에서 '치매 없는 세상'이라는 제목으로 "언젠가는 알츠하이머를 치료할 수 있는 약물이 나올 것이다. 하지만 그때를 기다리며 현재의 위험한 라이프 스타일을 그대로 유지하는 것은 어리석은 일이다. 라이프 스타일 개선은 지금 당장 적용이 가능하다"고 말했는데, 이 장의 결론으로 삼을 만한 말이라 생각한다. 한 알의 약을 기대해온 사람들에게는 답답한 말이겠지만 지금으로서는 가장 현실적인 결론이다. 게다가 그 효과도 객관적으로 입증되었다. 우리가 할 수 있는 일을 먼저 하자. 생활 습관 의학의 요지는, 뇌 건강은 한 알의 약이 아니라 전신 건강을 통해서만 성취될 수 있다는 것이다.

지금까지 건강한 식생활과 운동의 중요성을 많이 언급했지만 평소 위생 관리를 잘하고 일상 활동을 규칙적으로 하는 것은 더욱 중요하다. 요리를 매일 하고 미각을 잃지 않으면 치매에 잘 걸리지 않는다는 말이 있고, 주방을 잘 관리하는 것만도 인지 기능을 유지하는 데 얼마나 중요한지 모른다. 음식물 쓰레기 처리와 분리수거를 제대로 하고, 옷의 특성에 맞게 빨래를 할 수 있다면 치매일 리 없다. 모두 돈 안 들이고 하는 뇌 훈련인 셈이니 이왕이면 즐겁게 하면서 계속 몸을 움직이자. 규모에 상관 없이 사회 참여까지 할 수 있다면 더 이상 완벽할 수 없다. 이제, '치매는 패스'라는 말이 처음보다는 한결 가볍게 다가오지 않는가?

9장

현실에서
경이의 세계로

사람들은 왜 주름살과 검버섯에 호들갑을 떨며 늙는 것을 두려워할까. 그 끝에 죽음이 있어서일 것이다. 죽음, 이 책에서 가장 쓰기 어려운 주제로 들어왔다. 앞에서 내가 노인으로 분류되는 만 60세가 아직 안 되어 늙음에 대한 책을 쓰는 것이 부담스러운 면이 있다고 했지만, 죽음은 아예 모두가 미경험자들이니 이에 대해 읽어봐도 개운하지 않고 쓰는 것은 더욱 막막하다. 하지만 인간은 미래의 일을 가상해서 생명보험을 드는 존재다. 즉, 경험하지 못했더라도 준비는 해볼 수 있다. 우리는 평생 문제를 해결하려 노력해왔는데 죽음이 최고 난도의 문제, 아니 불가해한 문제라고 해서 시도조차 못할 것은 아니라고 생각한다. 무엇보다도, '내' 죽음이기도 하니까. 다만, 죽음은 너무도 개인적인 과정이므로 각자 해답을 찾아야 한다는 것만 먼저 말씀드린다. 죽음 후 다시 돌아온 사람이 '공식적으로' 없어서 정보가 없어도 너무 없기 때문에 각자도생밖에 없다. 객관적으로, 혹은 과학적으로 밝혀진 부분이 없다는 뜻이다. 죽음 자체가 과학을 들이대는 게 말이 안 되긴 하지만 말이다. 임사 체험자들의 보고가 있긴 하며 여기서도 잠깐 살펴보긴 하겠지만 임사, 즉 죽음에 이르렀던 것이지 완전한 죽음은 아니었기에 역시 한계가 있다. 어쨌든 독자들이 죽음의 문제를 정리하는 데 도움이 될 만한 얘기는 몇 가지 제시하려 한다.

　우선 한 번 들으면 절대로 못 잊을 이야기 하나를 전해드리겠다. 1971년 크리스마스 전날, 페루 리마에서 출발해 아마존 정글 위를 날고 있던 비행기 안에 독일 출신 조류학자인 어머니 마리아와 90명의 승객과 함께 있었던 17세 소녀 줄리안 케프케의 이야기다. 갑자기 사고가 나서 비행기가 산산이 부서졌고 줄리안은 승객 중 혼자만 살아 남았다. 그녀는 뇌진탕이 있었음에도 쇼크 상태였기 때문에 고통을 느끼지 못한 채 11일이나 독개구리와 악어 등이 우글거리는 정글 속을 걸어다녔다. 몸에 난 상처에는 구더기가 자리를 잡았고 햇빛에 너무 타서 피가 날 정도였다.

> 마침내 줄리안은 모터보트 한 대를 발견했다. 그녀는
> 작은 탱크에 든 휘발유를 상처에 들이부어 거기에 꼬
> 인 구더기를 죽일 만큼 냉정을 유지하고 있었다. 며칠
> 후 보트 소유주들이 작은 오두막 근처에서 줄리안을
> 발견했고 그곳에서 일곱 시간 거리에 있는 가장 가까
> 운 도시로 그녀를 데려갔다.

강렬하다 못해 치열하기까지 한 생명력과 삶의 의지가 느껴지는 이 이야기는 『슬픈 불멸주의자』에 실린 글이다. 줄리안의 놀라운 생존기는 원저를 통해 확인하기 바란다. 이 책의 원래 제목은 '코어(핵심, 센터)의 벌레(The Worm at the Core)'다. 지구나 우주의 핵심에 있는 인간(벌레)이라는 뜻인 듯한데, 한국판 제목이 왜 이렇게 바뀌었는지 출판사나 역자의 설명을 듣고 싶었지만 찾지 못했다. 하지만 기가 막힌 제목이라는 생각이 들었다. '죽지 않기를 바라지만 결국 죽을 것을 알아서 슬프다'는 뜻으로 다가왔기 때문이다. 책의 뒷날개에 적힌 "죽을 수밖에 없는 인간의 유한성과 그 슬픈 운명을 이탈하려는 인류의 몸부림을 추적하다"라는 내용으로 볼 때도 맞을 것

같았다. 이 표현을 이렇게 바꿔볼 수도 있겠다. "죽을 것을 알아서 슬프지만 죽지 않기를 바란다."

줄리안의 상황에 빗대어 말해본다면 이렇게 표현할 수 있을 것 같다. "언젠가 죽을 것을 알지만 지금 이 정글에서는 아닙니다." 우리들의 현실에 빗대어본다면 이런 표현이 될 것 같다. "신이시여, 언젠가 제 몸을 거둘 것을 알기에 슬프지만 그래도 그런 순간이 오면 기쁜 마음으로 받아들이려 노력해보겠습니다. 하지만 지금은 아닙니다. 내 꿈을 아직 이루지 못했고 할 일이 남아 있습니다. 그러니 지금은 아닙니다."

내가 이 소녀였다면 몸에 난 상처에서 구더기를 본 순간 그 자리에서 당장 죽고 싶었을 것 같지만, 막상 그 상황에 놓이면 필사적으로 죽음과 싸울 가능성이 다분하다. 죽음의 문제만큼 섣불리 단정할 수 없는 것도 없다. 그래서 우리는 그 불확실한 죽음에 다가가는 나이가 되는 것에 그토록 심란해하는 것이리라. 비록 죽음은 '마지막 늙음'을 지나야 오는 것이지만 그 서막인 '첫 늙음'을 느끼기만 해도 '맙소사 마흔, 어느새 마흔, 어쩌다 벌써 마흔' 하면서 수선을 피우는 것이리라.

어떤 것에 대해 막막함을 느낄 때는 아는 것이라도 먼저 정리하면 훨씬 부담이 덜어질 듯하다. 아는 게 너무 적어서 내놓기 민망하지만 '이것밖에 모른다'고 정리하는 것도 의미 있다고 생각한다. 차츰 깊이가 더해질 걸로 믿어보면서.

정리 1.
죽음은 닥쳐봐야 안다

평소 죽음에 초월한 듯이 보여도 자신의 죽음에 대해서도 그럴지는 그때 가봐야 안다. 병원 간호사 선생님으로부터 들었던 얘기가 있다. 호스피스 자원 활동을 하며 환자들에게 미소천사로 불리셨던 분이 있었는데, 이분 덕분에 많은 환자들이 마음 편히 임종하셨고 병동에서도 환자를 관리하는 데 큰 도움을 받았다고 한다. 하지만 공교롭게도 이분이 암에 걸려 호스피스 병동에 입원하게 되었는데, 죽음에 대한 공포가 너무 심해서 보기에 딱할 정도였다고 했다. 심지어 이분으로부터 위안을 받던 다른 환자들의 불안이 재발될 정도였다.

퇴임한 원로 성직자가 암에 걸렸는데 너무 안절부절못하여 주임 성직자가 "천국을 믿으시지요?"라는 질문을 하며 안심시키려 했지만 "그러면 좋겠지요"라고 했다는 얘기도 들은 적이 있다. 평생 천국을 설파했던 분도 확신이 흐려질 때가 죽음 앞에 섰을 때가 아닌가 싶다.

그래도 종교만큼 죽음의 불안을 감소시켜주는 약을 찾기는 힘들 것이다. 죽음에 대한 철학자들의 사유 또한 그런 기능을 한다. 소크라테스는 아예 "철학은 죽기를 배우는 일이다"라고 했다. 나이 들어 홀로 사는 나의 지인은 다른 건 다 정리되었지만 자신이 죽은 후에도 아무도 모르면 어떡하나 하는 걱정은 해결되지 않은 채로 있었는데, 하루는 죽은 후 입속에서 파리가 날아다니면 어떡하나 하는 공포가 올라와 잠을 이루지 못했다고 한다. 그러다가 서재에서 철학자들의 말을 엮은 책을 읽게 되었는데, 그중 "죽은 사람은 감각을 느끼지 못하므로 두려움 자체를 느낄 수 없다. 죽은 상태는 아예 존재하지 않는 상태인데 존재하지 않는 상태에서 무엇을 느낄 수 있단 말인가"라는 글을 읽고 큰 위로를 받았다고 한다. 아마도 에피쿠로스 학파의 견해를 읽었던 듯한데, 입에서 파리가 나오든 말든 그걸 보게 되는 사람은, 미안하지만, 자신이 아니라는 생각을 하게 됐다는 것이다. 누군가의 죽음을 목도하게 되는 살아 있는 사람은 그 장면에 충격을 받겠지만 자신은 이미 공포나 수치심을 느끼지 않는 영혼의 상태일 테니 아무 의미도 없다는 결론에 이르렀다고 한다. 그러면 남은 하나는 죽음에 이르기까지의 고통, 특히 신체적 통증인데 이 부분은 다행히 현대 의학의 도움을 받을 수 있을 거라고 믿기에 그 밤에 다시 편하게 잠들 수 있었다고 했다.

나는 이분의 솔직한 얘기에 큰 인상을 받았다. '파리' 얘기는 평소에 생각지도 못했던 부분이다. 이분이 죽음의 공포에 대해 빨리 답을 찾을 수 있었던 것은 자신이 생각하는 최악의 (?) 죽음 상태까지도 솔직하게 받아들여보았기 때문이라고 생각한다. 그러면 죽음에 닥쳤을 때도 위화감이 크지 않을 수 있다. 오히려 '죽음은 성스럽고 좋은 것이다'라는 믿음을 맹목적으로 강요당할수록 막상 닥쳤을 때 도저히 수용이 안 될 수도 있다. 내가 어느 날 아이들에게 마치 영화 한 편 평하듯이 슬쩍 이런 말을 해놓은 것도 이분의 용기 있는 자백 덕분이었다. "먼 훗날 너희들이 내 손을 잡아주고 평화로운 음악을 들으면서 죽는 걸 바라긴 하지만, 만에 하나 그렇게 아름다운 모습으로 죽지 못했다 해도 너무 속상해할 필요가 없어. 엄마는 죽었으니 아름답게 죽었는지 불쌍하게 죽었는지 몰라. 너희들은 속상할 순 있겠지만 엄마는 전혀 속상할 수가 없으니 빨리 털고 일어나 그저 엄마의 영혼을 위해 기도해주렴."

죽음은 닥쳐봐야 안다. 그러니 '고결하게', '우아하게', '남은 사람들에게 귀감이 되게' 죽는 것에 에너지를 낭비할 필요가 없다고 생각한다. 평생 죽음을 성찰해온 학자들도 죽음의 두려움을 다루기가 쉽지 않았는데 우리라고 무슨 뾰족한 수가 있겠는가. 『슬픈 불멸주의자』에는 1973년에 철학자 샘 킨이 문화인류학자인 어니스트 베커를 문병 갔던 일화가 나온다. 베커는 샘 킨에게 자기 필생의 연구가 그를 향해 싱긋 웃는 해골(죽음)을 받아들이는 법을 배우는 일이었다고 말했다 한다. 다음 해 베커는 49세의 나이로 세상을 떠났고, 두 달 후 생전에 쓴 마지막 책으로 퓰리쳐 상을 수상하게 되는데 그 책의 이름은 『죽음의 부정』이다. 핵심 내용은 '인간이라는 존재는 죽음을 피할 수 없다는 공포로부터 스스로를 지키기 위해 덕성과 문화를 연마한다'는 것이다.

세상 사람들 모두 죽음을 두려워하며 그에 대처하고자 이것저것 해보는 것이다. '나만', '당신만' 두려운 게 아니다. 미국의 대중 지식인이자 신경과학자인 샘 해리스는 "아무도 이길 수 없는 죽음"이라고 말했다. 그럼에도 '죽음 이후에는 공포 자체를 느끼지 못하므로 의미 없다'는 한 줄의 생각만으로도 두려움에 나름 대처할 수 있다면 개인의 덕성은 완성된 것이라고 생각한다.

정리 2.
죽음의 문제가 본격적으로 공론화되고 있다

모든 사람은 '혼자' 죽지만 적어도 마지막 단계에 이르기까지는 혼자서만 외롭게 투쟁하지 않아도 된다는 분위기가 형성되고 있다.

가장 많이 공론화되는 문제는 '죽음의 선택' 문제이다. 죽음을 수동적으로 무력하게 받아들이는 게 아니라 죽음의 방법을 능동적으로 선택한다는 뜻이다. 대중적으로는 '안락사'라는 용어가 많이 알려졌지만 요즘은 '의사 조력 자살'이라는 전문 용어를 사용한다. 서울대학교 의과대학 법의학 유성호 교수가 쓴 『나는 매주 시체를 보러 간다』에는 영국에서 뇌종양에 걸린 시민 운동가가 의사 조력 자살 허용을 강력 청원했지만 하원에서 압도적인 차로 부결되었다는 얘기가 실려 있다. 그럼에도 의사 조력 자살은 스위스, 베네룩스 3국, 미국의 오리건주, 워싱턴주를 포함한 8개 주, 오스트레일리아의 빅토리아주 등에서 이미 시행 중이라고 한다. 유성호 교수는 우리나라에서도 의사 조력 자살이 우리 세대의 마지막쯤 이슈화될 가능성이 있다고 밝히는 한편, 이런 내용이 자살 허용 문화로 여겨질 것을 우려하여 미국 금문교에서 투신 자살을 시도했다가 구출되어 살아남은 사람들의 인터뷰도 소개한다. 그들은 "뛰어내린 순간 나는 인생에서 해결할 수 없는 일은 하나도 없다는 사실을 깨달았습니다. 방금 다리에서 뛰어내렸다는 사실을 빼고는요"라고 말했다고 한다. 의사 조력 자살은 돌이킬 수 없는 심각한 상태로 생애가 얼마 안 남았다는 것을

여러 명의 의사가 동의하고 환자 역시 수차례 자신의 결정을
되돌아보는 엄격한 숙려 기간을 거치는 것으로, 일반적인 자
살과는 엄연히 다르다.

두 번째로 많이 공론화되는 문제는 '웰다잉'에 관한 것이다.
우리나라에서 2017년부터 시행되기 시작한 호스피스 완화 의
료 및 임종 과정에 있는 환자의 연명 의료 결정에 관한 법도
웰다잉 법이라 할 수 있다. 그 내용은 다들 알다시피, 연명 의
료 계획서, 혹은 사전 연명 의료 의향서를 작성하여 불가피
한 생명 연장을 거부한다는 뜻을 밝히는 것이다. 어떤 사람들
은 좀 더 구체적으로 사전 의료 지시서를 작성해놓기도 한다.
연명 의료 계획서를 벗어나는 보다 넓은 의미의 웰다잉 문화
가 확대되면 앞에서 나의 지인이 미리 두려워했던, 압도적인
신체적 통증에 대해서도 좀 더 현실적인 의료 관리가 이루어
지지 않을까 생각해본다. 그다음에는 마음의 통증, 즉 죽음에
대한 공포를 어떻게 극복할 수 있는지에 대해서도 보다 적극
적인 방법이 모색되리라 생각한다. 요지는, 그 누구도 힘들고
아프게 죽을 필요가 없다는 것이다. 이걸 해결할 수 있는 방
법이 있다면 그 어느 때보다도 그 방법의 현실화를 막는 법적
제재를 걷어낼 분위기가 이미 어느 나라에는 형성되어 있고,
조만간 지구촌 전체에 일반화될 거라고 예상해본다. 적어도

지금 첫 늙음을 경험하는 세대라면 어느 때보다 평화롭고 품위 있게 죽을 수 있는 문화가 정착될 거라고 믿는다.

세 번째로 공론화되는 문제는 첫 번째, 두 번째 문제와 대립적인 관점으로, 오히려 영생(불멸)을 드러내놓고 말하기 시작한 것이다. 방법도 구체적이다. 시체를 냉동 보관했다가 먼 훗날 미래 의학의 기술로 되살린다는 개념이다. 꿈 같기도 하고 그로테스크하기도 한 이 방법은 미국의 알코르사에서 실제로 하고 있는 것으로, 보관 비용으로 연 5만~12만 달러 정도이고 해외 고객은 1만 달러가 더 붙는다고 한다. 고객들이 냉동 비용을 조달하기 위한 생명 보험에 들었다는 소식도 들린다. 물론 아직은 부정적 견해가 대부분이다. 부자들이나 낼 수 있는 큰돈을 그런 '비현실적인' 시스템을 유지하는 데 쓴다는 것은 빈부 격차가 심각한 사회에서나 있음 직한 매우 비이성적인 행동이며 차라리 그 돈을 사회 빈곤을 해결하는 데 쓰는 게 옳다는 의견이 대표적이다.

『노화와 생명의 수수께끼』인 저자 마크 베네케는 어느 학자의 "(지구에) 자선을 베푸는 죽음"이라는 표현을 인용하여 지구에서 잉여분을 제거하는 기회를 탕진하는 어리석음을 범해서는 안 된다고 했다. 그는 또한 불사(不死)가 인류의 진정한 생물학적인 발전에 속하는 것인지에 대해서는 확실하게 단언

할 수 없다는 말도 했다. 그 예로, 클로버가 100년을 살고 감자는 200년을 살며 야생 패랭이가 1700년을 산다면서, 단순구조일수록 생명이 길다는 것이다. 이번 생애는 패랭이가 아닌, 매우 복잡한 구조의 인간으로 태어나 모든 것을 누려봤기에 짧은 수명은 태생적 운명이라는 뜻인 듯하다.

하지만 정작 알코르사의 관련자들은 진지하기만 하다. 『더브레인』의 저자인 데이비드 이글먼이 알코르 재단의 회원과 나눈 대화를 공개했는데, 그는 이 모든 것이 도박이라고 인정하지만 그래도 이 방법을 선택하면 죽음을 모면할 확률이 최소한 0보다 커진다는 점을 강조했다는 것이다. 이 재단의 운영자인 맥스 모어 박사는 자신은 '불멸'이라는 단어를 사용하지 않는다면서 그저 두 번째 삶의 기회를 제공하는 것이며 그 (두 번째) 삶은 수천 년 이상 지속될 가능성이 있다고 말했다고 한다.

두 번째 정리를 '정리'해보자. 불멸의 방법을 '과학적으로' 실현하는 회사가 있을 정도로 죽음에 대한 '거의 모든 것'이 공론화되고 있다. 우리의 선택이 넓어진다는 면에서는 반갑지만 반대로 '희망 고문'이 가중될 수도 있다. 별 방법을 다 써봐도 마지막 선택지는 일본 작가 사노 요코가 72세에 암으로 사망하기 전에 『죽는 게 뭐라고』에 썼던 말, "죽는 건 자연스러운 일입니다. 모두 사이좋게 기운차게 죽읍시다"일지도 모른다. 하지만 결과가 어떻게 되든, 죽음의 공론화는 반가운 일임에는 틀림없으며 계속 추이를 지켜볼 만하다.

정리 3.
죽음 준비, 신변 정리에 다름 아니다

만약 오늘, 죽음을 앞에 두고 어떤 준비를 해야 한다면 좋은 기분이 1도 들지 않을 것이다. 그런 것을 생각만 해도 눈물이 앞을 가리고 손이 떨린다면 다른 날로 미루자. 비교적 담담하게 준비할 수 있는 날들이 다 따로 있으니 기다려보자. 샐리 티스테일은 『인생의 마지막 순간에서』에서 죽음 계획서가 결혼식 준비보다 간단하다는 명언을 남겼다. 맞는 말이다. 감정적 동요만 뺀다면 이보다 간단한 일도 없다. 반드시 해야 할 일은 유서를 써놓는 것이고 사전 연명 의료 의향서까지 쓰게 된다면 이상적일 듯하다.

유서를 쓰는 것도 그렇게 복잡할 게 없다는 생각이다. 남은 가족에게 하고 싶은 말, 통장이 있는 곳과 비밀번호를 적은 서류, 혹은 그 서류가 어디 있는지 알려주는 제2의 서류, 장례와 관련하여 특별히 원하는 것이 있는지, 유산을 법정 상속

인에게 넘길지 다른 방식으로 할지 등 그렇게 많은 내용은 아닐 것이다.

사전 연명 의료 의향서 작성은 필수도 의무도 아니며 안 한다고 덕(德)에 문제가 있는 것도 아니니 편한 대로 결정하면 된다. 다만, 2020년 8월 10일자《중앙일보》기사에 따르면 지난해까지 67만여 명이 국립연명의료관리기관 전산망에 사전 연명 의료 의향서를 등록했다고 하니 점점 많은 사람이 동의하는 분위기다. 가장 많이 거부한 연명 의료 행위는 심폐소생술(CPR)이었고 그다음으로는 인공호흡기 착용, 혈액 투석, 항암제 투여, 체외생명 유지술, 혈압 상승제 투여, 수혈 등의 순이었다고 한다.

우리가 유언을 생각하게 되는 가장 많은 계기는 몸이 아플 때이지 싶다. 『행복의 신화』의 저자 소냐 류보머스키는 '의사가 나쁜 소식을 전하면 우리는 어떻게 해야 하는가?'라는 상황을 가정하여 건강 심리학자인 케이트 스위니의 접근을 소개했는데 알아두면 도움이 될 것 같다.

훗날 그런 상황에 놓인다면 아래 순서로 생각해보자.

진단 내용이 심각한가? (예 / 아니오)
부정적 결과가 일어날 가능성이 큰가? (예 / 아니오)

그 결과는 통제 가능한가? (예 / 아니오)

대답이 예, 아니오의 중간이라면 좀 더 진실에 가까운 쪽을 고른다.

질문에 대한 답을 하다 보면 아래 세 가지 반응 중 하나에 속하게 될 것이다.

(1) 지켜보며 기다림
(2) 적극적인 변화 모색
(3) 수용

(1)의 상황에 놓인다면 몸 상태를 계속 지켜보되 다른 쪽으로 주의를 전환하여 평정심을 유지하는 게 중요하겠다. (2)의 상황에 놓인다면 적극적으로 치료법을 알아보고 나을 수 있도록 가능한 모든 자원을 동원한다. (3)의 상황에 놓인다면 결과를 수용하고 다른 이들에게 심리적 지지를 요청한다. (3)의 상황이 유언을 준비해볼 때라고 여겨진다.

『잘해봐야 시체가 되겠지만』에서 케이틀린 도티는 죽음을 앞둔 상태에서 해야 할 일을 스케줄러 변경과 같은 '신변 정리'로 표현했다. 책의 부제처럼 '유쾌하면서도 신랄한' 표현이 아닐 수 없다. 그런 일 중의 하나로, 다음주 혹은 다음달에 예정된 공식 일정이 있지만 '개인적 사정'으로 참석하지 못한다는 말을 해야 하는 상황을 든다. "그 개인적 사정이 죽음이라는 걸 알릴 수도 없잖은가"라면서 말이다. 신변 정리, 너무도 차갑게 느껴지지만 죽음의 현실적 준비를 가감 없이 나타내는 단어인 듯싶다.

내담자 한 분은 큰 수술을 앞두고 복잡한 감정 변화를 겪은 후, 가족들의 서랍장을 열고 속옷을 다 꺼낸 뒤 다시 차곡차곡 개서 넣었다는 얘기를 해주셨다. 혹시라도 자신이 깨어나지 못하더라도 가족들이 옷이라도 차분하게 입기를 바라는 마음이 갑자기 들었다고 한다. 비슷한 상황에 처했던 다른 내담자분은 봄 정례 행사였던 매실청 담그기를 위해 올해도 매실을 예약 주문해놓았는데 취소했다고 하셨다. 수술 후 깨어나지 못할지도 모르고, 깨어난다 해도 매실을 담글 만큼 건강이 회복되지 못할 수 있다는 생각이 들었다고 했다. 그러면서 아예 매실청은 이제 그만 만들기로 마음먹었다고 했다. 어차피 아이들이 배 아플 때나 그것도 억지로 먹일 때나 한 번씩 먹지, 자신 외에는 아무도 쳐다보지도 않던 것이고 남은 매실청을 보고 가족들이 슬퍼할까 봐 혹은 오래되어 곰 팡이가 펴도 버리지 못할까 봐 마음에 걸린다고 했다.

신변 정리를 하게 될 때의 심정은 세상에서 가장 슬프고도 아름다운 시 100편이 있어도 다 담아내지 못할 테지만 그래도 정리의 시간이라도 갖는 것은 복이라고 생각한다. 어렸을 때 부모님으로부터 "물건 좀 제자리에 놓고 방 좀 제발 정리하라"는 말을 자주 들었던 나는 '칠칠치 못한 사람인가 보다'라는 생각을 했는데, 내 아이들에게 똑같은 말을 하는 지금은 어릴 때보다는 정리하며 살고 있다. 그래서 정리를 안 하는 것, 혹은 못하는 것이 성격의 문제가 아니라 시간이 흐르면서 자연스럽게 익어가는 삶의 완결성의 문제라고 생각하게 되었다.

태어나서 죽음에 이르는 시간을 삶의 완결성의 스펙트럼상에 펼쳐본다면 나이가 들수록 '완결'의 방향으로 가게 된다. 그래서 누구라도 나이가 들면 주변 정리는 기본적으로 하게 되는 것 같다. 죽음만큼 완결인 것이 또 어디 있겠는가. 생애 최고의 완결을 위해 기꺼이 내가 있었던 자리를 깨끗이 정리하고 가는 것은, 지구를 잠깐 빌어 해보고 싶었던 것을 양껏 해보았던 존재라면 응당 해야 하는 일인 듯하다. 바람, 물, 다른 생물체 등의 도움이 있어야 정리할 수 있는 바위나 나무가 아니었으니 말이다.

정리 4.
마음에 위안이 되는 자신만의 '죽음의 이야기'를 갖고 있자

대부분의 사람들은 마음에 위안이 되는 '죽음의 이야기'를 한 개 이상 갖고 있을 것이다. 종교가 있다면 더욱 확고하게 갖고 있을 것이다. 나는 종교가 없는 사람은 없다고, 무교도 나름 종교라고 생각한다. 기독교와 천주교의 죽음 이야기, 불교의 죽음 이야기, 이슬람교의 죽음 이야기 못지않게 무교도 죽음의 이야기를 갖고 있다. 그럼에도 직업이 종교인인 사람들조차 죽음 앞에서 불안해하는 것은 자신이 속한 사회나 집단, 혹은 문화적으로 정의된 얘기만 들었을 뿐 철저히 '자신'의 이야기로 받아들이지 못했기 때문이라고 생각한다.

'자신'의 이야기여야 한다. 죽음은 '혼자' 죽기에 더욱 그렇다. 죽을 때 덕망 있는 어떤 분이 당신의 손을 잡아준들 당신 혼자 그 길을 가야 하므로 당신만의 이야기로 지팡이를 삼아야 한다. 자신의 이야기를 찾을 수 있는 종교적 설명이나 철학적 사유는 각자 해오던 대로 탐구하고 더욱 정교화하기 바라며 여기서는 좀 생소한(?) 임사 체험을 소재로 자신의 이야기를 찾는 예를 들어보고자 한다.

임사 체험이 좀 생소하긴 하지만 한 번쯤은 다 들어보았을 것이다. 어떤 책을 읽어봐도 내용은 비슷한데 그중 공통으로 언급되는 사항을 요약하면 다음과 같다.

- 죽음 직후(정신을 잃은 직후) 눈부신 불빛이 보이면서 터널이 나타난다.
- 지나온 삶이 빠른 속도로 재현된다.
- 사망한 친척이나 지인, 천사처럼 보이는 존재가 나를 찾아와서 (천국으로) 이끈다.
- 천국에 들어가서 정원을 거니는데 그 광경이 너무 아름다워 말로 표현할 수 없을 정도다. 지구에서 보았던 꽃과 나무가 있지만 그 색깔이며 향기는 차원이 다르다.
- 흰 옷을 입고 빛으로 둘러싸인 '신'을 만난다. 그 신은 내게 "아직 올 때가 아니고 지구에서 할 일이 남아 있다"며 나를 돌려보낸다.
- 정신이 들었을 때 나는 공중에 떠 있고(유체 이탈) 의사들이 내 몸에 갖가지 기구를 부착하여 살리려고 애를 쓴다.
- 순식간에 나의 영혼은 그 몸으로 빨려 들어가고 이제 나는 눈을 떴다.

임사 체험에 대한 시각은 전문가나 일반인을 막론하고 두 부류로 나뉘어 있었다.

한 부류는, 임사 체험이 신비의 색채가 있긴 하지만 실제로 일어난 일이라고 보는 것이다. 즉, 임사 체험은 체험자의 환상이나 상상이 아니라는 것이다. 이쪽의 지지자들은 임사 체험 정도가 아니라 아예 천국의 생활을 '직접 겪고' 썼다는, 스웨덴의 천재 과학자로 일컬어졌던 에마누엘 스베덴보리의 『천국과 지옥』을 비롯하여 수많은 사람들의 임사 체험기를 증거로 내세운다. 미국의 경우 1300만 명 이상이 내세를 사전 체험했다고 보고한 갤럽 여론 조사 결과도 있다. 내가 어렸을 때는 '비학술지'인 《리더스 다이제스트》에서나 보았던 임사 체험이 2000년대 이후로는 주류 과학자들마저 자신의 경험을 책으로 쓸 정도로 규모가 커져 있다. 하버드대 신경외과 의사인 이븐 알렉산더의 『나는 천국을 보았다』 등이 그 대표적 책이다.

다른 한 부류는, 임사 체험자들이 보고하는 모든 신비한 현상은 신경학적으로 충분히 설명이 가능하다는 것이다. 그 설명들 중 주요 내용만 요약해보면 다음과 같다.

- 수술 등으로 뇌로 들어가는 혈류나 산소가 일시적 차단되면 혈류 부족으로 심장 기능은 저하되지만

뇌 손상은 일어나지 않을 수 있는데 이것이 임사 체험 중 뇌 의식이 있는 상태를 설명할 수 있다.

- 뇌에 혈류가 부족하면 가장 먼저 눈이 기능을 상실하게 되어 실신하기 전에 터널 시야가 발생한다. 불안으로 과호흡 하는 경우에도 안구 혈관이 수축하여 혈액 공급이 원활하지 못하면 터널 시야가 발생한다.

- 눈 기능이 상실되어 급속 안구 운동이 일어나는 동시에 뉴런이 무작위로 발화되면서 마치 지나간 일들이 빨리 지나가는 듯한 착각, 혹은 어떤 환각 작용이 일어나게 된다.

- 살아 있는 사람의 뇌의 각 지점을 전류로 자극하면 '추락하는 느낌', '올라가는 느낌', '침대에 누워 있는 나를 위에서 내려다보고 있어요'와 같은, 임사 체험자들의 보고와 동일한 보고를 한다.

- 죽음의 상황을 맞을 경우 뇌가 인체를 보호하려는 자체적 기능이 발휘되어 고통을 줄이기 위한 호르몬이나 천연 모르핀 같은 환각제, 기타 다양한 물질들을 분비하는데, 이로 인해 과거의 일들이 불러일으켜지며 통증을 잊게 하고 평온한 감정을 느끼게 된다.

이제, 첫 번째 부류의 지지자들은 또 다른 증거를 제시한다. "만약 임사 체험이 상상이라면 어떻게 수천 거리, 수만 거리를 떨어져 있었던 전혀 모르는 사람들이 동일한 경험을 보고한단 말인가. 이는 천국이 실재한다고밖에 말할 수 없다."

두 번째 부류의 지지자들은 "동일한 경험을 한다는 것이야말로 사전 정보가 있었다는 증거다. 책을 통해서든 누구로부터 이야기를 들어서든 어떤 방식으로든 천국의 이미지에 대해 얘기를 들었을 것이다. 설사 듣지 못했어도 집단 무의식의 영향을 받았을 것이다"라며 반론한다.

첫 번째 부류의 주장자들은 이번에는 "나는 임사 체험 때 친절한 여인의 안내를 받았는데 나중에 깨어난 후 부모님께 물어보니 내가 어렸을 때 죽었던 누나와 모습이 같았다. 나는 살면서 내게 누나가 있었다는 것도 몰랐다. 천사가 되어 나타난 것이 분명하다"라고 말한다.

그러면 두 번째 부류의 주장자들은 또 "당신이 어렸을 때 누구한테서든, 어느 사진첩에서든 누나의 얘기를 들었거나 보았을 것이다. 그저 당신이 기억하지 못하는 것일 뿐이다"라고 반론한다.

진위 논박이 계속 중임에도 이 책에서 임사 체험을 언급하는 이유는 임사 체험에 대한 세 번째 부류의 관점에서다. 이쪽에서는 체험의 진위 여부보다는 왜 사람들이 임사 체험을 얘기하고 또 빠져드는가에 집중한다. 그들이 찾은 답은, 임사 체험이 죽음의 두려움을 완화시킬 수 있다는 것이다. 죽음의 공포를 다루어야 하는 전문가라면 필히 관심을 가질 수밖에 없는 부분이다. 심한 우울증 환자가 나을 수만 있다면 환자의 돌아가신 외할머니의 영혼이라도 "갖다 쓰겠다"는 어느 심리치료사의 심정처럼 말이다.

앞에서 언급했던 정현채 교수는 저명한 의학저널 《랜싯(Lancet)》이나 의과학 전문 학술지에 게재된 임사 체험에 관한 논문을 비롯하여 수많은 과학적 연구 성과를 접한 결과, 죽음은 사방이 꽉 막혀 있는 벽이 아니라 다른 세계로 이동하는 문이라는 걸 확신하게 됐다고 했다. 그러면서 죽음으로서 끝나는 게 아니라는 걸 안다면 자살하는 이들이 크게 줄 것이며, 말기 암 환자 등 죽음을 앞둔 이들도 존재가 소멸한다는 생각에서 오는 불안과 공포를 해소할 수 있을 것이라는 말도 했다.

자, 죽음이 다른 세계로 이동하는 문이라는 걸 믿는다면 당신의 불안은 해소될 것이다. 하지만 믿지 못한다면 불안 해소는 어림도 없다. 죽음이 끝이 아니라는 말은 공식적 기록만 살펴봐도 스베덴보리가 위의 책을 쓴 1758년에 이미 얘기되었으며, 종교서까지 포함하면 인류의 역사 내내 얘기되어 왔다. 즉 모르는 내용이 아니다. 하지만 '알아도' 불안은 가시지 않는다. 타인의 이야기여서 그렇다. '자신의 이야기'여야 불안도 다스려볼 수 있다.

그러니 당신이 만약 죽음의 공포가 있다면, 반드시 해야 하고 또 할 수 있는 것은, 종교적 교리를 통해서든 학문적 주장을 통해서든, 심지어 임사 체험의 이야기를 통해서든, '자신의' 믿음 체계를 설정해야 하고, 그 믿음 체계를 흔들림 없이 유지해야 한다는 것이다. 그래야 죽음의 공포 앞에서 흔들리지 않는다. 당신의 믿음대로 죽음 후에 천국이 펼쳐질 것이기 때문이다. 그 시간이 순간이든 영원이든.

30년 넘게 임사 체험과 영적 체험을 탐구한 세계적인 신경학자인 케빈 넬슨은 『뇌의 가장 깊숙한 곳』에서 카를 융의 임사 체험 이야기를 전해준다. 융은 68세에 심장마비로 임사 체험을 겪었는데 그것은 상상이 아니라 전적으로 '실재'였다며 우주에 떠서 지구를 내려다보는 자신을 발견했다고 한다. "지구는 눈부신 파란색 빛에 물들어 있었다." 이어서 그는 일생을 돌아보았다면서, 그 병 이후에 생산적인 연구의 시기가 찾아와 아주 많은 주요 작품을 썼고 자신이 보고 이해하는 실존의 조건들을 더 쉽게 받아들이게 되었다고 말했다고 한다. 융은 그런 식의 믿음 체계로 죽음을 해석하고 받아들이며 평생 흔들리지 않았다.

임사 체험자들의 얘기나 조언 중에서 개인적으로 끌렸던 내용 세 가지가 있었다.

> (1) 죽음은 무서운 게 아니며 오히려 평화롭다. 터널의 끝에서 성스럽고 완전한 빛과 조우한 후 다시는 이곳으로 오고 싶지 않았다.
> (2) 죽음 직후 어두움과 빛이 공존할 때가 있는데 무조건 빛을 향해 가라.
> (3) 죽음 직후 아주 잠깐 자신이 생전에 좋아했거나 익숙했던 대상이나 공간에 놓일 때가 있다. 그 때문에 불안해하지 않을 수 있었다.

앞에서 얘기했듯이 '죽으면' '존재하지 않는 상태'가 되어 어떤 두려움도 느낄 수 없으니 우리가 신경 써야 할 것은 오직 '죽음 직전'의 두려움일 것이다. 그런데 그 찰나의 순간만 넘기면 '성스럽고 완전한 빛과 조우하게 되고 이곳으로 오고 싶은 마음이 사라지는' 상태에 이른다는 것이다. 이것을 믿을 수 있다면 죽음을 두려워할 이유는 없으며, 혹시라도 죽음 후 정신을 차리고 있다면 빛을 향해 가도록 마음에 새겨놓으면 될까. 그렇게 생각해보니 마음이 좀 가벼워진다.

반대로 이것이 망상이라도, 중요한 것은 망상이든 아니든 당신은 이 내용으로 죽음 이후의 단계를 밟을 가능성이 크다. 왜냐하면, 방금 당신이 이런 이야기를 읽었기 때문이다. 말장난으로 들릴 수도 있겠지만, 좀 전에 언급했던 '책을 통해서나 어떤 사람을 통해서나 집단 무의식의 영향을 통해서 천국의 이미지에 들었을 가능성'이 방금 당신에게도 일어나 뇌로 들어간 것이다. 당신이 '기억'을 못 할지는 몰라도 뇌에 부호화되었다가 재현될 가능성이 크다. 그것을 암시로 부르든, 최면으로 부르든, 다른 뭐로 부르든, 죽음에 대해 아는 게 그나마 이것밖에 없기 때문에 그 형태로 죽음 이후의 과정이 펼쳐질 가능성이 크다. 하지만 그로 인한 혜택은 분명하여, 두려움이 감소될 수 있다.

혹시 당신이 불교 신자여서 '신'이 나온다는 내용에 거부감을 느낀다면 걱정할 것 없다. 기독교나 천주교 신자들은 임사 체험에서 하나님이나 예수님, 대천사를 본다 하고 불교 신자들은 부처님을 본다고 한다. 개신교 신자들은 임사 체험 시 단 한 명도 성모마리아를 보지 않는다는 흥미로운 보고도 있다. 이는, 죽음이 각자의 세계관에 맞게 체험됨을 시사하는 것이다. 어차피 우리는 죽음을 모른다. 그런데 임사 체험자들의 보고는 우리가 생각하는 천국의 분위기와 얼추 들어맞으며, 그중에서도 죽음 직후의 세상이 너무 좋아서 다시 오고 싶지 않다고 하는 내용은 우리가 그리던 천국이나 열반의 모습 딱 그대로다. 즉 우리의 평균적인 세계관에서 크게 벗어난 내용이 아니라는 뜻이다. 그러니 이 부담스럽지 않은 내용을 믿는다면 '우리가 큰 손해를 보거나 잘못될 일이 있을까?'라고 자문해보니 별로 없겠다는 생각이 든다.

임사 체험을 떠올린다고 더 불안해지고 공포스러워지거나 우울해질 가능성이 없다. 오히려 반대로 기분이 좋아지는 쪽이다. 그래서 나는 두 가지를 정해보았다. 첫째, 죽음의 상태에 이른다면 숨이 넘어간 직후의 찰나의 순간만 버텨내면 큰 빛과 조우할 테니 두려워하지 말자. 둘째, '좋아했거나 익숙했던 대상이나 공간'에 놓일 가능성을 위해 '커피 향 가득한 멋진 도서관 안'에서 정신이 들기로 설정을 해본다. 누구는 '골프장에서 깨어나기를', 또 누구는 '개가 있는 곳에 깨어나기를' 바라듯이 말이다. 아니면 할 수 없고.

당신은 어떤 선택을 할 것인가. 죽음 자체가 과학적으로 설명될 수 없기에, 비과학적으로 보일지라도 당신의 마음을 편하게 하는 방법이 있다면 남 눈치 보지 말고 사용하도록 하자. 이 말을 하고 싶어서, 즉 마음에 위안이 되는 '당신 자신만의 이야기'를 가지라는 말을 하고 싶어서 임사 체험을 빌어 길게 끄적거렸다. 임사 체험을 믿어도 된다, 아니 믿을 수 없다는 얘기가 절대 아니라는 것을 강조한다. 남에게 피해 주지 않고 큰돈을 갖다 바치는 것만 아니라면 그 방법의 가치는 남이 판단할 일이 아니다. 자신의 신비, 자신의 경이(驚異)를 찾아 소중히 갖고 있자.

정리 5.
죽음은 경이의 세계로 가는 것이다

예전에는 죽음을 얘기하는 것조차 꺼렸다면, 이제는 자주 얘기할수록 죽음의 공포를 줄일 수 있다는 인식을 많이 하는 것 같다. 아예 '죽음 인식 운동'을 하는 사람들도 있다. 앞서 보았던 케이틀린 도티는 로스앤젤레스의 장의사이자 '좋은 죽음 교단'의 운영자이기도 하다. 그녀는 영국에서 시작된 '데스 카페'를 소개하는데, 소규모로 모여 죽음에 대해 자유롭게 이야기하던 이 모임은 이제 사회적 프랜차이즈로 확대되어 지금까지 51개국에서 수천 번도 넘게 열렸다고 한다. 또한 과학 강연과 심포지움 위주로 열리는 '데스 살롱'도 언급하는데 '오더 오브 굿 데스(좋은 죽음을 표방하는 집단)'라는 단체가 후원한다고 한다. 도티는 이런 분위기가 형성된 데에, 죽음을 숙고할수록 심리적 면역 반응이 일어나 오히려 행복감을 느낄 수 있다는 심리과학 학술지 연구를 인용하여 설명한다.

관 속에 들어가보는 등의 '임종 체험'도 이런 죽음 인식 운동의 일환일 것이다. 하지만 개인적으로는 좀 초점이 안 맞는다는 생각이 든다. 우리가 죽어서 관에 들어갈 때는 의식이 없을 때인데 의식이 있는 상태에서 관 속에 들어가는 것이 과연 임종을 제대로 체험하는 게 맞는지 의문이 들어서다. 더 문제는, 실제로 수의를 입고 관 뚜껑이 닫히고 어떤 곳에서는 못질도 한다는 과정들이 사람에 따라서는 극 공포 반응을 유발할 수 있고, 공포까지는 아니라도 죽음에 대해 꽤 어두운 이미지를 불러일으킬 수 있다는 것이다. 뚜껑이 닫히고 햇빛이 차단되면 편하다는 사람도 있겠지만 부정적인 감정을 느끼는 사람이 훨씬 많을 것이다. 그래서 이 체험을 해본 대다수의 사람들이 살아 있다는 것에 감사하게 되었다는 말을 많이 한다. 다만, 이렇게 되면 이것은 '임종 체험'이 아닌 셈이다.

사전에 죽음에 대해 이야기를 나누고 인식해보는 것이 좋을지, 그렇게 하는 것이 실제로 죽음의 공포를 덜어줄지는 사람들마다 다르겠지만 이 필요성을 느낀다면 박제에 담긴 듯한 단편적인 맛보기보다 좀 더 근원적인 접근이 필요하다고 생각한다.

앞에서 정현채 교수가 "죽음은 다른 세계로 이동하는 문"이라고 했던 것을 떠올려보자. 이 말을 믿고 못 믿고에 따라 불안이 감소되기도 못 되기도 한다고 했다. 그런데 믿어보려 해도 다른 세계를 '인식'하는 어려움은 여전히 남는다. 인식을 못 하면 대상은 여전히 미지(未知)이고, 그러면 그 불확실성은 여전히 두려움을 유발할 것이다. '다른 세계'를 '다른 차원'으로 바꿔본다면, 죽음의 차원은 현재 우리 인식 수준의 최고 수준인 3차원에서는 전혀 이해할 수 없다. 그러다 보니 우리 인식 수준의 입맛에 맞추어 죽음이 이럴 것이다, 저럴 것이다, 관에 들어가보면 조금 알 것이다 등의 말을 하지만 무언가 '눈 가리고 아웅'하는 느낌만 드는 것이다.

따라서, 우리가 우선해야 할 일은 다른 차원을 이해하는 연습이 아닌가 생각한다. 다행히도, 우리는 다른 차원을 어깨 너머라도 볼 수 있는 능력을 갖고 있다. 영성이다. 만약 임사체험자들의 증언이 사실이라면, 그들이 천국을 체험했던 것도 현재의 인식 수준이 잠시 죽고(?) 다른 차원의 인식 수준,

즉 영성이 좀 더 열리면서 가능했을 거라고 본다. 그들이 죽음 이후의 세상을 한없이 아름답고 좋은 곳으로 보게 된 것 또한 인식 수준이 바뀌어서였는지도 모른다. 어쩌면 우리는 죽음보다는 '다른 수준의' 인식을 두려워하는 것일 수도 있다. 인간은 자신이 익숙한 것과 조금만 달라도 불편함을 느끼고 거리를 두니 말이다. 평소에 그런 인식 수준에 노출되는 때가 적다는 것도 이런 두려움을 부채질할 것이다.

하버드대 뇌과학자인 질 볼트 테일러는 '살아 있는' 상태에서 인식 수준이 달라지는 초유의 경험을 했다. 테일러의 사례를 앞에서도 잠깐 언급했지만 그녀는 뇌과학자로서 하필이면 자신이 뇌중풍에 걸려 좌뇌 기능이 손상되었다. 정보 처리 방식이 완전히 뒤틀렸고, 그전까지의 삶과 단절된 느낌이 들었으며, 언어와 인지 능력, 포괄적인 개념, 시간 감각 또한 사라졌다고 했다. 하지만 그녀는 좌뇌의 기능을 잃으면서 인식 수준이 '달라졌음'에도 마치 세타빌(꿈과 현실 사이의 어딘가에 있는 말랑말랑한 의식이 머무는 초현실적인 공간) 상태에 있는 듯 평화로움을 느꼈다고 했다. 불교도들이라면 아마도 열반에 접어들었다고 말할 거라고 했다. 또한 세부 문제에 집착하는 데서 자유로워졌으며, 아무것도 밀어붙일 필요성을 느끼지 못했고, 한가롭게 해변을 거닐거나 아름다운 자연 속에서 빈둥거

리듯 있었다고 했다. 그녀는 그때의 상태를 이렇게 요약했다. "사소하고 고립되어 있다고 느꼈던 내가 이제 거대한 존재가 되어 주위의 모든 것을 포용할 수 있을 것 같았다. 내가 지각할 수 있는 것은 지금 여기 이 순간뿐, 그것은 아름다웠다."

현재까지의 삶과 단절되고 말을 못 하게 되는 상태는 죽음의 상태이기도 하다. 테일러는 "뇌의 재잘거림이 멈추었다"고 표현했다. 어쩌면 죽음은 좌뇌가 죽는 것인지도 모른다. 얼마 안 있어 우뇌도 죽겠지만. 하지만 테일러가 "나는 유동체였다. 우리 사이와 우리 안의 모든 것이 공간에서 진동하는 원자와 분자로 이루어져 있으니까"라고 말했듯이, 우리 또한 인식 수준이 바뀐다면 낯설고 두려운 게 아니라 세상과 경계가 없는 유동체로 남아 오직 평화로움만 느낄 가능성이 높다.

죽음은 경이다. 신비라고 해도 좋다. 어린아이에게 바다가 어떤 것인지를 알게 해준다 하자. 바다 사진을 보여주고 '바다의 친구'라는 소라를 만져보게 한다고 바다를 이해할까. 그보다는 햇빛 좋은 날 아이를 바다에 데려가 바닷물 속에 풍덩 집어넣는 것이 가장 효과적인 방법이다. 처음에는 바닷물에 손만 담갔다가, 그다음엔 발을 담갔다가, 이윽고 물속에 들어가 오늘은 1미터 그 다음엔 10미터 식으로 들어가보면서 바다의 지평선을 넓히게 하면 어느새 아이는 바다를 친구처럼 여기게 될 것이다. 죽음이 속한 경이의 세계 또한 이런 식으로 지평선을 조금씩 넓히다 보면 점점 친근해질 것이다.

경이의 세계 하면 금방 떠오르는 것들은 기적, 천사처럼 한결같이 신비하고 경탄스럽고 다정하고 사랑스럽다. 죽음 또한 경이의 세계에 있으니 다르지 않을 거라고 믿어본다. 그러니 지금부터는 그동안 저만치 밀어놓았던 경이로움의 감각을 서서히 깨우고 자주 체화하도록 해보자. 영성을 연습하고 깨우자는 의미다.

마이클 탤보트의 『홀로그램 우주』에는 미국 정신의학협회의 1980년 연례 회의에서 유체 이탈 체험이 일반적인 현상이라는 결론을 발표했다는 내용, 익명이 보장되는 228명의 정신의학자들 중 58%가 정신과 졸업생들이 '심령 현상에 대한 이해'를 갖추는 것이 좋으리라고 보고 44%는 심령 현상이 치료적 역할을 한다고 시인했다는 내용이 적혀 있다. 익명이 보장되거나 집단적 조사에서는 영성을 인정한다는 뜻이다.

사람들이 왜 익명이 보장되면 좀 더 솔직하게 영성을 인정하는지는 하버드의과대학의 암세포 생물학 박사이자 임상심리 전문가인 조안 보리센코가 명쾌하게 설명했다. 그녀는 『마

음이 지닌 치유의 힘』에서 예전에는 이런 보고를 하면 정신에
문제가 있다는 식으로 여겼지만, 미국인의 3분의 1 이상이 환
상을 보고하고 성인의 반이 죽은 이들과 만났다고 보고한 국
립여론조사협의회 결과나, 이들이 아주 평범하고 교육 수준
과 지능은 오히려 높은 편이고 특정 종교와 무관했으며 인성
건강이 상위 수준이었다는 연구 등에서 볼 때 지금은 이 세계
를 좀 더 잘 인식하기 위한 종의 진화를 겪는 중일지도 모른
다고 말했다.

　작가들은 이런 부분을 일반인들보다 훨씬 솔직하게 드러낸
다. 엘리자베스 길버트는 자전적 에세이인 『빅 매직』에서 우
리 행성에 동물들과 식물들과 세균들과 바이러스들이 우글
우글할 뿐만 아니라 착상(창작의 실마리가 되는 생각들)들도 함
께 서식한다고 믿는다고 했다. 그러면서 이 착상은 인간이라
는 공모자와의 협력을 원하기 때문에 우리 주변을 빙빙 돌면
서 자신을 현실화할 능력과 의지를 동시에 갖춘 적절한 조력
자를 끊임없이 찾고 있다고 했다. 심지어 그녀는 미국의 시인
인 루스 스톤이 어렸을 때 밖에 서 있으면 시(詩)가 해일처럼
밀려오는 바람에 집으로 빨리 달려와 시보다 한발 앞서서 종
이에 받아썼다고 했다는 얘기도 들려준다.

　알고 보면 다들 이러고 사는 것이다. 그저 우리가 서로 듣

지 않고 굳이 말하지 않아서 그렇지 멍석을 깔아주면 누구라도 한 보따리씩 자신의 경이와 신비를 내놓는다. 나이 들고 죽음에 가까워지면 그 보따리들을 좀 더 풀어보자.

　　광화문 교보문고에 갔다가 '아인슈타인의 이론을 재미있게 해석한 책인가 보다' 하고 오해하며 뽑아들었던 책이 있었다. 팸 그라우트의『E3 : 신이 선물한 기적』으로, 아인슈타인과 관련이 없는 책이었지만 다음의 8가지를 72시간 동안 찾게 될 거라는 재미있는 내용이 있었다.

> 배꼽 쥐며 웃는 모습 / 어린 시절 갖고 놀던 장난감 /
> 고등학교 시절 좋아했던 노래 / 숫자 222 /
> 비치볼 / 멋진 모자를 쓴 어르신 / 갓난아기의 웃음 /
> 나에게 보내는 메시지가 담긴 옥외 광고

　'비치볼'을 빼고는 실제로 72시간 안에 다 찾아낸 게 재미있어서 당시 대학교 1학년이던 아들에게도 한번 찾아보라고 했다. 아들은 '갓난아기의 웃음'을 빼고는 다 찾았다며 역시 재미있어 했다. 가장 재미있었던 것은 둘이서 차를 타고 가다가 차선 변경을 하며 우리 앞으로 들어온 버스를 봤던 날이었다.

차 번호는 22번이었고 차대번호는 '72다 2'였으며 뒷창에는 대리운전 광고 번호 2222-2222가 적혀 있었다. 바로 그 때 내 차의 계기판 시계는 2:22로 표시되었다. 둘이 "오! 오!" 소리 지르며 얼마나 웃었는지 모른다.

이 재미있는 실험은 그때 한 번만 했다. 나야 보이는 것이 모두 실재가 아님을 알고 있었기에 굳이 또 이런 류의 실험으로 확인할 필요를 느끼지 못해서였지만 아들은 그 이상으로 흥미 있어 하지 않았기 때문이다. 저쪽 차원에 마음 둘 필요가 없을 정도로 이쪽 차원에 재미있는 게 넘쳐나는 나이 아니던가. 중년이 되면 이쪽 차원에 재미거리가 넘쳐난다기보다는 처리해야 할 일이 많아 정신이 붙박여 있다. 그러다 보니, 우리가 미처 인식하지 못하는 다른 세상이 늘 곁에 있는데도 태연하게 그런 세상을 보지 않으려 하거나 못 보는 척하며 살고 있다.

영국의 심리학자 찰스 퍼니휴가 『기억의 과학』에서 인간은 신체뿐만 아니라 영혼의 관점에서도 생각하도록 프로그래밍되어 있다고 말했지만, 그런 관점을 너무 오래 방치하지 않았는지 생각해보자. 영성은 늘 우리 곁을 맴돌고 있다. 심지어 우리가 자신을(?) 봐주기를 기다리고 있다는 것 같다. 로나 번은 『수호천사』에서 천사들이 우리에게 말하지만 우리가 들으려고 하지 않아 천사들이 할 일이 없다는, 미소가 지어지는 표현을 쓴 적이 있다. 프랑스의 저명한 사상가이자 가톨릭 신부인 피에르 테야르 드 샤르댕의 말은 특별히 긴 여운을 남긴다. "우리는 영적 경험을 하는 인간이 아니다. 인간이 된 경험을 하는 영적 존재다."

영성을 깨우는 것은 책상 위에서만, 혹은 독방에서만 하는 것이 아니다. 성스러운 종교 의식에 참여할 때는 당연하고, 자연에서 걷고 쉬거나, 아이와 놀거나, 좋은 책을 읽으며 사색하거나, 자신만의 예술 활동을 하면서 순수한 기쁨과 경외를 느낀다면 잠들어 있었던 영성이 내 옆에 앉아 같이 기뻐할 거라는 생각이 든다.

경이의 세계를 체험해본다 해서 현재의 삶을 경시할 리 없다. 관 체험자들이 오히려 살아 있음을 감사했다고 했듯이 경이로움을 느낄수록 삶의 경외감은 깊어지기만 한다. 어느 초가을 날, 그토록 아름다운 한국의 전형적인 가을 하늘이 오후 내내 펼쳐져 있었다. 미세먼지 한 톨 보이지 않았다. 아름답고 장엄하고 보고 또 보아도 예뻐서 벅차오르는 마음을 참지 못해 가족에게 "하늘 봐, 하늘" 하고 문자를 보냈고 그래도 감흥이 가시지 않아 친구에게 냅다 전화를 했다. "오늘 하늘 봤어?" 친구는 큭큭대더니 "오늘 하늘 얘기하는 사람이 왜 이리 많아. 어떤 사람은 오늘 시간이 너무 아까워서 빨래를 두 번이나 해서 널었다네"라는 말을 했다. 그날 한국의 하늘은 무심코 자기를 쳐다본 사람들 여럿을 웃기고 울렸다. 빨래를 두 번이나 했다는 사람의 심경이 너무도 잘 이해되었다. 그 시간이 너무 아까워 마치 자신의 집 마당에만 그 하늘이 있다는 듯이 시간을 쪼개어 쓴 것이리라.

칙칙하게 늘어진 세상의 모든 것들을 넉넉하게 말려주고도 남을, 경외감을 불러일으키는 날이 있다. 하늘빛이 언젠가 내 눈에서 사라지고 그 빛을 담았던 내 눈빛마저 사라지기 전에 마음껏 누리고 싶은 그런 날이 있다. 우리 삶에 한 번씩 그런 모습으로 경이가 찾아오면 멍하게 그냥 보내지 말고 맘껏 누리고 수다 떨고 사진기에 담든 빨래를 두 번 하든 경애(敬愛)하도록 하자.

첫 늙음을 자각하면 가끔씩 죽음에 대해 생각도 해보면서 경이의 세계의 지평선을 넓히도록 하자. 하지만 서서히 그렇게 하자. 아직은 이렇다.

"죽음을 가까이, 삶은 더 가까이."

마침표가 아니라
쉼표와 물음표로

만약 내가 내일 죽는다면, 무섭다. 두렵다. 사랑하는 사람들과 헤어져 혼자만 가기 싫다. 하지만 사랑하는 사람들과 헤어지는 것의 슬픔은 줄일 수 없다 해도 무섭고 두려운 것은 죽음을 어떻게 생각하는지에 따라 달라질 수 있다고 생각한다.

죽으면 끝이다. 이렇게 생각하면 정말 끝이라는 생각에 두렵고 무섭다.

하지만 '죽으면 끝일까?'라고 생각해보면 호기심이 당겨 두려움의 감정이 희석되는 느낌이다.

'죽으면 끝이다.'로 마침표를 찍지 말고 '죽으면 끝인 것 같지만, 정말 끝일까?'의 쉼표와 물음표로 바꿔보자.

막상 죽어보니 나의 존재가 물방울 사라지는 속도만큼이나 빨리 소멸되어서 "에라이, 정말 끝이네" 할지언정, 나는 버틸 수 있는 한 버텨보려 한다. "정말 끝이야?"

부디 마지막 순간까지 내가 정신줄을 잡고 있기를 바란다.

만약 물방울처럼 소멸하지 않는다면 재미 삼아 몇 가지는 일단 정해놓았다.

첫째, 다시 지구로 돌아가고 싶으냐고 물어본다면, 싫다고
할 것이다. 짧고 협소한 삶이었지만 굳이 더 체험해보고 싶은
감정은 없다. 인간의 경험은 결국 모두 감정으로 끝나는 것
아니던가. 사랑했고 사랑받았고 좋은 곳에서 좋은 사람과 좋
은 음식을 먹으며 느꼈던 좋은 감정, 반대로 거부당하고 경시
당하고 좌절되었던 좋지 않았던 감정. 나는 좋은 감정과 좋지
않은 감정이 무엇인지 충분히 안다고 생각한다. 고로 지구에
서 더 배울 것은 없다고 느낀다.

둘째, 궁금한 게 있냐고 물어본다면, 살면서 너무도 힘들었
던 '그때' 나를 붙잡아준 그분이 내가 생각한 그분이 맞았는지
확인하고 싶다고 할 것이다.

셋째, 하고 싶은 일이 있냐고 물어본다면, 지구로 돌아가고
싶지는 않지만 혹시라도, 정말 만에 하나라도, 천사 비스름한
존재가 되어 가끔씩 내 아이들과 곤궁에 처한 사람들이 헤맬
때 잠깐 등을 두드려주거나 빛이 있는 쪽의 길을 슬며시 보여
주는 일을 해도 되는지 간청해보려 한다. 내가 이곳에서 살
때 늘 그런 도움을 바랐던 것처럼. 또한 죽음이 끝이 아니니
두려워 말라는 신호를 줘도 되는지도 간청해보려 한다.

재미 삼아 정해놓은 이유는, 임사 체험자들의 보고에 따르
면 죽음 이후의 결정이 일사천리로 진행된다 해서다. 심사숙

고의 시간이 전혀 없다는 것 같다. 하지만 미리 설정해놓으면 몇 번이고 심사숙고하여 수정할 기회가 있을 것이다.

어쨌든, 이 모든 것이 가능한지 나는 최대한 정신을 차린 채 확인해보려 한다. 쉼표와 물음표로 가보려 한다. 두 번 죽으면 아주 잘할 수 있을 것 같긴 한데 가능성이 너무 희박하므로 처음이자 마지막(?)인 그 순간을 호기심으로 눈을 반짝이며 잘 헤쳐나가보기로 마음먹어본다. 설사 내가 그렇지 못하더라도 손가락질하기 없기. 죽음은 닥쳐봐야 안다고 말했다.

여전히 설레는 첫 늙음

2020년, 한국은 수년 전에 예상했던 대로 고령화 시대로 접어들었습니다. 고령화 시대가 되었다는 것은 평균 수명이 늘었다는 뜻이니 축하해야 마땅한 일인데, 건강 수명보다는 질병 수명 쪽으로 수명이 연장된 듯하고 경제적, 사회적 지지 기반도 척박하기만 하여 그저 썰렁하기만 합니다. 게다가 코로나 팬데믹까지 더해져 더욱 암울하네요. 그래도 좀 더 시야를 넓혀보면 지금은 과거 어느 때보다 의학적으로나 과학적으로나 노인 문제 해결에 대한 전망이 밝습니다. 다만, 그런 전망들이 현실화되기까지 손 놓고 기다릴 수만은 없기에 개인적으로 해볼 수 있는 일들을 먼저 생각해보자는 취지로 책을 썼습니다. 많은 말을 한 것 같지만 각자의 몸과 마음을 건강하게 지켜내자는 게 핵심이겠습니다.

『석세스 에이징』에서 대니얼 J. 레비틴은 재미있는 이야기를 합니다. 노인들에게 삶을 되돌아보고 가장 행복했던 나이를 꼭 집어서 이야기하라고 했더니 가장 많이 꼽히는 연령이 82세였다고요. 그러니, 지금 좀 행복하지 않아도 '너무 젊어서' 그런 것이니 혼자만 힘들게 사는 것 같다고 크게 좌절하지 않도록 합시다. 쑥스러운 말이긴 하지만, 저도 중년기에 인생이 꼬인다 싶었을 때 프로이트가 정신 구조 이론을 발표했을 때가 63세를 넘어서였다는 말을 듣고 '나는 아직 멀었네' 하면서 희망을 다시 주워 담은 적이 있습니다.

마흔이나 쉰이 넘었다고 갑자기 이전과 다른 삶을 살 필요는 없다고 생각합니다. 그럴 시간도 없겠지만 말이죠. 가치관을 바꿀 필요도 없다고 생각합니다. 당신이 지금껏 지녀왔던 가치관은 울퉁불퉁 모양새가 좋지 않은 부분이 조금은 있겠지만 지금까지 당신을 지탱해온 소중한 것이니까요. 단점보다 장점이 더 많기에 부둥켜안고 살아왔을 것입니다. 혹은 그것 말고는 달리 해볼 수 있는 게 없어서였을지도 모르겠네요. 이유가 어쨌든 그 또한 당신의 것입니다. 그저 지금부터는 울퉁불퉁함을 조금씩 매끄럽게 다듬기만 하면 됩니다.

그래도 힘들 때는 당신 앞에 항상 선구자들이 있었음을 기억하세요. 어떤 사람과의 갈등으로 괴로워하다가 어렵사리 털어놓으면 친구나 선배들은 이렇게 말했습니다. "아니, 이제야 괴롭단 말이야? 난 속이 다 타서 불씨 하나 남지 않았구먼." 하던 일을 포기하고 싶다고 말하면 그들은 또 이렇게 말했습니다. "아니, 이제야 포기하고 싶다고? 난 이미 너무 많이 포기해서 배추 셀 포기도 없구먼." 몸이 아파 불길한 느낌이 든다고 하면 "아니, 이제야 불길

하다고? 나는 이미 저승에 한 발을 담그고 있구먼." 나보다 힘들 었지만 나보다 먼저 극복하고 용기 있게 다시 시작한 사람들이 언제나, 언제나 있었습니다. 심지어 그들의 인생 후반기는 위트로 넘쳐났습니다. 역경 후에도 살 만하니 그런 것입니다. 나는 그저 그들의 뒤를 따라가기만 하면 되었습니다. 우리가 힘든 일의 첫 주자가 아니어서 얼마나 다행인가요. 우리는 세상에서 최초로 가난한 사람이 아니었고, 최초로 이별한 사람이 아니었으며, 최초로 좌절하고 배신당한 사람이 아니었습니다. 심지어 최초로 죽을 사람도 아닙니다. 이미 저쪽 세상으로 간 허다한 사람들 중에 대략 7만 년 전부터 계산해도 단 한 명도 다시 오지 않았습니다. 다시 와야 했다면 오고도 남을 시간이었는데도 말입니다. 저쪽 또한 살 만하니 그럴 것입니다. 선구자들의 지혜와 용기를 보드(board)삼아 삶의 바다를 서핑해봅시다. 때로는 아슬아슬할 때도 있겠지만 점점 자신감이 붙을 것입니다.

2018년 가을경에 문득 지난 1년 동안 특별히 아픈 데가 없었다는 깨달음이 왔습니다. 해마다 서너 차례씩 찾아왔던 어깨 결림과 허리 결림이 희한하게 비껴갔고 비염도 한 차례 가볍게 지나갔을 뿐입니다. 일단은 그런 행운에 감사했습니다. 하지만 또한 알고 있었습니다. 어깨가 아파서 워드를 치지 못하고 등이 결려서 오래 앉아 있지 못하며 눈이 침침해서 책을 오래 읽거나 컴퓨터 화면을 오래 보지 못하는 때가 올 거라는 걸요.

어쨌든 저는 잠시의 행운을 허투루 쓰지 않겠다고 생각했고 더 열심히 읽고 책을 쓰기 위한 자료를 부지런히 갈무리했습니다. 그 결과 1년 사이에 책 두 권을 써보기도 하네요. 물론 그 사이에 나날이 늙어가고 있었고 가끔씩 허리나 어깨가 아프기도 했지만 병원에 갈 일은 없었습니다. 이 책의 마지막 쪽을 쓰면서 몇 달 전에 썼던 첫 장의 내용이 다 기억나는 것으로 보아 정신도 말짱한 것 같습니다. 정말 다행입니다. 책을 쓴다는 게 쉽기보다는 어려운 쪽이겠죠. 그런 일을 한 해에 두 번이나 하게 된 추인을 생각해보니 '코로나 19'로 사업과 일정들이 취소되면서 '예정에 없던' 시간을 '비자발적으로' 갖게 된 것도 있었지만 더 핵심적인 소인은 젊었을 때만큼은 당연히 아니지만 나이에 맞게 건강했던 것, 그리고 그런 상태가 영원히 지속되지 않으리라는 자각 때문이었습니다.

늙어감을 자각하는 것은 그 자체로 삶을 정리하게 해주는 강력한 동인이 되는 것 같습니다. 하물며 첫 늙음은 그저 축복입니다. 첫사랑, 첫눈만큼이나 첫 늙음은 여전히 설렙니다. 지금과 비교하면 그때 내가 얼마나 아름다웠던지 떠올려봅니다. 마흔을 넘고도 여전히 어색하고 부자연스럽고 때로는 허세도 부려보며 온통 세상과 맞붙어 싸우기만 했던 시기였는데도 이상하게 아름다워 보이네요. 물론, 그때는 전혀 그렇게 생각하지 못했지요.

이제 첫 늙음을 겪을, 혹은 직전에 겪었을, 그리고 먼 훗날 겪을 후배들에게 선망과 사랑을 보냅니다. 아직도 할 수 있는 일이 너무나 많습니다. 아직도 많은 시간이 당신 앞에 있습니다. 당당하게 첫 늙음을 맞이하고 하나씩 생활을 정리해보세요. 삶의 우선순위를 헤아려 집중하고, 무엇보다도 당신의 가슴을 진정 뛰게 만드는 것에 몰입하세요. 가슴을 뛰게 하는 것이 무엇이든 멋있습니다. 그저, 남의 가슴'만' 뛰게 하는 것에 현혹되지만 마세요. 불혹의 나이라 하잖아요. 가장 중요한 것은 건강입니다. 건강해야 남은 삶을 오로지 당신의 것으로 완결할 수 있습니다.

살면서 힘들어지면 "나는 이렇게 아름답구나. 이 삶을 그냥 지나치지 못해서 이렇게 치열하게 부대끼는구나"라고 외쳐보세요. 그리고 다시 저벅저벅 걸어가는 겁니다. 마지막 늙음까지 말이죠. 그렇게 세상에서 가장 아름다운 완결을 마무리해보자고요. 두 번째, 세 번째, 혹은 서른 번째 늙음을 맞이하고 있지만 어제와 똑같이 오늘도 꿋꿋하게 각자의 삶을 완결해 나가는 동지들과 선배님들께 애정과 경의를 표합니다.

참고 문헌

도서

『특이점이 온다』| 레이 커즈와일 | 김영사 | 2007

『노화의 종말』| 데이비드 A. 싱클레어, 매슈 D. 러플랜트 | 부키 | 2020

『죽을 때까지 치매 없이 사는 법』| 딘 세르자이, 아예샤 세르자이 | 부키 | 2020

『노화 혁명』| 박상철 | 하서 | 2010

『문장의 온도』| 이덕무 | 다산초당 | 2018

『100세 수업』| EBS「100세 쇼크」제작팀 | 윌북 | 2018

『성공하는 사람들의 7가지 습관』| 스티븐 코비 | 김영사 | 2017

『나이 듦에 관하여』| 루이즈 애런슨 | 비잉 | 2020

『제3의 성공』| 아리아나 허핑턴 | 김영사 | 2014

『노화의 비밀』|《사이언티픽 아메리칸》편집부 | 한림출판사 | 2016

『어느 채식의사의 고백』| 존 맥두걸 | 사이몬북스 | 2017

『늙지 않는 비밀』| 엘리자베스 블랙번, 엘리사 에펠 | 알에이치코리아 | 2018

『마음의 오류들』| 에릭 캔델 | 알에이치코리아 | 2020

『50세부터는 탄수화물 끊어라』| 후지타 고이치로 | 니들북 | 2013

『우리 몸 연대기』| 대니얼 리버먼 | 웅진지식하우스 | 2018

『지방이 범인』| 콜드웰 에셀스틴 | 사이몬북스 | 2018

『오래도록 젊음을 유지하고 건강하게 죽는 법』| 스티븐 R. 건드리 | 브론스테인 | 2019

『최강의 식사』| 데이브 아스프리 | 앵글북스 | 2017

『무엇을 먹을 것인가』| 콜린 캠벨, 토마스 캠벨 | 열린과학 | 2012

『강아지 똥』| 권정생 글, 정승각 그림 | 길벗어린이 | 1996

『선생님, 요즘은 어떠하십니까』| 이오덕, 권정생 | 양철북 | 2015

『뇌는 답을 알고 있다』| 대니얼 G. 에이멘 | 부키 | 2010

『길고 멋진 미래』| Laura Carstensen | 박영스토리 | 2017

『혼자 살아도 괜찮아』| 엘리야킴 키슬레브 | 비잉 | 2020

『툭 하면 기분 나빠지는 나에게』| 팀 로마스 | 책세상 | 2020

『석세스 에이징』| 대니얼 J. 레비틴 | 와이즈베리 | 2020

『생각 정원』| 장현갑 | 나무의마음 | 2014

『십대의 두뇌는 희망이다』| 대니얼 J. 시걸 | 처음북스 | 2014

『염증에 걸린 마음』| 에드워드 불모어 | 심심 | 2020

『알츠하이머의 종말』| 데일 브레드슨 | 토네이도 | 2018

『텔로미어: 노벨의학상이 찾아낸 불로장생의 비밀』| 마이클 포셀, 그레타 블랙번,
데이브 워이내로우스키 | 쌤앤파커스 | 2013

『너무 다른 사람들』| 샤론 베글리, 리처드 J. 데이비드슨 | 알키 | 2012

『나는 내가 죽었다고 생각했습니다』| 질 볼트 테일러 | 윌북 | 2019

『스노우맨』| 요 네스뵈 | 비채 | 2012

『비밀의 비밀』| 할런 코벤 | 문학수첩 | 2018

『가재가 노래하는 곳』| 델리아 오언스 | 살림출판사 | 2019

『기억의 과학』| 찰스 퍼니휴 | 에이도스 | 2020

『슬픈 불멸주의자』| 셸던 솔로몬, 제프 그린버그, 톰 피진스키 | 흐름출판 | 2016

『죽음의 부정』| 어니스트 베커 | 한빛비즈 | 2019

『나는 매주 시체를 보러 간다』| 유성호 | 21세기북스 | 2019

『노화와 생명의 수수께끼』| 마크 베네케 | 창해(새우와 고래) | 2004

『더 브레인』| 데이비드 이글먼 | 해나무 | 2017

『죽는 게 뭐라고』| 사노 요코 | 마음산책 | 2015

『인생의 마지막 순간에서』| 샐리 티스데일 | 비잉 | 2019

『행복의 신화』| 소냐 류보머스키 | 지식노마드 | 2013

『잘해봐야 시체가 되겠지만』| 케이틀린 도티 | 반비 | 2020

『천국과 지옥』| 이마누엘 스베덴보리 | 다지리 | 2015

『나는 천국을 보았다』| 이븐 알렉산더 | 김영사 | 2013

『뇌의 가장 깊숙한 곳』| 케빈 넬슨 | 해나무 | 2013

『홀로그램 우주』| 마이클 탤보트 | 정신세계사 | 1999

『마음이 지닌 치유의 힘』| Joan Borysenko, Miroslav Borysenko | 학지사 | 2005

『빅 매직』| 엘리자베스 길버트 | 민음사 | 2017

『E3 : 신이 선물한 기적』| 팸 그라우트 | 알키 | 2015

『수호천사』| 로나 번 | 이레 | 2011

다큐멘터리, 기사

「어느 날 갑자기 노인이 된다면」| 스브스 스토리, SBS 뉴스 사이트 | 2018

「100세 쇼크」| EBS | 2017

「맛의 배신」| EBS | 2018

「잠자는 패턴 보면 언제 알츠하이머병 올지 안다」| 연합뉴스 | 2020

「이완 연구, 허버트 벤슨」| 코메디닷컴 | 2008

나는 나답게 나이 들기로 했다

초판 1쇄 발행 2021년 3월 22일
초판 2쇄 발행 2021년 5월 28일

지은이 이현수
펴낸이 김선식

경영총괄 김은영
책임편집 조혜영 **책임마케터** 오서영
마케팅본부장 이주화 **마케팅1팀** 최혜령, 박지수
미디어홍보본부장 정명찬 **홍보팀** 안지혜, 김재선, 이소영, 김은지, 박재연, 오수미
뉴미디어팀 김선욱, 허지호, 염아라, 김혜원, 이수인, 임유나, 배한진, 석찬미
저작권팀 한승빈, 김재원
경영관리본부 허대우, 하미선, 박상민, 권송이, 김민아, 윤이경, 이소희, 이우철, 김재경, 최완규, 이지우
외부스태프 디자인 이경란

펴낸곳 다산북스 **출판등록** 2005년 12월 23일 제313-2005-00277호
주소 경기도 파주시 회동길 490
전화 02-704-1724 **팩스** 02-703-2219 **이메일** dasanbooks@dasanbooks.com
홈페이지 www.dasanbooks.com **블로그** blog.naver.com/dasan_books
인쇄 · 제본 · 후가공 갑우문화사

ISBN 979-11-306-3600-9 (03180)

• 책값은 뒤표지에 있습니다.
• 파본은 구입하신 서점에서 교환해드립니다.
• 이 책은 저작권법에 의하여 보호를 받는 저작물이므로 무단 전재와 복제를 금합니다.
• 이 도서의 국립중앙도서관 출판예정도서목록(CIP)은 서지정보유통지원시스템 홈페이지(http://seoji.nl.go.kr)와
  국가자료공동목록시스템(http://www.nl.go.kr/kolisnet)에서 이용하실 수 있습니다.

다산북스(DASANBOOKS)는 독자 여러분의 책에 관한 아이디어와 원고 투고를 기쁜 마음으로 기다리고 있습니다.
책 출간을 원하는 아이디어가 있으신 분은 다산북스 홈페이지 '투고원고'란으로 간단한 개요와 취지, 연락처 등을
보내주세요. 머뭇거리지 말고 문을 두드리세요.